儒家的财富观与儒商精神

——以孟子为中心

长 江 商 学 院
中国发展方式研究中心　王建宝　著

人民出版社

王建宝，男，江西鄱阳人。北京大学哲学博士、长江商学院 EMBA，北京大学高等人文研究院副研究员，长江商学院研究学者、人文与商业伦理研究中心主任。主要研究方向为儒家哲学与文明对话。

目　录

引　言 ……………………………………………………… 1

导　言 ……………………………………………………… 6

第一章　富与仁 …………………………………………… 34

第一节　公私辨 ………………………………………… 35

一、私的起源 ………………………………………… 35

二、以仁化私 ………………………………………… 39

三、从有限到无限——孟子"天下之言性"章 ……… 43

第二节　群己之间 ……………………………………… 49

一、群 ………………………………………………… 49

二、群己之间 ………………………………………… 54

第三节　距杨墨 ………………………………………… 58

一、一本与二本——以墨者夷之章为中心 ………… 60

二、从"禹稷颜同道而异行"到"四民异业而同道" ……… 65

第四节　"生意"考 ……………………………………… 70

一、生与性 …………………………………………… 71

二、生生之意与生意 ………………………………… 76

三、生生之意—治生—生意 ………………………… 86

第二章　富与天地 …………………………………… 104

　第一节　圆善论 ……………………………………… 106

　　一、全德则圆善——必要条件一 ………………… 109

　　二、福到之时则圆善——必要条件二 …………… 111

　　三、福德相即的过程——命 ……………………… 113

　　四、明天人之分，履性命对扬 …………………… 123

　第二节　富与"天"——以乐天与畏天为中心的讨论 … 125

　第三节　富与"地"——万物一体 ………………… 140

　　一、仁者浑然与物同体——关爱地球 …………… 145

　　二、儒家第三期发展与全球生态 ………………… 153

　第四节　赞化育、天地参 ………………………… 157

第三章　富与"群"（一）——义利之辨 …………… 161

　第一节　义利同源与义利之辨 …………………… 161

　　一、义利同源 ……………………………………… 161

　　二、义利之辨 ……………………………………… 164

　第二节　君子喻于义，小人喻于利 ……………… 169

　　一、从孔子到董仲舒 ……………………………… 169

　　二、孟子严辨义利 ………………………………… 179

第四章　富与"群"（二）——取与之道 …………… 184

　第一节　明分工 …………………………………… 189

　　一、原分工 ………………………………………… 189

　　二、群道需要分工 ………………………………… 192

　　三、分工与个人 …………………………………… 198

　第二节　通有无 …………………………………… 204

　第三节　反垄断 …………………………………… 213

第四节　行公益 …………………………………………… 222

一、亲亲而仁民 …………………………………………… 223

二、公益与资源 …………………………………………… 230

三、行公益与个人修身 …………………………………… 235

四、推恩与报恩——公益主体之间的互动 ……………… 237

第五章　富与"群"（三）——仁政 …………………… 242

第一节　言必称尧舜 ……………………………………… 244

一、夫仁政,必自经界始 ………………………………… 244

二、为富不仁与为仁不富 ………………………………… 248

三、不愆不忘,率由旧章 ………………………………… 257

第二节　"不行仁政而富之"——从《管子》到《盐铁论》… 263

一、《管子》——似是而非的轻重之道 ………………… 263

二、对《盐铁论》的反思——汉儒无孟子 ……………… 270

第六章　富与"己"——成己成物 ……………………… 284

第一节　为己之学 ………………………………………… 284

一、己是天地群己的基础 ………………………………… 284

二、自觉的士魂——"以道自任"与"得君行道" ……… 289

第二节　德礼之间 ………………………………………… 293

一、富与德——厚德载物 ………………………………… 293

二、富贵辨 ………………………………………………… 301

三、富而好礼 ……………………………………………… 304

第三节　"富之教之"——工匠精神与士魂商才 ………… 318

一、富与教（一）——君子不器与工匠精神 …………… 318

二、富与教（二）——"士魂商才" ……………………… 326

第四节　儒商——以子贡为中心 ………………………… 333

一、子贡 ……………………………………………… 334

二、陆象山 …………………………………………… 340

三、儒商精神——论语与算盘 …………………………… 349

第五节 作为社团法人的"富与己"——公司治理与
企业伦理 …………………………………………… 353

一、公司治理问题的由来 ………………………………… 355

二、公司治理的主要法规和准则 ………………………… 358

三、公司治理与企业伦理建设 …………………………… 361

第七章 从精神人文主义看儒家财富观的现代价值 ……… 366

第一节 富与道的关系(一)——以仁为本 …………… 367

第二节 富与道的关系(二)——学以成人 …………… 371

第三节 富与道的关系(三)——返本开新 …………… 377

参考文献 …………………………………………………… 386

索 引 ……………………………………………………… 400

后 记 ……………………………………………………… 406

引 言

　　按《论语》，子贡曰："夫子之文章，可得而闻也；夫子之言性与天道，不可得而闻也。"（《公冶长第五》5·12）①朱子注曰：言夫子之文章，日见乎外，固学者所共闻；至于性与天道，则夫子罕言之，而学者有不得闻者。盖圣门教不躐等，子贡至是始得闻之，而叹其美也。程子曰："此子贡闻夫子之至论而叹美之言也。"②高弟如子贡者尚且感慨"性与天道不可得而闻也"，说明性与天道之高远与精微。本书所论为"富与道"的一个侧面，天道为题中应有之义，尽管"夫子罕言之"，更加具有挑战性的是，"子罕言利与命与仁"（《子罕第九》9·1），但是本书不揣浅陋，在往圣先贤的研究基础上，试图从富（当然是利的一个方面）这个侧面来理解夫子之道，当然不仅仅是限于天道，还有彼此相关互通的"己"道，"群"道与"地"之道。

　　虽然"夫子之言性与天道，不可得而闻也。"但是宋代大儒陆象山说："夫子以仁发明斯道，浑无罅缝，孟子十字打开，更无隐遁，盖

---

①　本书所引《论语》据（宋）朱熹：《四书章句集注》，中华书局 2012 年版。以下只随文标出卷名和章次，比如本注（《公冶长第五》5·12），5 是指《论语》第五篇《公冶长》，12 是指本篇第 12 章。

②　（宋）朱熹：《四书章句集注》，中华书局 2012 年版，第 79 页。

时不同也。"①从陆子的话中,或许作出以下理解是不为过的。

首先,夫子之道是以仁来发明的,孔子用仁来揭示道的意义世界,用仁来说明道的价值,并且用仁来弘道。在《论语》中仁字出现了 109 次。徐复观先生认为孔子之仁是融合性与天道的真实内容。② 唐君毅先生说孔子之仁道,孔子言仁与求仁之工夫,有三个面向:第一,实有与他人之生命之感通;第二,对个人自身之生命之内在的感通;第三,与天命鬼神之感通。③ 在前辈学者基础上,陈来教授著《仁学本体论》,"可谓将古往今来之儒家仁说发展为一新仁学的哲学体系"④。陈来指出,其实仁学还有很多方面,并期待更多的、不同方面的仁学论述不断出现。⑤ 因此本书在第一章就是说仁,当然不敢如陈著从本体论的意义上对"仁"进行新的全面系统的哲学思辨,而仅仅试图从商业与财富的这个侧面来"进入仁的意义世界"(杜维明先生语),或许在这个进入的过程当中,能够略窥孔门之不可得而闻的性与天道,从而能够为儒家商业伦理找到一滴源头活水。

其次,按陆子所感悟体知到的,"孟子十字打开"了孔子之浑无罅缝的道,当然这个道是以仁发明的。孟子为我们后人打开了什么? 正如象山夫子自道,自己的学问是"因读《孟子》而自得

---

① 牟宗三:《从陆象山到刘蕺山》,台湾学生书局 1984 年版,第 4 页。

② 参见徐复观:《中国人性论史·先秦篇》,《徐复观文集》第三卷,湖北人民出版社 2002 年版。

③ 参见唐君毅:《中国哲学原论·原道篇》,台湾学生书局 1978 年版,第一章"孔子之仁道"。

④ 陈来:《仁学本体论》,生活·读书·新知三联书店 2014 年版,"绪言"。

⑤ 参见陈来:《仁学本体论》,生活·读书·新知三联书店 2014 年版,第 503 页。

之"①。朱子也引程子的话来理解孟子,程子曰:"孟子有功于圣
门,不可胜言。仲尼只说一个仁字,孟子开口便说仁义。仲尼只说
一个志,孟子便说许多养气出来。只此二字,其功甚多。"②杜维明
先生认为孟子"十字打开"的就是士的自觉,《孟子》一书就是士
的辩解书(apologia)乃至宣言书(manifesto),从此士建立了自己
的主体性,士作为一个阶层的身份认同(Identity)成为现实,并担
当起传承文明、化民成俗的历史责任。③ 本书以孟子为中心,自
觉地以孟子"士的自觉"来阐述儒商的"士魂商才",试图建立起
儒商的身份认同(Identity)。于是,本书题为《儒家的财富观与
儒商精神——以孟子为中心》作为整个"富与道"研究系列的
开篇。④

　　陆象山的第三层意思是否可以从"盖时不同也"这句话来理
解。孟子"道性善,言必称尧舜",貌似"见以为迂远而阔于事情",
但是孟子正好体现了儒家是争百年、谋万世的大道,而不仅仅是某
个时代或政权的政治理论资源或者某个民族或国家的宗教哲学思
想。是否可以说,因为孟子道性善,庶几贞定了子贡所说的不可得
而闻的有关性的那一面。本书以孟子的性善论为根本,做公私辨、
义利辨与圆善论,以期在性与天道、利与命与仁之间找到些许学以
成人的思想和方法。

---

① 《陆九渊集·语录下》,中华书局1980年版,第471页。
② 朱熹:《四书章句集注》,中华书局2012年版,第199页。
③ 参见杜维明:《孟子:士的自觉》,《杜维明文集》第一卷,武汉出版社2002年
　　版,第28—56页。
④ "富与道"的研究系列至少应该有道家、佛家和妈祖、关公、库拉崇拜等原住民
　　信仰以及犹太教伦理、基督教伦理、伊斯兰教伦理等各大精神传统的财富观。
　　《儒家的财富观与儒商精神》之研究只是富海蠡测。

从象山回到孟子。孟子本人也说:孔子圣之时者也。① 与时俱进是儒家的主要精神之一,如果不便于说是根本精神的话。孔子本人在答颜渊问为邦的时候说,"行夏之时,乘殷之辂,服周之冕,乐则韶、舞"。(《卫灵公十五》15·10)遥契孔子之意,在周朝的时候,应该服周之冕,而不是夏商衣冠,因为时代进步了。在殷商时代不用夏朝的交通工具,因为殷商的车子是代表了这种产品的技术进步,但是在周朝的时候,殷之辂还是具有生命力的,因为"周人饰以金玉,则过侈而易败,不若商辂之朴素浑坚而等威已辨,为质而得其中也。"(朱子注)由此可见,孔孟之道是与时俱进的,在发展的过程中有对传统的保留,比如夏之"时"与殷之"辂"。当然也有对传统进行因革损益乃至迭代的,比如夏之辂冕,殷之正朔与衣冠。儒家的历史发展过程本身就是一个与时俱进的过程。心领儒家的这种与时俱进的精神,本书试图用新的理论框架即"精神人文主义"来涵摄儒家思想资源,结合当今商业化、全球化的时代,以仁为枢纽,从天、地、群、己四个不同的维度进行论述,期望能够初步豁显出儒家商业伦理的精神资源。

孟子不仅如象山所论,十字打开了士的自觉,而且,孟子辟杨墨,非农家,明分工,通有无,反垄断,辨义利,否霸道,倡仁政,求王

---

① 本书所引《孟子》据杨伯峻译注《孟子译注》。以下只随文注为(《万章章句下》10·1),前后数字分别代表章节次。前面的数字代表《孟子》的篇(卷)数,后面的数字,代表《孟子》的章数。本书参考使用的《孟子》及注疏的版本有:1)李学勤主编:《十三经注疏》之赵岐注《孟子注疏》,北京大学出版社1999年版;2)(宋)朱熹:《四书章句集注》,中华书局2012年版;3)杨伯峻:《孟子译注》,中华书局2010年版;4)(清)焦循:《孟子正义》,中华书局1987年版。

道,因此,本书以孟子为视角,可以回应当时的各家思想,特别是以耕战抑商手段富国、强兵、抑商的法家思想。

至于儒门之内,首先,孟子私淑孔子,"乃所愿,则学孔子也"(《公孙丑章句上》3·2),程子曰:"惟孟轲师子思,而子思之学出于曾子。自孔子没,独孟轲氏之传得其宗。故求观圣人之道者,必自孟子始。"(朱子注)由于出土简帛的发现和二十余年的学术研究,"思孟学派"①的思想资源越来越丰富。《论》《学》《孟》《庸》《易》之间的血脉关联是题中应有之义。其次,荀子有对思孟的批判,所谓"略法先王而不知其统,然而犹材剧志大,闻见杂博"(《荀子·儒效》)②,因此,以孟子为视角也能够对荀子的思想进行一定的回应,使得荀子的有关材料也能够以一个儒家内部的他者的地位得到充分的使用,孟荀之间可谓道同而术异,殊途而同归。

当然,最重要的一点是,《孟子》本身是一个丰富的思想宝藏,无论是有关身心性命之学,还是心系天下苍生之说,都是值得继续思考的。最后,借用韦伯的一句话,"在著名的社会哲学家中,孟子系统地使用了对话的形式。这正是为何在我们的眼中,他是唯一完全达到'明析性'的儒教代表人物"③。

---

① 陈来先生说,近代以来,郭沫若等根据这些历史记述,始用"思孟学派"的概念分析先秦儒家思想史,现在已成为学界耳熟能详的学术史概念。(参见杜维明主编:《思想　文献　历史——思孟学派新探》"跋",北京大学出版社2008年版,第342页)

② 本书所引《荀子》据(清)王先谦:《荀子集解》,中华书局1988年版。以下只注篇名。

③ [德]马克斯·韦伯:《中国的宗教:儒教与道教》,康乐、简惠美译,广西师范大学出版社2010年版,第179页。

导　言

一、问题意识

1. 原富

不可否认的是，"富"是儒家的基本价值之一，"富"是儒家乃至文化中国①的一个重要概念。无论是富国、富民，还是上达以富天下，下涵以富个人，儒家都有深刻的阐述。孔子既有对富己的肯定，子曰："富而可求也，虽执鞭之士，吾亦为之。如不可求，从吾所好。"(《述而第七》7·11)也有"不义而富且贵，于我如浮云。"(《述而第七》7·15)的人生教导。孔子当然也有"富之教之"的富民理想，"《尚书》'五福'以'富'为始，子贡问为政，孔子曰：富之，既富乃教之也，此治国之本也。"②孟子传承孔子的思想，倡仁政的目的也是富民。孟子曰："易其田畴，薄其税敛，民可使富也"(《尽心章句上》13·23)众所周知，中国曾经是世界上最富裕的国家。经济学鼻祖亚当·斯密(Adam Smith)在他1776年出版的《国富论》(*An Inquiry into the Nature and Causes of the Wealth of Nations*)中说，中国比欧洲富裕。③

---

① 　参见杜维明先生有关"文化中国"的论述。
② 　刘向撰，向宗鲁校正：《说苑校正·建本》，中华书局1987年版，第73页。
③ 　参见孙震：《儒家思想的现代使命——永远发展的智慧》，台湾台大出版社2016年版，第3页。

　　在各大轴心文明①中，如此重视富并且肯定富己、富家、富民、富国、富天下的思想是不多见的。从其他文明的角度而言，首先，"原始佛教的逃离现世"的"遁世态度与所有的经济伦理或理性的社会伦理之间，无任何通道可言"②。其次，"虽说对于上帝而言，一切皆有可能，继续依附于'财神'（Mammon）却是想得到进入上帝之国的最主要障碍，因为它会使人转离了宗教救赎之道——世间唯一值得关怀的事物"③。再次，"甚至在罗马历史最为兴盛的时期，贸易还算是一种被道德排斥在外的腐化现象，还不被允许在国家中占有一席之地"④。最后，作为专门论富的经济学在西方也是一门比较新的学科，至少在轴心时期不存在现代意义的经济学。熊彼特说：

　　　　他们（古希腊人）的经济学未能取得独立的地位，甚至没有与其他学科相区别的标签：他们的所谓经济（Oeconomicus，希腊语Οἰκονομικός，分别由家庭和法律规则的合成词），仅指管理家庭的实际智慧；亚里士多德派的所谓 Chrematistics（希腊语：Χρηματιστική，所有物或者财富）与经济学这个标签最为接近，主要系指商业活动的金钱方面。他们把经济推

---

① 　参见［德］卡尔·雅斯贝斯：《历史的起源与目标》，魏楚雄、俞新天译，华夏出版社 1989 年版，第 7—18 页。

② 　［德］马克斯·韦伯：《宗教社会学·宗教与世界》，康乐、简惠美译，广西师范大学出版社 2011 年版，第 319 页。

③ 　［德］马克斯·韦伯：《宗教社会学·宗教与世界》，康乐、简惠美译，广西师范大学出版社 2011 年版，第 325 页。

④ 　［法］埃米尔·涂尔干：《社会分工论》，渠东译，生活·读书·新知三联书店 2000 年版，第 32 页。

理与他们有关国家与社会的一般哲学思想糅在一起,很少为经济课题本身而研究经济课题。①

根据熊彼特的分析,古希腊的所谓经济,仅指管理家庭的实际智慧,与经世济民毫无关系。熊彼特还分析了古埃及、古巴比伦和以色列的情况。他说:

> 古代埃及具有一种依赖于灌溉系统的计划经济。亚述人与巴比伦人的神权政治国家拥有庞大的军事与官僚机构以及复杂的司法制度,其中汉谟拉比王的法典(约在公元前两千年)是最早的法制里程碑;他们采取一种活跃的对外政策,他们还把货币制度发展为一种高度完善的程度;而且知道借贷与银行业务。以色列的圣经,特别是其中有关立法的部分,显示出当时已经完全掌握了希伯来国家的实际经济问题。但是看不出分析方面努力的痕迹。

熊彼特先生认为在轴心文明中,对经济进行了分析方面努力的也许只有在古代中国的古圣先贤。熊彼特说:

> 我们也许最能在古代中国找到这些痕迹。因为那是我们所知道的具有最古老文字文化的地方。在中国我们确实发现有一套处理当时农业、商业与财政问题的高度发展的公共行政制度。尚存的中国古典文献常论及这些问题,主要是从伦理观点论述,例如孔夫子(公元前551—479年)和孟子(公元

---

① [美]约瑟夫·熊彼特:《经济分析史》第一卷,朱泱等译,商务印书馆1991年版,第86—87页。

前 372—289 年,其著作已在 1932 年由 L.A.里亚尔译成英文)
的教义都曾涉及这些问题。①

虽然文化中国"没有流传下来对严格的经济课题进行推理的著
作",但是熊彼特还提道:

> 不过,请参阅 ED 托马斯所著的中国政治思想(1927),
> SY 李的《古代中国经济思想大纲》(1936);以及黄昌辰(译
> 音)的《孔子及其学派的经济原理》。②

熊彼特在此所提到的黄昌辰(音译)的《孔子及其学派的经济原
理》就是陈焕章先生的著作《孔门理财学》(*The Economic Principles
of Confucius and His School*)③。只是译者将 Huan Chang Ch'en 错
误地翻译成黄昌辰。陈焕章博士也许是中国历史上唯一考取科举
进士之功名又获得美国大学博士学位的先贤。④　除了上文所提的

---

① [美]约瑟夫·熊彼特:《经济分析史》第一卷,朱泱等译,商务印书馆 1991 年
　　版,第 86 页。
② [美]约瑟夫·熊彼特:《经济分析史》第一卷,朱泱等译,商务印书馆 1991 年
　　版,第 86 页脚注 1。
③ 陈焕章(Huan-Chang Ch'en):《孔门理财学》(*The Economic Principles of
　　Confucius and His School*,原书由美国哥伦比亚大学 1911 年出版,Copyright
　　1911,by the Faculty of Political Science of Columbia University, New York)中译
　　本有中央编译出版社,翟玉忠译,2009 年版,中华书局(商务印书馆),韩华译,
　　2010 年版等,该书在西方社会引起强烈反响。《孔门理财学》是第一部总结
　　我国古代经济思想的著作。1911 年《孔门理财学》被作为"哥伦比亚大学历
　　史、经济和公共法律研究"丛书之一出版,哥伦比亚大学教授夏德、施格为之
　　作序,高度评价了《孔门理财学》采用西方经济学框架对孔子及其学派的经济
　　思想所作的精湛研究。
④ 陈焕章(1880—1933),字重远,广东高要人,清末民初思想家、社会活动家,孔
　　教徒。

熊彼特先生在《经济分析史》中强调了《孔门理财学》的重要性之外,经济学家凯恩斯(Keynes)在《经济学杂志》上为《孔门理财学》撰写书评①,马克斯·韦伯在《中国的宗教——儒教与道教》一书中将《孔门理财学》列为重要参考文献②。

　　陈焕章先生的这本书弥补了熊彼特所提到的遗憾,即"没有流传下来对严格的经济课题进行推理的著作",而是系统阐述了基于儒家思想的经济学(Economics)。陈焕章把 The Economic Principles 亲自翻译为"理财学"是颇得这个词在西方文化传统背景之含义的。日本人用汉语"经济"一词来翻译英语 Economy 一词,显然扩大了 Economy 的概念内涵,也模糊了经济在汉语中经世济民的更深刻的概念内涵。不过,经过这一百多年来的双向格义,经济和 Economy 彼此在概念的理解上逐步接近。一方面,汉语的经济慢慢淡化了其最早的经世济民的深层含义,成为一门现代大学里的学科或者日常用语,用来研究国民生产总值(GDP)的表现情况;另一方面,Economy 也逐渐扩展了其内涵的意义。但是现代经济学研究的数学化也严重割裂了经济学与伦理学的内在联系,哈耶克也许是最后一位不是凭数学公式取得诺贝尔经济学奖(哈氏 1974 年获得该奖)的经济学家。儒家在第三期③的发展过

---

① 原载《经济学杂志》,第 22 卷,1912 年 12 月。中文版见翟玉忠译《孔门理财学》第 450—454 页附录三,中央编译出版社 2009 年版。

② 参见[德]马克斯·韦伯:《中国的宗教:儒教与道教》,康乐、简惠美译,广西师范大学出版社 2010 年版,第 368 页。

③ 彭国翔指出:"有学者曾经在杜维明的三期说之外提出'四期'说、'五期'说。事实上,无论是'四期'说还是'五期'说,其实都不应当构成三期说的挑战。关键在于如何理解'儒学三期说'。"(彭国翔:《宗教对话:儒学第三期开展的核心课题》,《孔子研究》2006 年第 3 期)

程中应该并且能够对现代经济学的研究有一定程度的救弊补偏的作用。孔门的经济学思想资源非常丰富，孟子的论述尤为重要。本书第五章将专门论述。

除了陈焕章博士的《孔门理财学》之外，在中华书局出版的《二十世纪儒学研究大系》总第 21 卷即为《儒家经济思想研究》①，该书收集了相关论文 29 篇，其中关于孟子的论文有两篇，分别是胡寄窗的《孟轲的经济思想》和虞祖尧的《略论孟轲的经济思想》。另外值得一提的有，张鸿翼以其 1988 年的博士论文为基础出版的专著《儒家经济伦理及其时代命运》②，以及企业家卢德之最近出版的专著《资本精神——人类文明协同发展的力量》③。本书的研究重点是在这些前贤先进已经取得的学术成就的基础上，从人文精神而不是从经济学的角度来研究儒家关于富的哲学思想。

再回到富。根据《汉典》等有关资料，富是一个形声字，从宀（miān），从畐（fú），畐亦声。"宀"指"场所""房屋"。"畐"本义为"充满"。"宀"与"畐"联合起来表示"房屋被塞得满满的"。本义指家庭财产多。根据《说文解字》，"富，备也，一曰厚也；从宀；畐声，方副切。"④根据《说文解字注》，富与福音义皆同。释名曰：福，富也，一曰厚也；从宀；畐声，方副切，古音在一部。⑤ 富字的来源也许从甲骨文里一窥端倪。在甲骨文中，富字的写法是：𤔲。金文

①　杨荫楼、傅永聚、韩锺文编：《儒家经济思想研究》，中华书局 2003 年版。
②　张鸿翼：《儒家经济伦理及其现代命运》，北京大学出版社 2010 年版。
③　卢德之：《资本精神——人类文明协同发展的力量》，东方出版社 2016 年版。
④　(汉)许慎：《说文解字》，中华书局 1963 年版，第 7 页下、150 页下。
⑤　参见(清)段玉裁注：《说文解字注》，上海古籍出版社 1981 年版，第 6 页下、339 页下至 340 页上。

的写法是：𩈙。按甲骨文和金文，"畐"，本象形，是"腹"字的初文，上象人首，"田"象腹部之形，腹中的"十"符，表示充满之义，则"畐"有腹满义。审金文，宀（miān），与畐（fú）两部分基本上都已经成形。到了小篆体时，富字的形状如右：𩇠。小篆的富字与现代楷体的富字在字形上基本一样了。根据《说文解字注》，"富"与"福"互训，音义都相同，以明家富则有福，这是以富训福。从福字来说，福从示，表示祭祀以通天之意，将"畐"献于天，其中多品如富者也。《说文解字》将富解释为富者，备也。《说文解字注》将福解释为，福者备也。可见，富与福都是备也。备者，百顺之名也，无所不顺者之谓备。由备而来，富字繁衍出来的现代含义还是比较多的。本书借用英文，将富字翻译为 wealth，作为一个名词，是其本义，指财富。当然也可以当形容词，翻译为 wealthy，或者 rich，有富裕、富有的意思，或者翻译为 abundant，有丰富的意思。如果与福相通，则富字就与福字义相同，借用英文之表达，则为 good luck，或者 happiness。本书将用富字之本义，即财富义。当然，在古汉语中，富字也当动词用，即使某人变得富有之义。孔子所说富之教之的富，就是使之（人民）富裕的意思，借用英文来说明之，即为 make…rich。

　　初步检索经典①，在《四书》当中，富虽然没有仁这种概念出现

---

① 本书所用《孟子》一经，训诂章句采赵岐、朱子、焦循三大家，义理之路承续陆象山到牟宗三之慧思，英文本照理雅格（James Legge）的 The Works of Mencius。十三经所涉之英文本亦参照 Legge 的《中国经典》（The Chinese Classics）。《论》《学》《庸》用朱子《四书章句集注》。《易》一经，文本用黄寿祺等撰《周易译注》，义理遵朱伯崑、刘大钧并参照程、朱。《书》经依蔡沈。《礼记》经按朱彬。《诗》一经，本《毛诗》兼朱子《诗集传》。《春秋》经及三传、《仪礼》经和《周礼》经，本李学勤编《十三经注疏》。《史记》用中华书局版十册本。《荀子》

得频繁,但也很重要。富字在《论语》中出现 17 次,比如"富而无骄""富而好礼""君子周急不继富"①等。在《孟子》中出现 28 次,比如"彼以其富,我以吾仁;彼以其爵,我以吾义"。还有《中庸》提到的"富有四海之内"和《大学》一文中所提的"富润屋,德润身,心广体胖"等。在《五经》当中,富也是一个重要的词汇,在《尚书》中出现 5 次,比如《洪范》九畴的五福之一。在《诗经》②中出现 6 次,比如"成不以富,亦祇以异"。在《周易》中出现 11 次,比如"富有之谓大业,日新之谓盛德"。在《礼记》中出现 32 次,在《周礼》中出现 5 次,比如"以富邦国""以驭其富"。有趣的是,在春秋三传中富没有实质的价值层面的意义,甚至根本就没有出现。富在《春秋左传》中出现 44 次,但是除了作为人名之意外,基本上都是富有的意思,没有太多的思想意义。在《仪礼》《春秋穀梁传》和《春秋公羊传》中没有检出"富"字。除"四书五经"之外,在此值得强调的是,富字在《荀子》中出现 75 次,比如"富则广施,贫则用节"。最后,在《孝经》中出现两次,为"满而不溢,所以长守富也。富贵不离其身,然后能保其社稷,而和其民人。"

　　"富"的概念内涵很丰富,就"富"之本身所包含的意义而言,"富与财""富与利""富与贵"都有很多值得分析之处。比如,根据经济史的相关研究,在上古拥有奴隶的数量代表了富,西周封建

选王先谦本。本书也用到了《韩非子》《汉书》《周敦颐集》《二程集》《朱子语类》《陆九渊集》《传习录》《宋元学案》《明儒学案》等。《性自命出》《忠信之道》等简帛文献略有涉及。通识类中国哲学史资料则照陈荣捷先生的《中国哲学史料汇编》(*A Source Book on Chinese Philosophy*)。

① (宋)朱熹:《四书章句集注》,中华书局 2012 年版,第 52、85、152 页。
② 参见程俊英:《〈诗经〉译注》,上海古籍出版社 2012 年版,第 237 页。

以降,土地多寡是富的一个主要指标。后来的财产、爵位更是一种富的形式。孟子提出"天爵人爵"的概念区分,使得教育和道德也成为富在抽象化以后的一种内涵。[①] 学富五车就是这样理解富的。《儒行》载孔子之言,"儒有不宝金玉,而忠信以为宝;不祈土地,立义以为土地;不祈多积,多文以为富"[②]。在此,"多文以为富"应该可以理解为:"富"者,多文也,不在多积。

　　综而言之,富与个人修身、社群关系、自然环境和天道都有深刻复杂的关系,这四种关系又互相影响,有交叉,有矛盾,也有融合(Amalgamation)。比如,"素富贵,行乎富贵"应该侧重指的是个人修养;"富而好礼""富贵不能淫",则不仅与个人修养有关,也与社群关系颇为密切;荀子说的"故王者富民,霸者富士,仅存之国富大夫,亡国富筐箧,实府库"(《荀子·王制》),应该侧重指富与政治共同体的关系;"数罟不入洿池,鱼鳖不可胜食也;斧斤以时入山林,材木不可胜用也"(《梁惠王章句上》1·8),可以看出富与自然环境息息相关;"生死有命,富贵在天"之说也许可以略窥"富与天道"的关系。从天的维度来说,"富"与"福"的关系也值得讨论。"富也者,福也"[③],意味深长;前揭《尚书》五福以富为首,《尚书·洪范》论及五福:一曰寿,二曰富,三曰康宁,四曰攸好德,五曰考终命;前揭段玉裁注,富与福音义皆同;释名曰:福、富也。福德相即的"圆善论"是大家都比较熟悉的。[④] 与之相对,"富与祸","富

<hr>

① 　后文就此有所分梳。

② 　本书所引《礼记》据(清)朱彬:《礼记训纂》,中华书局1995年版。以下只随文注篇名。

③ 　(清)朱彬:《礼记训纂》,中华书局1995年版,第409页。

④ 　参见牟宗三:《圆善论》,吉林出版集团2010年版。

与贫"之间的对立统一关系都可以纳入本书讨论的范围之中。

　　2."富与道"之间的关系

　　本书在"引言"部分已经谈及为什么要以孟子为中心展开讨论。上节原富或可揭示富之重要。本节则是论"道"。"道"是中国哲学当然也是儒家之学的一个经典概念，前圣先贤所论颇丰。朱子曰："道训路，大概说人所共由之路。"①所以，道者，路也，万物所共由也。检金文，道字写如，按小篆体，道字整形为或者写成。道是一个形声字，从辵（chuò），首声。道的本义是供行走的道路。《说文解字》曰：所行道也。从辵从首。一达谓之道。，古文道。从首寸。徒皓切。衟、，亦古文道。②　按《说文解字注》，道字为：1）所行道也，毛传每云行道也。道者人所行，故亦谓之行。道之引申为道理。亦为引道。2）从辵首：首者，行所达也。首亦声，徒皓切。③　审许、段之论，可知朱子体道而自得之，所说可谓大道至简。朱子又因举康节云："夫道也者，道也。道无形，行之则见于事矣。如'道路'之'道'，坦然使千亿万年行之，人知其归者也。"④求富之道也无形，但是"行之则见于事矣"。本书将在正文中从仁这个中心枢纽以及天地群己的四个维度一共 5 个方面对"道"进行具体讨论，这也是本书所作之目的，兹不赘述。当然，这也将是本书研究的一个难点。正如朱子所云："道者，兼体、用，该隐、费而言也。"⑤本书的做法是以仁显道，以孟子为中心进入

①　《朱子语类》卷六，中华书局 1986 年版，第 99 页。
②　参见（汉）许慎：《说文解字》，中华书局 1963 年版，第 42 页上。
③　参见（清）段玉裁注：《说文解字注》，上海古籍出版社 1981 年版，第 75 页下。
④　《朱子语类》卷六，中华书局 1986 年版，第 99 页。
⑤　《朱子语类》卷六，中华书局 1986 年版，第 99 页。

"仁的意义世界",以商业为视角,从天地群己 4 个方面来阐述"富与道"的关系。本书根据前贤所译,将道译为 Way,首字母大写,以显道之尊。用 a Way 而不是 the Way,乃是因为儒家之道乃至从此发展而出的精神人文主义①之道也是众道之一,绝非万道至尊。因此"富与道"的英文翻译勉强可为"Wealth and a Way"。在此略作交代,也许不无裨益。

首先,在儒家思想中,"富与教"是经常提到的,孔子有"富之教之"的理想。"富与礼"也是一对很好的概念,以"富而好礼"为代表。"富与仁"由于"为富不仁、为仁不富"这句话从而更是耳熟能详。由"生死有命,富贵在天"或许就可以看作对富与"天"道的一个认识。但是有关"富与道"的讨论相对比较少。中间的思想勾连也许隔了几重公案。一般来说,富是实,道是虚,换言之,富是属于形而下的层面,道是属于形而上的层面,这两个概念放在一起讨论有可能会造成许多理论困难。假如把"道"具体化一层,以仁显道,把"富"提撕一层,为富以仁,那么通过仁这个价值枢纽,也许会使得二者之间的讨论可能就会变得很丰富。

其次,探讨这个问题的现实意义是针对当代环境污染的严峻形势,我们在现代化的过程中如何实现可持续的发展,使得富裕生活得以维持下去。众所周知,地球是唯一的,资源是有限的,也是公共的,但是资源占有多寡,包括作为资源的等价交换物的货币的拥有之多寡,恰恰又是富的一种体现,从这个角度考量,在私有财产和公共利益之间,乃至在民族国家、一国、一地区的富裕与全球

---

① 有关精神人文主义的阐述参见下一节。精神人文主义也是本书的立论依据。

化的共同发展之间，都存在着巨大的张力，例如，各国关于碳排放权的激烈争论也许是这一矛盾和张力的部分体现。由此，富与地"道"也有深刻的关联。

再次，"富而好礼"体现了一种群己关系，是人"道"的一种表现，"为富不仁、为仁不富"不仅是一种群己关系，而且是群己关系中比较特殊的政治共同体与己的关系，当然也是人"道"的一种表现，因此富与人"道"之间更值得探讨。"义利之辨"的讨论也许可以作为对儒家的群己关系进行探讨的一个切入点。

复次，"君子爱财，取之有道"，"不义而富且贵，于我如浮云"，那么在致富的途径上也是有取与之"道"可循的。

最后，"富润屋、德润身"（《大学》），"富贵不能淫"（《滕文公章句下》6·2），"富岁，子弟多赖"（《告子章句上》11·7），都说明富有功用之"道"、保任之"道"，但是有时候也有误人之"道"。可见，富与身心性命之学也有相互的影响，成己成物、厚德载物的儒家精神资源可以帮助这些思考。这是儒家为己之学的重要组成部分，此为富与"己"道。

从以上思考出发，本书的研究也许不无一点哲学的意义。

当今之世，个人、企业和各国以及各个跨地区经贸组织都在求富，没有人喜欢贫穷。无论是"环太平洋自由贸易区"的设立或者放弃，还是"一带一路"的提出，都是求发展与求富的手段。在中国，有"让一部分人先富起来"之提出于前，有"中国梦"之倡导于今。在发展的过程中产生的问题不管是政治的还是经济的都可以争论，但是环境污染问题是大家的共识，不必争论，而这一点就足以说明"富与道"之间已经失去了平衡，出现了问题。因此本书的研究也具有一点现实意义。

二、研究背景

1. 在"富与道"关系之中的儒家商业伦理

根据以上分析,首先需要说明的是"富与道"之间的关系非常复杂,不仅仅涉及商业行为以及由此而来的商业伦理课题,也牵涉到政府行为,比如孟子所论的仁政(本书第五章专论仁政),当然也涉及个人的价值观和某一个共同体的文化认同(以基督教新教为代表),同时也是一个伦理实践课题。为了行文之方便,本节侧重从商业伦理角度来说明"富与道"二者之间的关系。如果仅仅从一个侧面来考虑的话,那么"富与道"的问题意识或可以暂且简化而换做对儒家商业伦理的讨论。除了前揭在经济学方面有陈焕章博士的《孔门理财学》之外,从史学方面来说,余英时的《中国近世宗教伦理与商人精神》试图以"韦伯式"(Weberian or Weber-like)的问题来研究商人精神,该书"'虽是大题,而有综合,有推论,有新证,可为得意之笔。'换句话说,义理、考据、辞章都有出色之处。"①但是其所论新禅宗到新道教再到新儒家的转向,也许值得商榷。儒家自有孔颜之乐、思孟之学,自有子贡之商、荀子之礼,因此从这个源头活水进行哲学思考是本书的一种尝试。以梁德阔的《儒家伦理与徽商精神》(2010 年上海大学人类学博士学位论文)为例,有关文章一般都是顺着余英时先生的思路进行韦伯式的问题研究的,比如,从徽商资料的梳理中来检验余先生的研究结果。

在宗教社会学方面,重要的有马克斯·韦伯的有关研究著作。

①　杨联陞先生序余英时:《中国近世宗教伦理与商人精神》,九州出版社 2014 年版,第 1 页。

如《中国的宗教：儒教与道教》《新教伦理与资本主义精神》《经济与历史支配的类型》等。

在哲学方面，王中江教授有多篇关于公私之辨的力作。陈来教授曾深入研究早期中国伦理德行，并尝试对其进行逻辑分析和体系化分类。他对诸多的德行范畴或德目进行了仔细分析，并把中国古代德性论的全体区分为四种类型，分别是性情之德、道德之德、伦理之德和理智之德。① 陈乔见博士的《公私辨——历史衍化与现代诠释》，对公私理欲之辨有深入的探讨。② 张立文教授从人心出发，将儒家伦理逐步扩展为人心伦理、家庭伦理、人际伦理、社会伦理、世界伦理、自然伦理等六个范畴。③ 杨国荣教授有《善的历程——儒家价值体系研究》《伦理与存在——道德哲学的研究》和相关论文《理学的伦理向度——从张载到王阳明》等研究成果。

在孟子哲学的相关研究方面，本书多处参考当代孟子研究大家的文章。梁涛、杨海文、丁为祥、杨泽波等教授都在孟子研究上坚持了一二十年，深得孟子思想的精要之义。当然，本书也参考了牟宗三、徐复观、唐君毅、李明辉等老师的研究成果。

在伦理学方面，有代表性的研究成果是樊浩（樊和平）在20世纪90年代出版了120万字的"中国伦理精神三部曲"。樊老师在近年还做了大量的问卷调查，取得了许多有关中国社会传统道

① 参见陈来：《古代思想文化的世界：春秋时代的宗教、伦理与社会》，生活·读书·新知三联书店2002年版。
② 参见陈乔见：《公私辨——历史衍化与现代诠释》，生活·读书·新知三联书店2013年版。
③ 参见雷震：《传统儒家伦理的研究》，博士学位论文，黑龙江大学，2011年。

德与伦理的第一手的资料。当然周辅成先生的思想对本书也有启发。

在有关儒家伦理研究的文献方面,雷震的博士论文《传统儒家伦理的研究》(2011年黑龙江大学中国哲学专业)已经做了较好的整理工作,本书多有参考。

在有关东亚工业化的讨论中,出现了大量关于儒家精神与东亚现代化的研究,比如杜维明先生的《三重和弦:儒家伦理、工业东亚及韦伯》①、刘述先的《儒家思想与现代东亚——韩国与东南亚篇》②、金耀基的《儒家伦理与经济发展:韦伯学说的重探》③,这些对东亚工业化进行了解和反思的著作将是本书的一个参考系。

当然还有很多其他学者的研究,这对于本书"富与道"的研究都提供了丰富的理论资源。

2. 关于儒商的研究

寺田隆信估计"中国商人的活动以及商业的发展和整个中国的历史一样古老。"④但是,据张德胜先生考察,"儒商成为一个讨论和研究题目,大约是20世纪80年代中期以后的事。在此之前,相关的论著并不多见"。1985年,张海鹏等人所编的《明清徽商资料选编》一书面世,是研究儒商的重要里程碑。⑤ 后出的张正明主编的《明清晋商资料选编》使得晋商材料也进一步得到了系统的

---

① 杜维明主编,英文,新加坡东亚哲学研究所1991年版。
② 台湾"中央研究院"中国文哲研究所2001年版。
③ 收入《金耀基社会文选》,台湾幼师文化事业公司1985年版。
④ 寺田隆信:《山西商人研究》,山西人民出版社1988年版,第303页。
⑤ 参见张德胜:《儒商与现代社会:义利关系的社会学之辨》,南京大学出版社2002年版,第46—47页。

整理。上海师范大学的唐力行教授主编有《江南儒商与江南社会》一书①。

香港中文大学的张德胜教授长期从事儒商伦理的研究,有专著《儒家伦理与社会秩序——社会学的诠释》《儒商与现代社会:义利关系的社会学之辨》、论文《论中庸理性:工具理性、价值理性和沟通理性之外》等。

北京大学高等人文研究院博士后明旭博士最近有《明代"儒贾"意象的兴起》《明代纲纪商人考》和《明代的"诗贾"风气:以徽商为中心的考察》等研究成果。岭南师范大学的宋长琨教授长期在本科生中开设《儒商》课程,对于史料收集作出了贡献,但是对于儒家哲学的认识和思考稍嫌不足。陕西师范大学经济史专业的王朝阳有博士论文《宋代士人经商研究》。另外还有张明来、张含梦著的《中国古代商业文化史》②。

但是这些研究成果基本上是从历史学或者社会学方面进行的研究,从哲学方面进行研究的论文还比较少见。

在国内成立较早的研究机构是浙江大学儒商与东亚文明研究中心,于2006年10月25日宣告成立,杜维明先生出任中心名誉主任。中心以儒商与东亚文明为研究对象,致力于发掘儒家精神是如何通过儒商走向经世致用,从而形成经由注重学习以实现创新的东亚文明的企业精神,并以理解具有东亚特色的价值体系及其现代转化为研究目的。

2013年10月,北京大学世界伦理中心分别在北京大学和上

---

① 人民出版社2002年版及《商人与中国近世社会》(新版),商务印书馆2006年版。

② 张明来、张含梦:《中国古代商业文化史》,山东大学出版社2015年版。

海交通大学召开了首届儒商研讨会,会议的主题是"儒·商对话2013——全球化时代人文精神与商业伦理"。与会学者有杜维明、Klaus Leisinger、Wieland、王中江、唐文明、景海峰、朱建民、王杰、黎红雷、姚中秋等。与会企业家有时任瑞银中国区总裁的李一、北大校友黄怒波等。本次儒与商对话谈到了以下 6 个方面的话题:从个人来说是人间世的精神修养问题;从家庭来讲,有伦理责任与幸福的问题;企业自身还有一个企业文化建设与核心竞争力的关系问题;对于社会来说,企业一方面有公共担当,另一方面更需要一个全球的视野;本次会议还谈到商业与生态的关系问题,以及有关内在超越与终极关怀的宗教维度的讨论。

2014 年 5 月,北京大学世界伦理中心举办了第二届儒商研讨会,并将会议名称改为"儒商论域",主题是"儒商典范与财富"。会议主题从首届的"对话"改为"论域(discourse)"也是鉴于当前总体研究之薄弱,儒商本身的自我认同(Identity)还没有豁显出来,更没有建立起来,"儒商"还是一个有待进一步开启的论域。与会的学者和企业家来自中日韩和欧美。日本的涩泽荣一财团派了以涩泽荣一先生之曾孙涩泽雅英为团长的代表团参会。

根据杜维明先生把"'儒商'发展成为一种新论域"的设想,这次会议尝试把"儒·商对话"系列活动造就成一种以儒家学者与企业家为主体的公共话语空间,以期在"轴心文明时代"向"对话文明时代"的转型过程中,凝聚出各种具有全球意义的企业家身份认同。

除了以上长期的目标之外,这次会议的策划还得益于两个重要的历史机缘:

一是 2014 年恰逢日本"儒商"涩泽荣一(英文名:Shibusawa

Eiichi;日文名:渋沢栄一)先生访问中国的 100 周年,其曾孙涩泽雅英先生访问北京大学高等人文研究院以资纪念。这次会议通过关于张謇、涩泽荣一等近代儒商典范的一系列演讲,尝试发掘东亚文化中塑造商业人格的深厚资源,同时力图深入反思全球化时代"儒商"的丰富内涵。

二是在 2012 年,德国企业家习理德(Karl Schlecht)先生利用三一集团赠送给他的"生日礼物"作为种子资金,资助北京大学建立世界伦理中心,以进一步发展"世界伦理"的理念。这种将"私人之财"转化为"聚人之财"的财富观是值得我们珍视与讨论的。

2015 年 11 月,北京大学世界伦理中心与长江商学院举办了第三届"儒商论域"。本次儒商论域的主题是,"良知,价值重塑与企业家"。期望通过讨论,把当今中国的价值冲突与价值重塑的复杂面向呈现出来,思考如何将价值重塑的根基建立在人类最不可消解的普遍能力,即"良知理性"之上。然后在充分理解市场经济的巨大"创造性破坏"能量之后,希望企业家能够分享自己对于财富与意义、资本与伦理之间复杂联系的切身体知;探讨企业家如何运用良知理性参与社会的价值重塑进程,建设未来人类社群和谐且繁荣的人文经济生活。在前两次的经验和研究的基础上,本届儒商论域产生了更大的影响力,出席会议的嘉宾和听众有四百余人次。与会的学者来自国内外近二十所高校,横跨哲学、伦理学、社会学、经济学、管理学、心理学、历史学、战略学等多个学科,与会的企业家来自各个不同的行业,几十篇参会论文也有一定的学术质量。

2016 年 11 月,北京大学世界伦理中心、长江商学院与浙江大学东亚文明与工业研究中心三方一起合作,举办了第四届"儒商论域"。本次会议主题是"现代儒商与企业家的文化认同"。杜维明先生在谈及企业家的文化认同时指出,在仁的思路下,一共有四个不可分割的策略。第一是个人的身心如何能够整合,能够调和。第二是个人和其他的人,如何能够健康地互动,逐渐扩大社群的基础。第三是所有人都要为我们的家园,即地球,有一定责任感,这是关爱地球,使人类和地球有一种持久的和谐。第四是人作为一种精神的诉求,不是一个孤立绝缘的个人,这就是天的维度或者信仰的维度。有的是基督徒,有的是佛教徒,这都是值得我们尊重的。只有这样一个以仁为核心的天地群己的框架得以建构,人类才能够有一个持久的和谐。

同年 12 月,上海儒学联合会在上海财经大学成立了儒商研究中心,并举行了首届"儒商高峰论坛",杜维明先生应邀发表了视频演讲并指出,儒家所体现的是人的全面发展,关注到个人身心的整合,人与社会的健康互动,也关注到人与自然是否持久和谐,乃至人性与天道能否相辅相成。面对今天人类的困境,这种全面的人文精神,正是中华民族的发展,也是人类文明所赖以存活的必经之道。

三、研究方法和主要内容

1. 研究方法

本书尝试用精神人文主义之"天地群己"的架构来分析"富与道"的关系。人文主义是对英语 Humanism 的翻译。① 陈荣捷先生

① 根据彭国翔教授的研究,humanism 最初被吴宓译为"人本主义"。不久以后胡先骕将其译为"人文主义",为众人采用并得以流传。吴宓亦取之而不再用自己所译的"人本主义"。还有"人道""人道主义""唯人主义"的译名。但语言约定俗成,以人文主义译(Humanism)流传最广。(参见彭国翔:《儒家传统——宗教与人文主义之间》,北京大学出版社 2007 年版,第 3 页)

指出,"中国哲学史的特殊,一言以蔽之,可以说是人文主义(hu-manism),但此种人文主义并不否认或忽略超越力量,而是主张'天人合一'。在这意义之下,早在中国思想肇端之初,人文主义已是居主流地位的思潮。"[1]杜维明先生在五十多年的教学之余,奔走天下,弘扬儒家思想,推动并实践文明对话,不断地以掘井及泉的精神思考儒家的人文主义,在对世界各大文明包括原住民的文明都抱有同情的理解并予以平等的尊重的基础上,海纳百川,从善如流,在根源性和全球性两个方向进行努力以实现儒家第三期的创造性转化和创新性发展。应罗斯柴尔德爵士的邀请,杜先生在2014年5月19日于伦敦皇家艺术学院为庆祝基辛格博士90寿辰所作的主题演讲中,提出了自己关于精神人文主义的初步构想。本书研究所使用的基本哲学框架即是杜维明先生提出来的以仁为核心的精神人文主义框架。(见图1)

　　要理解这个框架,先要说明的是,儒家有其制度性、社会性、世俗性、超越性、深层性、学术性。[2]而精神性的儒学是其根本。不管制度如何存废变迁,其精神是一直存在的,前有孔孟,后有现代。儒家不是博物馆,也不是游魂,而是扎根在文化中国的每一个人的内心世界,或隐或显,或强或弱,或自觉或不自觉,或表现为一种文化认同,有时候甚至表现为一种对儒家的强烈批判。从这个角度来看,或许可以认为五四以来批判儒家的精神本身就来自儒家,批判的目的是实现儒家的家国情怀。

　　在精神人文主义这一天地群己的框架中,仁是枢纽。在本书

---

① 　陈荣捷编:《中国哲学文献汇编》,杨儒宾等译,江苏教育出版社2006年版,第1页。
② 　参见杜维明:《21世纪的儒学》,中华书局2014年版。

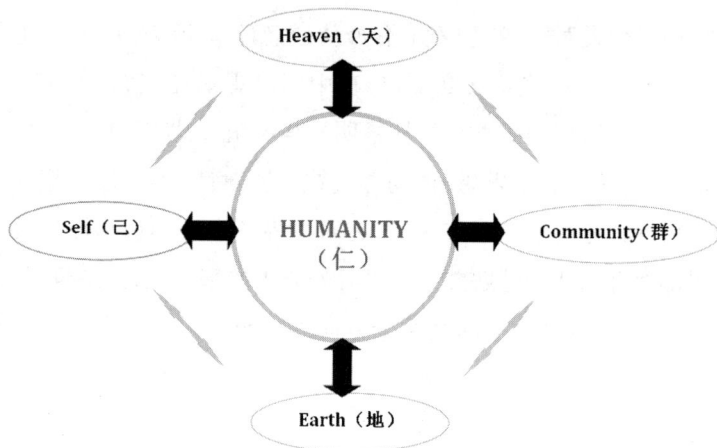

图 1　精神人文主义的四个维度
Figure 1　The Four Dimensions of Spiritual Humanism

使用的天地群己框架中,仁被翻译为 humanity①,而 humanity 可以理解为"人性",此与孟子之教一脉相承。孟子曰:"仁也者,人也。合而言之,道也。"(《尽心章句下》14·16)杜维明先生提出"具有

---

① 自 1809 年出现第一个英文版本以后,有 60 多种关于"仁"的英语翻译版本。(参见丁巧玲:《从〈论语〉中"仁"的英译章节看儒家文化模因在英语世界的翻译及跨文化传播——基于模因论的视角》,硕士学位论文,西北师范大学,2014 年)根据陈荣捷先生,Jen,"humanity"条:Jen(仁) has been variously translated as benevolence, perfect virtue, goodness, human-heartedness, love, altruism, etc. None of these expresses all the meanings of the term. It means a particular virtue, benevolence, and also the general virtue, the basis of all goodness. My choice is "humanity", for it seems to express all meanings and also has an adjective form while "true manhood" does not. (参见陈荣捷:A Source Book in Chinese Philosophy, translated and compiled bywing-tsit chan, new jersey princeton university press, 1969. p.788)

全球意义的具体人性"（global significance of concrete humanity），目的是在一个具体活生生的、独一无二的个人的基础上，展现一个既客观化、又普世化的人文价值。

　　精神人文主义既体现了儒家之门户，以仁为本，但又无门户之见，开放包容。既体现了包容，又不是抽象的包容主义，而是以善为根。在这个框架之下，儒学有其特殊性，但又不是浅陋的相对主义，既能守住家法，又能有容乃大。杜维明先生指出，"仁"一方面是走出了封闭的特殊主义；另一方面是走出了抽象的普世主义，因而呈现为具有普遍性价值的特殊性，以及具体的普遍性。①

　　关于仁之于伦理的重要性方面，美国学者罗伯特·贝拉先生认为不仅仁确定是伦理性的，而且是儒家思想中最高的伦理纲目。贝拉先生进一步认为，儒家伦理有成为人类伦理的发展趋势，而不仅仅是中国人的伦理。贝拉本人的认识也是有一个发展过程的。在其早年成名作《德川宗教：现代日本的文化渊源》一书中，在分析曾国藩的例子后，得出结论说："（曾国藩）在此表现的确是一种理性的、世俗的伦理，一种儒教的温柔学士的伦理。但是，这种伦理的目的既不是积累财富，也不是增大国力。不如说是意在维持经过调整的中国社会的平衡状态。"②不过，在一个多甲子以后，贝拉在其晚年的著作《人类进化中的宗教——从旧石器时代到轴心时代》中强调："仁确定是伦理性的，正如罗哲海指出仁是儒家思想中最高的伦理纲目，虽然仁不是理论上的，但至少蠡测可得如

---

① 　参见杜维明：《诠释〈论语〉"克己复礼为仁"章方法的反思》，台湾"中央研究院"中国文哲研究所 2015 年版，第 22 页。

② 　[美]罗伯特·贝拉：《德川宗教——现代日本的文化渊源》，王晓山、戴茸译，生活·读书·新知三联书店 2003 年版，第 233 页。

下:它是实践性的,生发性的,垂范性的,尽管它也(同时)启迪思想。"(Ren is surely ethical, the highest ethical term in Confucianism as Heiner Roetz points out, yet it is not theoretical, at least not in the first instance: it is performative, enactive, mimetic, though it gives rise to thought)①他还进一步指出,"儒家伦理有成为人类伦理的趋势,而不仅仅是中国人的伦理"(Confucian ethics are intended to be human ethics, not Chinese ethics.)②

根据贝拉先生耄耋之年的理解,儒家的仁至少具有伦理性、实践性、生发性、垂范性和思想性等多个不同的侧面,可谓万象森然。而且以仁为本的儒家伦理有成为人类伦理的历史趋势。西方学界宿耆的这种晚年定论为儒家第三期的发展起到了可贵的推动作用。

精神人文主义的"天地群己"四个维度不是孤立的而是一个系统的框架,不是分散的而是有机的一个整体,不是简单的归约也不是干巴巴的分析。其薄也厚,其厚也薄。四个维度以仁为枢纽和主脑,互相涵摄彼此,在一个维度中体现其他的三个维度,同时又呈现出整体之一面向。

精神人文主义在具有超越性的同时又具有内在性。在内体现在为己之学和己立立人的忠恕之道上,在外就体现为家国天下的情怀和人伦日用的实践上,是活泼泼的当下而不是彼岸的世界,是体贴的、深造自得的而不是冥想的。精神人文主义不是世俗的人文主义(Secular Humanism),也不是基于外在超越的一神论宗教。

---

① See Robert N. Bellah: *Religion in Human Evolution: From the Paleolithic to the Axial Age*, the Belknap Press of Harvard University Press, p. 412,2011.
② Ibid., p.422.中文译文为笔者之冒昧揣摩。

精神人文主义是继承传统儒学的接着讲而不仅仅是照着讲。精神人文主义既涵摄了道德的形而上，又下通实践的形而下。精神人文主义不是用良知坎陷来矮化自身以"一心开二门"来兹求或者比附民主与科学，而是良知本身扩而充之的厚焉无所不载。精神人文主义不是简单的一种哲学或者宗教，而是即哲学即宗教即道德即伦理的天德流行。

基于以上框架，本书采取的是一种跨学科的研究方法，在精神人文主义的框架下对儒家的观念进行溯源和发展。在具体研究中，采用结合文献和文本以及观照文本之间相互影响的方法，追踪这个观念是如何出现和发展的，并尽量揭示其在儒家第三期发展过程中的现实意义。

2. 主要内容

在前辈学者对儒家哲学和中国思想史的最新研究成果的基础上，本书以儒家哲学为基础，结合社会学的理论工具和调查分析工具，适当关注宗教学、人类学、历史学和经济学的有关学科的学术成果，以儒商为研究的核心，研究儒家商业伦理的哲学根源和儒商精神的历史影响和现实意义。

全书以仁为核心，以孟子思想为血脉，以精神人文主义的天地群己为框架，从各个角度进入仁的意义世界（杜维明先生语）。第一章对"富与'仁'"进行分析，首先以"公私辨"为切入点，再分析孟子"距杨墨"章，最后做"生意"考以试图进入仁的意义世界。第二章是讨论富与天地之道。首先做圆善论以提撕富与天道的讨论，再从乐天与畏天的角度具体入微讨论富与天道。以对生态环保的当代关切来充实丰富"地"道，从关爱地球出发探讨"仁者浑然与物同体"的时代意义，揭示儒家第三期发展对于生态环保的实践和意义。第三章是"富与'群'"的第一部分,以"义利之辨"为切入点并讨论群己之间的关系。第四章继续讨论"富与'群'",以"取与之道"为重点,重点讨论孟子思想中的以下方面:明分工、通有无、反垄断、行公益。第五章为"富与'群'"的第三部分,讨论孟子的仁政思想,并以孟子的仁政思想为参照,对比分析《管子》与《盐铁论》。第六章,讨论"富与'己'",主要内容是,一、富而好礼;二、厚德载物;三、职业伦理;四、以子贡为中心的儒商研究;以及五、作为企业法人的公司治理与企业伦理。第七章是以精神人文主义作为理论基础对全书的一个总结,一、以仁为本以阐明"富"与"道"的关系;二、从学以成人的角度总结富与道的关系;三、以返本开新的态度展望富与道的关系。

四、研究的目的

一言以蔽之,本书的研究目的是为儒家商业伦理找到源头活水并以此回应当今商业社会的诸多时代问题。

本书的研究是本院"商业伦理"总课题之下的"儒家商业伦理和儒商精神"的研究中一个很小的部分。商业伦理研究包括但不限于儒家商业伦理和儒商(精神)的研究。研究儒商绝对不是说仅仅要给儒商定义或者研究儒商的历史①(当然这方面的基础研究非常有意义),而是要研究儒商精神与儒家伦理的共生关系(Affinity)②,现当代③儒商更是儒家现代化转化的历史潮流中的一个具体的表现。"儒商研究首先要摆在文化中国的视域中。"

---

① 以明朝的商帮研究为代表。
② 不是简单的因果关系。
③ 或许现当代时间可以从 1905 年废除科举以后开始,或也可从 1912 年民国肇造开始。

(杜维明先生语)因此本书也是"文化中国"这个大的学术版图中
的沧海一粟。需要补充说明的是,儒商当然不仅仅是"文化中国"
的一部分,随着儒家第二期①的发展,儒商已经出现在日本、韩国
和东南亚地区,并在东亚(工业化)现代化的历史进程中有所展
现。② 随着儒家第三期的发展和全球化的进程,由于中国已经是
世界最大贸易国的巨大影响力,以中国政府最近提倡的"一带一
路"合作为助缘,儒商或者至少儒商精神的吉光片羽也许已经或
者将部分地出现在其他国家和地区,比如以色列、北美③和非洲,
乃至伊斯兰世界。

　　最近的例子是,2015 年长江商学院和美国哈佛大学的肯尼迪
商学院签署的十年战略合作协议中的重要一项合作内容就是"人
文精神与商业伦理"的研究;从 2015 年开始,长江商学院与瑞士
IMD 商学院已经开始合作培养双语工商管理硕士(MBA)。因此,
儒商研究既要作为反思东亚工业化的一个延续,同时还要摆在全
球化的背景中,与多元现代性④的研究结合起来,在此背景下,本
书非常谨慎地将儒家商业伦理的根源性作为着力点。

　　儒商精神也是中国人心灵结构的一种具体表现。在儒家发展
的第一期,儒商逐渐出现⑤,儒商精神如源泉混混,盈科而进。在
儒家发展的第二期,虽然皇权专制政府在制度上垄断盐铁等市场,
在舆论导向上宣传重农抑商,不过由于"皇权不下县",虽然儒商

①　参见杜维明先生有关"儒家三期说"的论述。
②　参见有关"儒家精神与东亚工业化"的诸多讨论。
③　值得观察的是,波士顿儒家和犹太儒家的影响是否正在从学术界向商业界逐
　　渐扩展。
④　参见有关多元现代性(Multiplicity of Modernity)的有关讨论。
⑤　比如子贡一般被认为是儒商的一个代表。

再无子贡这样的代表人物,但是有陆象山这样有商业实践的大儒,而且儒商精神还是能在一些商人个体身上忽明忽暗地显现,比如明清之际"儒贾"群体所表现出来的商人精神。本书所提及的李朝之俞吉濬和日本之涩泽荣一或可代表儒家第二期发展的"故家遗俗"。

在"明清之际",以利玛窦(Matteo Ricci 1552—1610)为代表的西方传教士来到了中国,并将"四书五经"部分地翻译介绍到了欧洲。这为西方启蒙运动(1620 年科学革命—1789 年法国大革命)①的发端和发展带去了儒家的因素,无论莱布尼兹,还是狄德罗、伏尔泰等,都明显地受到了儒家的影响。如果现在还不能肯定地说是儒家促成了启蒙运动的发端,但是至少可以说启蒙运动的发端和发展都受到了儒家因素的影响。无论资本主义还是社会主义都是西方启蒙运动的产物。无论鸦片战争的屈辱还是五四新文化运动的狂飙突进,无论是辛亥革命的成功还是当代政权的建立,从一定程度上都可以说是启蒙运动带给中国人的各种不同的甚至是翻天覆地的影响。在当今中国人的精神世界中,无论秉持何种观念,从事何种职业,启蒙思想在其内心都扎根很深,在儒商精神的构成上就是"经济人"的一面。但由于根源性不足,其大体上既不能体现经济人的最低要求,比如守法牟利,诚信经营,也不能体现本有的"文化人"乃至"生态人"的恻隐慈悲之心。在儒家发展的第三期进程中,内化(internalized)②在中国人心灵深处的"心灵积习"正在逐步豁显,在受启蒙影响的反传统的传统中,传统包括儒家传

① 时间跨度待考证。
② 参见杜维明:《龙鹰之旅》,北京大学出版社 2013 年版,第 138、145 页。

统又开始重新萌芽。由于以上曲折回旋,对于儒商及其精神的研究或许可以帮助了解这种心灵结构。因此,"儒商研究也和文明对话有密切的关系。"

第一章　富与仁

孟子曰：

　　"仁也者，人也。合而言之，道也。"（《尽心章句下》14·16)

《中庸》曰："仁者，人也。"按思孟，仁是何以成人的原因所在，根本所在，动力所在，也是成人本身的成果所在。根据郭店出土文献的资料，仁字一般被写作上身下心，合身心为仁，"仁者，人也"，形象生动。"从这个角度看，'仁'不仅仅是一个观念，'仁'所代表的是一个意义世界，需要进入其中的场域，所以不能简单地来解释。"①本章试图从商业的角度来再一次进入仁这个意义世界，以为己之学求成人之教，收成物之功。本章第一节以仁为本讨论公私辨，第二节以善为根讨论群己关系，第三节讨论孟子距杨墨以说明以上两节的讨论，在这三节讨论的基础上，于第四节做"生意"考以探讨"富与仁"的关系。

　　在本书所使用的天地群己的框架之中，仁是整个框架的枢纽，或者换言之，是整个精神人文主义之学的头脑。阳明先生谓学者曰："为学须得个头脑工夫，方有着落。"②又曰："见得时，横说竖

---

① 杜维明：《诠释〈论语〉"克己复礼为仁"章方法的反思》，台湾"中央研究院"中国文哲研究所 2015 年版，第 3 页。
② 邓艾民：《传习录注疏》，上海古籍出版社 2012 年版，第 68、102 条。

说皆是。若于此处通，彼处不通，只是未见得"。有了仁这个枢纽和头脑，精神人文主义从天地群己四个维度上"横说竖说皆是"。本书或失于枝蔓葱郁，也只是为了"横说竖说"。

第一节　公私辨

一、私的起源

公私之辨是儒家哲学的经典问题。朱门高弟陈淳说，"公而以仁体之，故为仁"。朱子盛赞"此说得之。不然，如释氏之舍身饲虎，虽公而不仁"[1]。释氏之舍身饲虎就是孟子说的"行仁义也"，看似为公，实为惨刻，看似无私，实为不仁。按朱陈师弟之间的讨论，公私之辨当以仁为本。

陈乔见博士在前辈学者的基础上对公私辨做了比较好的研究，并总结了公私四义[2]，在此基础上，进而言之，公私之辨大致可以分为：官民为主体的政治之公私；义利之辨下之公私，比如公正无私；牵涉群己权利的伦理之公私；天理人欲的语境下道德之公私，比如所谓公开的还是私下的这些词语表达的即是此义。以上四义，主要分为两种，实然义与价值义。实然义为官民、群己之公私。价值义的公私是从义利与天理人欲的语境下立论。当然，天地无私，为政者效法天道以为公。"在这里，'公'与'无私'基本同义，'无私'之'私'，其义为偏，无私就是没有偏倚性（impartiality）。"[3]在此表达中，既有以天地为主体而无私的实然义，也有天

---

①　陈乔见：《公私辨》，生活·读书·新知三联书店 2013 年版，第 137 页。

②　参见陈乔见：《公私辨》，生活·读书·新知三联书店 2013 年版，第 92 页。

③　陈乔见：《公私辨》，生活·读书·新知三联书店 2013 年版，第 93 页。

道为公的价值抽象义。既然天地无私，那么私从何而来？

　　私的起源是一个具有悖论性质的探讨。在远古的洪荒时代，人逐水草而居，但又必须成群而居，在嬉戏无忧之时，也无私有财产。但是私之观念是否也不存在，其认证却是要大费周折。"人生而静以上不容说"，"才说性，便已不是性了"①。据此，人类呱呱坠地之时，性已经不是浑然一体的，私就随之而生。饿了要吃，渴了要喝，困了要睡，虽说是一种自然状态，但是其为己之私应该是不言而喻的。但是这样的为己之私和成己之德之间是否就是一体之两面呢？没有这种为己之私，作为个体的人将无法生存下去，无法成就自己的血肉身心。但是人又是万物之灵，在有局限的血肉之躯中又必须具有其独特的人性，所谓天命之性。虽然"人生而静以上不容说，才说性，便已不是性了"，但是"天命之谓性，率性之谓道，修道之谓教"。饿了要吃，渴了要喝，困了要睡，这些应该都是"率性之谓道"，而舜"与鹿豕游"，闻一善而"沛然莫之能御"（《尽心章句上》13·16），则是人性善的蓬勃欲出，如"火之始燃，泉之始达"，此乃孟子所倡之"性善论"。基于此，在人类出现之时，是"浑然大道"，天理朗现，"若'人生而静以上'，只说个天道，下'性'字不得"②。更没有私欲，所谓"吃饭睡觉就是天理，过了就是人欲"，"天理人欲，几微之间"③。在这里，私与人性，私与天理是一体之两面，私与人欲还没有正式走到一起。

　　先看看朱子读孟子是如何理解私之有无的。朱子曰：

①　《朱子语类》卷九十五，中华书局 1986 年版，第 2430 页。
②　《朱子语类》卷九十五，中华书局 1986 年版，第 2431 页。
③　《朱子语类》卷十三，中华书局 1986 年版，第 234 页。

　　"执德不弘,信道不笃,焉能为有? 焉能为亡?"所谓天理
人欲也。更将孟子答滕文公、曹交问孟子章熟读。才见得此,
甚省力。①

　　读《孟子》这两章,在答滕文公章之卷首,开宗明义,"孟子道性善,
言必称尧舜"。孟子答滕文公曰:"世子疑吾言乎? 夫道一而已
矣。"(《滕文公章句上》5·1)读曹交问孟子章,曹交苦恼于自己食
粟而已,饿了就吃,"岂人所不能哉? 所不为也。尧舜之道,孝弟
而已矣","夫道,若大路然,岂难知哉? 人病不求耳"(《告子章句
下》12·2)。审朱子之辞,求孟子之意,"道一而已",道若大路,浑
然而自然,"所谓天理人欲也",浑然一体,"才见得此,甚省力"。

　　既然浑然一体,"焉能为有? 焉能为亡?"那么私是如何产生
的呢? 一种说法是耳熟能详的马克思主义者从财富的剩余而推导
出来的私有财产占有情况的出现,从群己权利的实然义来看,的确
如此。不过,这种财产的私有和人内心的私之观念毕竟还是两回
事。人有身体发肤受之父母,是否就不珍惜了呢? 原始人对自己
的一颗牙齿有无私有的概念? 或者是身上的一块遮羞的树叶和兽
皮,他(她)是否就没有或者就有私的念头。从私有财产的出现来
探讨私之起源是非常有意义的社会学分析,但是还不足以对人性
之私正本溯源。历史洪流中,富可敌国而了无私心者屡见不鲜,毁
家纾难者更是层出不穷。何况,生不带来死不带去的观念好像在
中国深入人心。不能说儒家文化圈中没有人主动放弃或者捐赠自
己的财富,而是屡见不鲜,其动机或许非常单纯,既没有基督徒为

---

① 《朱子语类》卷一百二十,中华书局 1986 年版,第 2838—2839 页。

了上天堂的功利之心，也没有佛教徒求解脱轮回最终究竟涅槃的私欲之心。

再回到孟子，也许我们有必要尝试换一个角度来谈论私的起源。或可说，私起源于"本心之放失"，"明德（良知）之遮蔽"。那么心和以上讨论所触及的性又是什么关系呢？不完全的比喻就是"性由心显"。毕竟，性是"人生而静以上不容说"，"才说便不是性"，而心是可以显"性"的。正如杜维明先生指出的，"从'天生人成'来理解人的创造性，从超越而内在的天命来认知道德主体的终极基础，从内外交养的修身哲学来体现自我的价值—— 一种'性由心显'的人文精神便应运而生。"①心来显性，是思孟学派的一个光辉灿烂的成就。孔子"性相近"浑无罅缝的仁说逐步演进为孟子"仁义内在"的性善说。每一个人都是善的，其行为是"率性而为"，换言之，形而上者，善也，形而下者，"率性而为"也，彻上彻下，只是一个善的流行。但是，本心往往放失。因此孟子说，"学问之道无他，求其放心而已"（《告子章句上》11·11）。孟子曰：丰年时候，弟子言行很好，到了歉收的时候，弟子暴虐。这都是本心之放失。本心放失就使得廓然大公的人性失去了，私就产生了。换句话说，人的本心所具有的明德（良知）被遮蔽了，私就产生了。因此，私之起源是后天本心之放失而产生的，不是简单地由于私有财产的出现而产生的。内心的私比外在财产的私或许更能说明私之起源。

人类历史，浩浩荡荡，溥博渊泉，盈科而进，源未必清而流日浊，私也一直在发展之中，一股清泉越来越浑浊，乃至没有人有信

心或者有能力去看见人性所具几希之善端。梁惠王见孟子,关心的是老人家不远千里而来如何才能有利于我们国家。荀子机智地发现,人是可以"群"的,而且有"分",才能够"力不如牛,走不如马,而牛马为人所用"①。荀子看到了发挥人类优势的进步中的人类群体,但是对人何以为人却与孟子道性善相映成趣,荀子认为人性是恶的。②

二、以仁化私

在以上讨论中,善是本,私是末,善是先天的、本源就有的,而私是后天产生的。这就为私的处理提供了解决办法,这个办法是以仁化私,以公体仁,以仁行公,以仁为公。"(按朱子)仁而后能公,是就本体言;公而后复仁,则是就工夫而言。质言之,仁公关系是:缺乏仁道作为内在根据的公,容易流于惨刻无情;没有大公无私的克己工夫,仁体亦很难以呈现。"③孟子曰:

> 人之所以异于禽于兽者几希,庶民去之,君子存之。舜明于庶物,察于人伦,由仁义行,非行仁义也。(《离娄章句下》8·19)

前揭舜"闻一善而沛然莫之能御",这是天地无私之善的流行发用。但是这几希之善,只有"君子存之",所存者是孟子所说

---

① (清)王先谦:《荀子集解》,中华书局1988年版,第164页。
② 梁涛教授认为,荀子关于人性的主张实际有二:一是说"性恶",一是说"善伪"或"伪善"。一方面说恶来自性;另一方面又说善来自"伪",解释人为何有善,这才是荀子对于人性的完整表达,或者说是他完整的思想。(参见梁涛:《廓清荀子人性论的千年迷雾》,《中华读书报》2017年4月5日)
③ 陈乔见:《公私辨》,生活·读书·新知三联书店2013年版,第139页。

的本心,此心是明德大公的,舜有本心明察之公,故能以公体仁,才能以仁行公,故"由仁义行,非行仁义也"。否则就是行仁义也。

程明道先生在《定性书》中说:

> 故君子之学,莫若廓然而大公,物来而顺应。《易》曰:"贞吉,悔亡。憧憧往来,朋从尔思。"苟规规于外诱之除,将见灭于东而生于西也,非惟日之不足,顾其端无穷,不可得而除也。①

颜子就是以仁化私臻至廓然大公的为学榜样。颜子克己复礼为仁,三月不违仁,这个克己复礼为仁的过程就是以仁化私的过程。前贤对"克"有两解。② 按朱子,克,胜也。己,谓身之私欲也。克

---

① 《二程集》卷二,中华书局 1981 年版,第 460—461 页。

② "克"的解释有二种。一、训为能。俞樾《群经平议》:此当以"己复礼"三字连文。己复礼者,身复礼也,谓身归复于礼也。能身复礼,即为仁矣,故曰克己复礼为仁。……孔子之意,以己与人对,不以己与礼对也。《正义》不能申明孔注,而漫引刘说以申马注约身之义,而经意邃晦矣。(《续修四库全书》第178 册,上海古籍出版社 2002 年版,第 504 页)二、训为胜、约等。《论语集解》:马[融]曰:"克己,约身[也]。"刘宝楠引毛奇龄《论语稽求篇》:"马融以约身为克己,从来说如此。夫子是语本引成语。《春秋》昭公十二年,楚灵王闻《祈招》之诗,不能自克,以及于难。夫子闻之,叹曰:'古也有志,克己复礼,仁也。楚灵王若能如此,岂其辱于乾谿!'据此,则克己复礼本属成语,夫子一引之以叹楚灵王,一引之以告颜子。此问无解,而在《左传》则明有不能自克,做克己对解。克者,约也,抑也。己者,自也。……归仁即称仁,与上句'为仁'为字同。《礼记哀公问》:'君子也者,人之成名也。百姓归之名,谓之。'则百姓之归亦只是名谓之义,此真善之释归者。"(《论语集释》,中华书局1990 年版,第 817—818 页。此条当出自毛奇龄《四书改错》,非《论语稽求篇》)(参见杜维明:《诠释〈论语〉"克己复礼为仁"章方法的反思》,台湾"中央研究院"中国文哲研究所 2015 年版,第 16 页注 59)

己就是胜己之私欲以为仁。一种解释是把克理解为能①,意思就是已能复礼为仁,这就消解了仁的主体性和内在性,使得仁成为复礼的结果。如果换一个思路,把己作为克的宾语,克仍然训为"能",类似于英文 enable 即"使之能"的意思,那么克己即是能己,就是使己能,如果此己是圣人之己,则克己就是使这个己能够被逼显而出,正如王阳明的《传习录》中有一段关于"克己"的文字,他说:"克己须要扫除廓清,一毫不存方是,有一毫在则众恶相引而来。"②这不是寡欲,而是扫除私欲,依然与禁欲不同。③ 如此扫除私欲,岂不是使"己之能"被激发后以仁化私,化私之后为公,为公以后则为(行)仁,所谓"一日克己复礼,天下归仁焉"。不论是"以胜训克"来胜己之私,还是"以能训克"从而能己之仁(能为使动用法)来解释克己,克己都是一个使己之仁胜己之私的工夫过程。圣人无须克己,圣人之己是即本体即工夫。明道先生说:"夫天地之常,以其心普万物而无心;圣人之常,以其情顺万物而无情。"④

---

① 杜维明先生说:他(芬格莱特)主要接受了 Arthur Waley(阿瑟·威利)的《论语》翻译。威利把"克己复礼为仁"中的"克"理解成"能",那么是"能己复礼"为"仁",转过来就是"己能复礼"为"仁","克己"成为一个能动的修饰词。因为这样的文句理解,芬格莱特就坚信,所谓"仁",就是用最纯熟、最完全的方式来体现"礼",能够使自己符合"礼"就是"仁"。从而"仁"成为一种经过内化的能力。这显然是用"礼"来规定"仁",而颜渊讲请问其目时,孔子说"非礼勿视,非礼勿听,非礼勿言,非礼勿动",芬格莱特认为是解释"礼"的问题,理解起来也很顺畅,所以就完全走到以"礼"为核心的路上去。(参见杜维明:《诠释〈论语〉"克己复礼为仁"章方法的反思》,台湾"中央研究院"中国文哲研究所 2015 年版,第 13 页)
② 邓艾民:《传习录注疏》,上海古籍出版社 2012 年版,第 47 页。
③ 参见杜维明:《诠释〈论语〉"克己复礼为仁"章方法的反思》,台湾"中央研究院"中国文哲研究所 2015 年版,第 42 页。
④ 《二程集》卷二,中华书局 1981 年版,第 460 页。

王弼说,"圣人茂于常人者,神明也;同于常人者,七情也。"①故圣人无心无情也无私,圣人以天地之心为其心,以万物之情为其情,以生民之私为其私。

圣人无私,圣可学乎? 濂溪先生曰:可。以上颜子克己复礼为仁即是学圣工夫之典范,"回虽不敏,请事斯语矣。"周濂溪先生说:

> 圣可学乎? 曰:可。曰:有要乎? 曰:有。请闻焉。曰:一为要。一者,无欲也。无欲则静虚动直。静虚则明,明则通。动直则公,公则溥,明通公溥,庶矣乎?!②

首先,濂溪先生肯定了"圣可学"而至,其要在"一"。其次,"一"者,无欲也,也就是人的本心定于"一"而贞定其本体成为冲漠无朕的"一"。在这种情况下,则"静虚动直"。"静虚"则(心)明,(心)明则(神)通。"动直"则"公","公"则"溥"。如何理解"溥"? 据《说文》,溥,大也,公则溥者,公且大也,公溥基本上可以理解为"公而大、大而公"之意,即大公。前揭大程子的"廓然大公"与此"公溥"若合符节。"公溥"则有"廓然"之象,"廓然"则有"明通"之效,"明通公溥,庶矣乎?!"再次,"动直"在此可以用"物来顺应"来理解,此"应"即是"动",此"直"即是"顺","动直"即是"顺应","动直"则"公",也是"顺应"则"公",与"廓然大公,物来顺应"的意思差可一样,只是濂溪从过程说到结果,明道从结果阐明过程。换言之,濂溪从冲漠无朕的静虚动直的"一",说到万

象森然的明通公溥;明道从冲漠无朕的"廓然大公"说到万象森然的"物来顺应",再归结到"动亦定,静亦定,无将迎,无内外"的即体即用的状态。正如熊十力先生之语"翕辟成变,体用不贰"一样,可谓前圣后圣,其道一揆。"廓然大公,物来顺应"是一种效用,按濂溪是"一"之效用,按明道,是定性之效。正如朱子所说,"公,却是仁发处。无公,则仁行不得"[1]。按朱子,仁发处便为公,这是以仁为本说到公,动直则公。无公,则仁行不得,这是说行仁之方,也是明道所谓的"廓然大公",就可以"物来顺应",否则"人之情各有所蔽,故不能适道,大率患在于自私而用智。自私,则不能以有为为应迹;用智,则不能以明觉为自然。"因此,朱子又说,"公了方能仁,私便不能仁"[2]。

三、从有限到无限——孟子"天下之言性"章

上文所论有三个方面,分别是舜之以仁行公,颜子以仁化私,圣人大公无私,如果以这三者之意来逆孟子之志,或可以说,公是一种人性善的扩充和朗现,易言之,是对私欲的一种主动的消弭。这种扩而充之的过程,就是儒家"学做人"的过程,因此,"公"是可学而至的,正如前揭濂溪所说"圣可学"一样。明道说:

> 人之情各有所蔽,故不能适道,大率患在于自私而用智。自私,则不能以有为为应迹;用智,则不能以明觉为自然。今以恶外物之心,而求照无物之地,是反鉴而索照也。《易》曰:"艮其背,不获其身。行其庭,不见其人。"孟氏亦曰:"所恶于智者,为其凿也。"与其非外而是内,不若内外之两忘也。

---

[1]　《朱子语类》卷六,中华书局 1986 年版,第 116 页。
[2]　《朱子语类》卷六,中华书局 1986 年版,第 116 页。

明道所引这句孟子的话"所恶于智者,为其凿也",见《离娄章句下》,孟子曰:

> 天下之言性也,则故①而已矣。故者以利为本。所恶于智者,为其凿也。如智者若禹之行水也,则无恶于智矣。禹之行水也,行其所无事也。如智者亦行其所无事,则智亦大矣。天之高也,星辰之远也,苟求其故,千岁之日至,可坐而致也。(《离娄章句下》8·24)

按孟子,则"故"而已,不可言性,因为"故者以利为本"。"故"是何?天地之间的规律也,虽然"天之高也,星辰之远也",但是"苟求其故",则"千岁之日至,可坐而致也。"但是孟子一转,按照陆象山的理解,只有"去知与故"②,才能言性之本。③ 在孟子,故与智没有好坏之分。大禹之行水也,则无恶于智矣;如果则天之故,那么千岁之日至(冬至夏至)可坐而致也。孟子反对的是没有仁的"智与故"。"故"者,就是孟子所说的,

> 口之于味也,目之于色也,耳之于声也,鼻之于臭也,四肢之于安佚也,性也,有命焉,君子不谓性也。

---

① 对"故"的解释聚讼不已,本书按陆象山的理解,梁涛教授有专文论此。(参见梁涛:《竹简〈性自命出〉与孟子"天下之言性"章》,《中国哲学史》2004年第4期;另见丁为祥:《话语背景与思考坐标:孟子"天下之言性"章辨正》,《国学学刊》2014年第3期)

② 陈鼓应:《庄子今注今译·刻意》:"去知与故,循天之理。故无天灾,无物累,无人非,无鬼责。"(中华书局1983年版,第396页)

③ 参见梁涛:《竹简〈性自命出〉与孟子"天下之言性"章》,《中国哲学史》2004年第4期。

孟子与天下这些则"故"而言性者谓以上五者为性不同，"有命焉，君子不谓性也"，"孟子道性善"，孟子曰：

> 心之所同然者何也？谓理也，义也。圣人先得我心之所同然耳。故理义之悦我心，犹刍豢之悦我口。

在人，就是孟子曰："诗曰：'天生蒸民，有物有则。民之秉彝，好是懿德。'孔子曰：'为此诗者，其知道乎！故有物必有则，民之秉彝也，故好是懿德。'"（《告子章句上》11·6）"故"大致可以对应于"有物必有则"的"则"，但是孟子所道之性善超越了这个"则"与"故"而彰显人之所以能够为人的"懿德"。戴东原曰：仁义礼智，懿德之目也。① 诚哉斯言。

诚如明道引孟子曰："所恶于智者，为其凿也。"如此"智"之凿，则"自私而用智"，如此"故"之则，那么善不得显，虽然千岁之日至可得，但是人心之廓然大公却不可得！天下则"故"言性者，以口目耳鼻身这些自然规则（故）为性，人成为一个局限于血肉之躯的有限存在。这就是告子所谓的生之谓性。孟子当然知道"则故"就如知道人不吃饭是会饿死的、人最终是会老死的一样，如千岁之日至而不可抗拒的自然规律一样，但是孟子言性不则"故"，以仁义礼智为性。孟子慨然道："仁之于父子也，义之于君臣也，礼之于宾主也，智之于贤者也，圣人之于天道也，命也，有性焉，君子不谓命也。"孟子反对天下则故言性者，而是性命对扬。如此一来，人就会冲决血肉之躯的有限性，而凸显人的伟大，人性就能够

---

① 参见（清）戴震著，何文光整理：《孟子字义疏证》，中华书局1982年版，第29页。

从饮食男女跃升为仁义礼智圣（五行），人性的光辉就能够照耀千古，最终人成为"大人"或者"圣人"，人从血肉之躯的有限走向慧思生命之无限！按照唐君毅先生的理解，生与心合一而成一性字，此乃一普遍义、究极义的生与心，而通于宇宙人生之全者；非生物学中限于生物现象之生，亦非经验心理学中限于所经验之心理现象之心也。① 天下之言性者将性限于生物现象或者心理现象，此乃则"故"而已。

则故者弊于口目耳鼻身五者之欲而不能适仁义之道，如此则"自私而用智"。何以做到"如智者若禹之行水也，则无恶于智矣"，莫若两忘。明道先生曰：

> 两忘，则澄然无事矣。无事则定，定则明，明则尚何应物之为累哉！圣人之喜，以物之当喜；圣人之怒，以物之当怒。是圣人之喜怒，不系于心而系于物也。是则圣人岂不应于物哉？乌得以从外者为非，而更求在内者为是也？今以自私用智之喜怒，而视圣人喜怒之正，为何如哉？夫人之情易发而难制者，唯怒为甚。第能于怒时遽忘其怒，而观理之是非，亦可见外诱之不足恶，而于道亦思过半矣。②

至于两忘与孟子勿忘勿助之间的血脉联系，属于儒家工夫论范畴，本书暂不涉及。最后，明道先生作出结论：

> 所谓定者，动亦定，静亦定，无将迎，无内外。苟以外

---

① 参见唐君毅：《中国哲学原论·原性篇》，中国社会科学出版社 2005 年版，"自序"第 7 页。
② 《二程集》卷二，中华书局 2004 年版，第 461 页。

物为外,牵己而从之,是以己性为有内外也。且以己性为
随物于外,则当其在外时,何者为在内? 是有意于绝外诱,
而不知性之无内外也。既以内外为二本,则又乌可遽语
定哉!①

以上从明道的《定性书》引出对孟子"天下之言性"章的讨论,从具
体而微的角度以显露出孟子"不则'故'言性"的性善论准则。清
儒汪大绅作有《准孟》八篇,"准也者,立万世准则也。孟子道孔子
之道,天道也。天道至公,公则达之至顺。至顺之征,人心正,道术
昌,民生乐。循其道。唐虞三代之治断可复也"②。孟子性善论
"立万世准则","孟子道孔子之道,天道也"。而"天道至公",天
道无私。

　　通过以上的分析,我们是否可以认为从价值抽象义来讲,公是
人性本身具足的,天道至公,义理悦我心。私是后天发生的,则
"故"而已,也就是生之谓性,与之对应的表现形式之一是自私而
用智,"为其凿也"。其次,从实然义来讲,公私都是有差等的。公
有差等,有小公和大公之等。私有差等,有小私和大私之分。有大
公无私之天道与圣人之道,有小私无公之人欲。复杂的是,小公即
是私,大私却是公。何谓也? 如果是大公,在儒家就是天下皆兄弟
也,草木瓦石皆有情也,万物皆备于我也,反身而诚,乐莫大焉。如
果只是小公,那么就是一族之荣辱也,一姓之兴亡也,一国之强弱
耳,"只是私耳"。小私无公者不辨即明,如一己之富贵也,一族之

---

① 《二程集》卷二,中华书局 2004 年版,第 460 页。
② (清)汪缙撰,黄曙辉点校:《汪子二录三录》,华东师范大学出版社 2009 年版,
　　第 31—32 页。

荣辱也，一姓之兴亡也，一国之强弱耳，无公可言矣。所谓大私即是公，如周濂溪不除窗前草，如自家之生意，如张横渠之民胞物与之情，如阳明之草木瓦石皆有情，皆私也，然而大私也，大私即是廓然大公也。对地球的关爱也是一种私，而这种私就是一种大私，即是公。只有人类本性之善才是公的根本，《孟子》谈到的舜的生活经验是可以帮助说明这一点的，所谓"闻一善而沛然莫之能御"。孟子说舜，浓墨重彩。舜窃父而逃，一"窃"字体现了公之神圣，舜贵为天子，不敢以权乱法以济私，因此皋陶作为司法官可以逮捕舜的父亲，舜又不能因帝王之位而悖孝，舜只好以人子的身份而窃父；一逃字彰显了作为"私"的孝心之感人，舜为人子，不能因为父子之伦而乱公，只好弃天下而逃。舜封（放）弟使之富，封、放之间是公义，富弟乃私恩。传天下于贤禹而禹传天下于子启，"其义一也"，天下为公之义也！孟子通过舜的伦理实践，为公私之辨抹上了浓厚的悲剧色彩，这也许就是儒家的忧患意识。在人道，曾子曰："士不可以不弘毅，任重而道远。仁以为己任，不亦重乎？死而后已，不亦远乎？"从人道上达天道，最大的公即天道。《中庸》说：

> 天地之道，可一言而尽也：其为物不贰，则其生物不测。
> 天地之道：博也，厚也，高也，明也，悠也，久也。
> 诗云："维天之命，於穆不已！"盖曰天之所以为天也。①

天虽高远，但是"道不远人"，"君子之道，造端乎夫妇，及其至也，察乎天地。"下文就从天道回到人道，以讨论群己关系。

---

① （宋）朱熹：《四书章句集注》，中华书局 2012 年版，第 35 页。

第二节　群己之间

一、群

在精神人文主义的天地群己框架中,群的维度之豁显是对儒家第三期发展的一个重要的贡献。狄百瑞先生说,

> 我们在《大学》中却看不到"社群"。尽管如此,由于杜维明一遍遍地重复"自我—家庭—国家—天下"这个系列,所以我们终于注意到,他总是把"社群"塞进家庭与国家之间。人们很可能会(像杜维明)那样相信(而我会同意)。这个系列中原本就隐含着儒家可能创造出来的任何一种类型的信用社群。①

被组织起来的各个个体形成了群体,群体的不断扩大形成了家、国、人类共同体、天下、宇宙。严复当年翻译的社会学就叫群学。何为社群? 如何叫社?《说文解字》载:

> 社者,地主也。从示、土。《春秋传》曰:"共工之子句龙为社神。"《周礼》:"二十五家为社,各树其土所宜之木。"②

社,有示的意义,也有土的意义。从示来讲,是有共同的信仰或者价值观;从土来讲,是有共同的血缘或者共同的生活土地。由此二者分别或者同时组成的人类共同体应该就是一个人类社群。故闻

---

① ［美］狄百瑞:《儒家的困境》,黄水婴译,北京大学出版社 2010 年版,第 99 页。
② （汉）许慎:《说文解字》,中华书局 1963 年版,第 9 页上。

一多先生要求，"治古代文化者皆当以社为中心"①。从群来说，每个群可以有各种不同的组织方式，划分方式，当然彼此也互相重叠，可以是有共同的教育背景的，或者是有共同的爱好、共同的志向或者共同的经济状况，当然也可以是从家到国再到天下来组织或者区分一个群。最近几年出现的微信群就很动态地说明了一个群的复杂性。国家只是16世纪欧洲出现的落后的概念（许倬云语）。如此国家在秦始皇统一六国以后就已经在中国不复存在。也许从此只有家和天下。因此，每次中国分裂为各个政治实体的国家之时，统一总是人心所向，在当时的历史条件下，统一的华夏地区就意味着天下，而不是国家。在这个天下的信念下，社稷之群繁衍生息，生生不绝。左社右稷，漫布神州山川。社变成了土地庙，奉为神明，稷演变成了祠堂，家谱之风一以贯之。即便是经过"文化大革命"的摧残，在近二十多年来，民间修家谱已经蔚然成风，有市井村落之处，几乎都已经重修了家谱。

为了行文方便，本书将社群分成以下几块，如果勉强划分的话。一是传统的家族村落社群。二是走出家门以后或者工作以后的同学、战友、同事或者寓居城市者的邻里社群。三是行业分工形成的行业社群。四是通过移动互联网，以某个共同的主题或者兴趣而形成的网上虚拟社群。五是以现代民族国家区分的一个族群或者某国国民之总体政治社群。当然还有以文化中国为代表的文化社群。申言之，以中日韩为核心的儒家文化圈也差可算是一个社群。本书的讨论基本上在儒家文化圈（Confuciansphere）之内讨

---

① 闻一多：《陈梦家〈高禖郊社祖庙通考〉1937年5月24日跋》，《清华学报》1937年第3期。

论,但又与文化中国形成交集。

　　每一个层面的群体,比如家或者民族,或者国家,其利益与相对应的群体之间不见得总是一致的。己指单独的个体而言,社群指群体(家国族群)而言。己作为个体有其层面的私与公,不同群体也有其相应层面的私与公。杜维明先生说,儒家重视推己及人,从个人修身走向公共领域,所以才有"天下为公"的理念,它是一直往外推的。你是 personal,却不是 selfish(自私的);你是 truly familial(确实属于家庭的),却不是一个家族主义者;你是扎根在社群的,是 communal,却不是 parochial(狭隘的);你是扎根在国家的,却不是 nationalist(民族主义者);你扎根在人类,却不是 anthropocentric(人类中心的)。所以公和私的关系是一个辩证的关系。个人是私,家庭是公;家庭是私,各个不同的社群是公。社群之公与国家之公有时候不一样,但是在人类共同体的高度来看,(民族)国家是私,人类共同体是公;人类共同体是私,生命共同体是公;生命共同体是私,宇宙大化是公。它这样发展出来就可以跟普世伦理配合。这表面上看起来没什么了不起,中国人都很熟悉,但你看美国现在的政治文化,怎么样也跳不出国家至上的观念。①杜先生所说与《书》之所教如合符节,《书》经曰:

> 克明俊德,以亲九族。九族既睦,平章百姓。百姓昭明,协和万邦,黎民与变时雍。(《书经卷之一·虞书》)

从个人之"俊德"到九族之亲,再到"百姓"之平章,"万邦"之协

---

①　参见杜维明、卢风:《现代性与物欲的释放——杜维明先生访谈录》,中国人民大学出版社 2009 年版,第 185 页。

和,由己出发,层层贞定而又层层否定,层层递进。正如蔡沈所言,
"此言尧推其德自身而家,而国,而天下"①。当然蔡沈所言的家与
国和西方后起的落后的民族国家(Nation-State)的概念是不一样
的。② 正如吕思勉先生(1884—1957)所指出的,

> 古所谓国者,诸侯之私产也。所谓家者,卿大夫之私产
> 也。故古言国家,义与今日大异。其为群之人所共托命,而义
> 略近于今日之国家者,则社稷也。③

因此群之提出,并以此涵摄家国天下,是精神人文主义对儒家第三
期发展的重要贡献。狄百瑞说,

> 重要的是《大学》中没有明确表述但杜维明却认为应该
> 存在的部分。对于现代思维来说,只有在家庭和国家之间安
> 插一个中间阶段,这个源头观念才显得完整。④

有了群的维度,儒家的转化和发展获得了更广阔的空间,既有对传
统的连续,也有新的发展。最重要的是在家与国之间和之上,在天
之下,找到了生存的土壤。精神人文主义就能在这个土壤中生根
发芽,在不同的群中德风草偃。有了群的基础,对儒家的各种担忧
或者悲观都可以一扫而光。游魂说休矣,因为斯文在兹,兹者,群
也;博物馆说休矣,因为"礼失求诸野",野者,群也;死亡之吻说休
矣,因为群的多样性消解了国家政治权力的影响力,儒家可以在广

---

① 蔡沈注:《书经集传》卷一,世界书局民国二十五年(1936)版,第1页。
② 参见本书第三章第二节之第二小节之注。
③ 吕思勉:《先秦史》,中国友谊出版公司2009年版,第353页。
④ [美]狄百瑞:《儒家的困境》,黄水婴译,北京大学出版社2010年版,第99页。

阔的人类社群的海洋中建立一个个不同的诺亚方舟；帝王师的梦想休矣，因为奇异多彩的人类社群更需要知识和智慧，是群而不是政客才会成为未来发展的滔滔历史洪流。

群道也是对孔孟之教的继承和发展。孔子周游列国，虽然去齐接淅而行，去鲁，曰"迟迟吾行也"（《万章章句下》10·1），但是孔子不是一个国家主义者；子欲乘桴浮于海，但是孔子不是素隐行怪（《中庸》）者，不是离群索居者，而是忧然曰："鸟兽不可与同群，吾非斯人之徒与而谁与？天下有道，丘不与易也。"（《微子第十八》18·6）子欲居九夷，但是有"君子居之，何陋之有"的文化担当和化民成俗的文化自信（《子罕第九》9·14）。杜先生说，孔子既是"斯文"的继承者，也是把"斯文"具体落实在生活世界的开创者。

孟子将孔子的仁道十字打开，开口便说仁义，使群的意义别开生面。按孟子，对大国之君梁惠、齐威，孟子要求他们"与民同乐"，王如好乐、好猎、好货、好色，都要"与百姓同之"；对小国之君滕文公，孟子建议他"与民守之"，作为贤者，"与民并耕而食，饔飧而治"；对君子，作为大丈夫，"得志与民由之，不得志独行其道。"（《滕文公章句下》6·2）最终是"乐以天下，忧以天下"。孟子谓万章曰：

> 一乡之善士，斯友一乡之善士；一国之善士，斯友一国之善士；天下之善士，斯友天下之善士。以友天下之善士为未足，又尚论古之人。颂其诗，读其书，不知其人，可乎？是以论其世也。是尚友也。（《万章章句下》10·8）

孟子的努力是为了传承群的文明，孟子曰：诗亡，然后《春秋》作。

《诗》是对群的一种记载和传承。孔子明言《诗》可以群。

> 子曰："小子何莫学夫诗？诗，可以兴，可以观，可以群，可以怨。迩之事父，远之事君；多识于鸟兽草木之名。"（《阳货第十七》17·9）

换言之，无论是《诗》还是《春秋》，以及《论语》和《孟子》之成书，都是为了对治公共记忆缺失症（Civil Amnesia）。曾子"士不可以不弘毅"的期许，既是自勉，也是承诺，不仅仅是个人的承诺，也是整个群体的承诺。① 钱穆先生说：

> 人必生于群，必于群中而始成其为人。故学非一人之学，道非一人之道，亦必于群而始学有道也。群亦非一日之群，自远古以来，久有此群，久有此人矣。②

二、群己之间

对于群己关系，孟子有很多阐述。最著名的也许是这一章，孟子曰：

> 民为贵，社稷次之，君为轻。是故得乎丘民而为天子，得乎天子为诸侯，得乎诸侯为大夫。诸侯危社稷，则变置。牺牲既成，粢盛既洁，祭祀以时，然而旱干水溢，则变置社稷。（《尽心章句下》14·14）

---

① 杜维明先生在 2016 年 5 月 19 日在岳麓书院、凤凰网、凤凰卫视联合主办的"致敬国学：第二届全球华人国学大典"之"重建斯文：国学普及的使命与挑战"高峰论坛上的演讲。

② 钱穆：《论语新解》，九州出版社 2011 年版，第 389 页。

按孟子,得乎丘民而为天子,没有丘民就没有天子,没有天子就没有诸侯,没有诸侯就没有大夫。因此在作为一个这样的政治的或者文化的或者地域的共同体的社群中,"民为贵","君为轻",社稷处于二者之间。如果"诸侯危社稷,则变置"诸侯,诸侯是为民服务的。但是如果"牺牲既成,粢盛既洁,祭祀以时,然而旱干水溢,则变置社稷"。因为社稷也是为民服务的。总之民是目的而不是手段,任何政治团体、或者祭祀仪式都是为了实现民的利益。此其一。

其二,孟子从天与民的关系进一步说明为何得乎丘民而为天子。孟子曰:

> 使之主祭而百神享之,是天受之;使之主事而事治,百姓安之,是民受之也。天与之,人与之,故曰:天子不能以天下与人。舜相尧二十有八载,非人之所能为也,天也。尧崩,三年之丧毕,舜避尧之子于南河之南。天下诸侯朝觐者,不之尧之子而之舜;讼狱者,不之尧之子而之舜;讴歌者,不讴歌尧之子而讴歌舜,故曰天也。夫然后之中国,践天子位焉。而居尧之宫,逼尧之子,是篡也,非天与也。太誓曰:"天视自我民视,天听自我民听",此之谓也。(《万章章句上》9·5)

按孟子,天受之即是民受之,天与之即是民与之,"天子不能以天下与人",天是大公无私的,民的利益就是天之大公的表现,故此,天之公即是民之公,只有天命和人心才决定了天子存在的必要性和合法性,没有民就没有天子,"是故得乎丘民而为天子","夫然后之中国,践天子位焉。"孟子引用了《太誓》,"天视自我民视,天听子我民听。"以加强其认证。

其三,民本身如何维持自己的社群关系? 孟子曰:

> 死徙无出乡,乡田同井。出入相友,守望相助,疾病相扶
> 持,则百姓亲睦。(《滕文公章句上》3·3)

按孟子,百姓亲睦是社群的和谐状态。要实现这个目的,孟子提出
了富与教的两条实施办法。对于富民,孟子提出的是"民之为道
也,有恒产者有恒心,无恒产者无恒心。苟无恒心,放辟邪侈,无不
为已"(《滕文公章句上》3·3),民有恒产才是民之为道也。对于
教民,孟子提出的是"善政,不如善教之得民也。善政民畏之,善
教民爱之;善政得民财,善教得民心"(《尽心章句上》13·14)。至
于如何善教,孟子曰:

> 设为庠序学校以教之:庠者,养也;校者,教也;序者,射
> 也。夏曰校,殷曰序,周曰庠,学则三代共之,皆所以明人伦
> 也。人伦明于上,小民亲于下。有王者起,必来取法,是为王
> 者师也。(《滕文公章句上》3·3)

教之目的"皆所以明人伦也。人伦明于上,小民亲于下",文化中
国的社群之形成和维系是靠"契明五伦"。所谓五伦即是父子有
亲、君臣有义、夫妻有别、长幼有序、朋友有信。五伦的实现是靠个
人之教。

以上三层,首先,从"民为贵,社稷次之,君为轻"说明政治社
群内各层次之间的关系;其次,论证天与民的统一关系和民与天子
的因果关系,或者说孟子在论证社群何以需要一个治理者,即天子
或者换言之政府,以及治理权为什么并如何移交;最后,治理者的
任务是富民和教民,民之为群,百姓亲睦。

对于群己关系,孟子的观点是"正己而物正也"。

> 孟子曰:"有事君人者,事是君则为容悦者也;有安社稷臣者,以安社稷为悦者也;有天民者,达可行于天下而后行之者也;有大人者,正己而物正也。"(《尽心章句上》13·19)

或可将此章与上引"民为贵"章互相发明。君为轻,故事君者只是"为苟容以悦君者也"(赵岐注),可谓"容悦佞臣不足言"[①];社稷次之,故"安社稷则忠矣,然犹一国之士也",只有民为贵,因此"有天民者,达可行于天下而后行之者也";最后,"有大人者,正己而物正也"。孟子之论与《大学》修身之教若合符契,也深得孔子为己之学、成己成物、己立立人的血脉。

因此,群己关系的基础还是己。"孟子道性善,言必称尧舜",而且当曹交问"人人皆可为尧舜,有诸?"孟子曰:"然!"在此,行文又回到了前揭朱子曰:"'执德不弘,信道不笃,焉能为有?焉能为亡?'所谓天理人欲也。更将孟子答滕文公、曹交问孟子章熟读。才见得此,甚省力。"由朱子此论,本书终于在公私之辨和群己关系的两节讨论中,胜利会师。

接着以上朱子所说,德与道的来源是仁,执、信行为的动力在仁,仁既是源泉也是动力。为了说明这个问题,孟子反复申说。孟子引孔子曰:"道二:仁与不仁而已矣。"(《离娄章句上》2·2)。无论是牛山之木之比,还是杯水车薪之喻,孟子都在说仁就在人心,得失存去在己不在人,在内不在外,"仁"字在《孟子》一书中出现了160次,本书不便一一胪列分析。只是说明在群己关系中,

---

① 梁涛编:《孟子解读》,中国人民大学出版社2010年版,第346页。

己是群己关系的中心,而仁是成己之源,己道是仁道;仁是建群之源,群道也是仁道。一言以蔽之,孟子曰:"仁也者,人也。合而言之,道也。"(《尽心章句下》14·16)如果"仁义充塞,则率兽食人,人将相食。"孟子说:"吾为此惧。闲先圣之道,距杨墨,放淫辞,邪说者不得作,作于其心,害于其事;作于其事,害于其政。圣人复起,不易吾言矣。"(《滕文公章句下》6·9)下一节即讨论孟子"距杨墨"。

第三节　距杨墨

以上两节以仁为本,以孟子为中心,分别讨论了公私之辨和群己关系。富的过程是不是一个只为私不为公、只为己不为群的过程? 或者换言之,是否如坊间所理解的,儒家仅仅强调公而批判私,着重突出群的价值而贬低或者消弭己的利益? 从以上两个侧面来考察儒家商业伦理的源头活水,可知公私之辨、群己关系对此很重要。本书到此暂不作出一个简单的结论,而是在上文讨论了公私之辨、群己关系之后,就以一个具体的案例来进一步说明以上的讨论,即孟子距杨墨。

第一,在第十三篇《尽心章句上》的第二十六章(13·26),孟子对杨墨思想作了一个定义。"杨朱为我,拔一毛而利天下也不为。墨子兼爱,摩顶放踵利天下,为之。"简言之,一个极端的为私,一个极端的为公。一个完全不考虑社群,一个完全不考虑自己。孟子曰:

　　　　杨子取为我,拔一毛而利天下,不为也。墨子兼爱,摩顶放踵利天下,为之。子莫执中,执中为近之,执中无权,犹执一也。所恶执一者,为其贼道也,举一而废百也。(《尽心章句上》13·26)

第二,孟子对杨墨思想进行了激烈的批判,集中体现在第六篇《滕文公章句下》的第九章(6·9),孟子曰:

圣王不作,诸侯放恣,处士横议,杨朱墨翟之言,盈天下,天下之言,不归杨则归墨。杨氏为我,是无君也;墨氏兼爱,是无父也。无父无君。是禽兽也。(《滕文公章句下》6·9)。

孟子对于杨墨之说带来的严重后果,做了深刻的分析,同时也表现出舍我其谁的担当精神。孟子曰:

公明仪曰:"庖有肥肉,厩有肥马,民有饥色,野有饿莩,此率兽而食人也。"杨墨之道不息,孔子之道不着,是邪说诬民,充塞仁义也。仁义充塞,则率兽食人,人将相食。吾为此惧。闲先圣之道,距杨墨,放淫辞,邪说者,不得作,作于其心,害于其事,作于其事,害于其政,圣人复起,不易吾言矣。(《滕文公章句下》6·9)

第三,继这个批判之后,孟子回顾了三位圣人所创造的中华文明史,三圣所作分别是大禹平天下、周公宁百姓和孔子成春秋立道统,孟子把距杨墨作为自己"以承三圣"的历史使命。孟子曰:

昔者禹抑洪水,而天下平;周公兼夷狄,驱猛兽,而百姓宁;孔子成春秋,而乱臣贼子惧。诗云:"戎狄是膺,荆舒是

惩,则莫我敢承。"无父无君,是周公所膺也。我亦欲正人心,
息邪说,距诐行,放淫辞,以承三圣者。岂好辩哉? 予不得已
也。能言距杨墨者,圣人之徒也。(《滕文公章句下》6·9)

第四,孟子对杨墨的态度不光是批判,而是"知其罪,距其非,
恕其过","距之甚严,待之甚恕"①。"归,斯受之而已矣。"孟子
曰:"逃墨必归于杨,逃杨必归于儒。归,斯受之而已矣。今之与
杨墨辩者,如追放豚,既入其苙,又从而招之。"(《尽心章句上》
14·26)孟子虽然对杨、墨进行了严厉的批判,但对于逃墨逃杨而
归于儒之人却采取既往不咎的态度。这对于当下的文明对话具有
深刻的现实意义。不仅对于其他的精神传统要抱有同情的理解和
尊重,在儒家内部进行讨论的时候何尝不应该如此。梁涛教授认
为,孟子反对某些儒家学者狭隘不能容人的思想作风,显示了孟子
思想宽容的一面。②

第五,墨者夷之章,既提到了距杨墨的具体问题,又表现了孟
子的形象态度,最重要的是揭示了儒家距杨墨的哲学基础,"且天
之生物也,使之一本,而夷子二本故也"。一本与二本之不同是二
者不同的根本原因。下文集中讨论一本与二本的问题。

一、一本与二本——以墨者夷之章为中心

先看本章全文如下:

墨者夷之,因徐辟而求见孟子。孟子曰:"吾固愿见,今
吾尚病,病愈,我且往见,夷子不来!"他日又求见孟子。孟子

---

① 杨海文:《"距杨墨"与孟子的异端批判意识》,《北京师范大学学报》(社会科
学版)2014年第2期。
② 参见梁涛编:《孟子解读》,中国人民大学出版社2010年版,第387页。

曰:"吾今则可以见矣。不直,则道不见;我且直之。吾闻夷子墨者。墨之治丧也,以薄为其道也。夷子思以易天下,岂以为非是而不贵也?然而夷子葬其亲厚,则是以所贱事亲也。"徐子以告夷子。夷子曰:"儒者之道,古之人'若保赤子',此言何谓也?之则以为爱无差等,施由亲始。"徐子以告孟子。孟子曰:"夫夷子,信以为人之亲其兄之子为若亲其邻之赤子乎?彼有取尔也。赤子匍匐将入井,非赤子之罪也。且天之生物也,使之一本,而夷子二本故也。盖上世尝有不葬其亲者。其亲死,则举而委之于壑。他日过之,狐狸食之,蝇蚋姑嘬之。其颡有泚,睨而不视。夫泚也,非为人泚,中心达于面目。盖归反虆梩而掩之。掩之诚是也,则孝子仁人之掩其亲,亦必有道矣。"徐子以告夷子。夷子怃然为闲曰:"命之矣。"
(《滕文公章句上》5·5)

历代注家对此有很多种解释。本书以赵岐注和朱子注为重点。

> 赵岐注:天生万物,各由一本而出。今夷子以他人之亲,与己亲等,是为二本,故欲同其爱也。[1]

> 朱子注:且人物之生,必各本于父母而无二,乃自然之理,若天使之然也。故其爱由此而立,而推以及人,自有差等。今如夷子之言,则是视其父母本无异于路人,但其施之之序,姑自此始耳。非二本而何哉?[2]

审赵注,"天生万物,各由一本而出",这是对的。孟子说:"不揣其

---

[1]　(清)焦循:《孟子正义》,中华书局 1987 年版,第 404 页。
[2]　(宋)朱熹:《四书章句集注》,中华书局 2012 年版,第 266 页。

本而齐其末,方寸之木可使高于岑楼。"(《告子章句下》12·1),同理,墨者夷之以为"爱无差等",就是"不揣其本而齐其末。"那么孟子的本是什么? 孟子曰:

> 原泉混混,不舍昼夜。盈科而后进,放乎四海,有本者如是,是之取尔。苟为无本,七八月之闲雨集,沟浍皆盈;其涸也,可立而待也。故声闻过情,君子耻之。(《离娄章句下》78:18)

这里孟子提到,"有本者如是","原泉混混,不舍昼夜",所以"仲尼亟称于水","是之取尔"。"苟为无本","其涸也,可立而可待也。"孟子又说:"凡有四端于我者,知皆扩而充之矣,若火之始然,泉之始达。苟能充之,足以保四海;苟不充之,不足以事父母。"由这两节或许可以这样认为,孟子的"本"是"若火之始然,泉之始达""不舍昼夜"的"四端",即是仁义礼智之"四端",即是恻隐之心、羞恶之心、辞让之心、是非之心,即是本心。前揭性由心显,此本心即豁显性善。可以说此处的一本即是性善之本。由本心或者性善之本如何得出"差等之爱"而不是"爱无差等"? 因为这个性本之体需要通过仁才能发用,而仁的发用过程是由内向外,由近及远的。试论之如下:

首先,仁者爱己。这一点已前揭于孔子叹颜子为明君子章,并举孟子"无名之指不信节"和之。兹更举孟子原文为证:

> 人之于身也,兼所爱。兼所爱,则兼所养也。无尺寸之肤不爱焉,则无尺寸之肤不养也。所以考其善不善者,岂有他哉? 于己取之而已矣。体有贵贱,有小大。无以小害大,无以

贱害贵。养其小者为小人,养其大者为大人。今有场师,舍其梧槚,养其樲棘,则为贱场师焉。养其一指而失其肩背,而不知也,则为狼疾人也。饮食之人,则人贱之矣,为其养小以失大也。饮食之人无有失也,则口腹岂适为尺寸之肤哉?(《告子章句上》11·14)

按孟子,"养其小者为小人,养其大者为大人","此天之所与我者,先立乎其大者,则其小者弗能夺也。此为大人而已矣"。

其次,仁者事亲。按孟子,"守身为大",只有"不失其身而能事其亲"。

事孰为大?事亲为大;守孰为大?守身为大。不失其身而能事其亲者,吾闻之矣;失其身而能事其亲者,吾未之闻也。孰不为事?事亲,事之本也;孰不为守?守身,守之本也。(《离娄章句上》7·19)

再次,仁者爱人。孟子曰:

君子所以异于人者,以其存心也。君子以仁存心,以礼存心。仁者爱人,有礼者敬人。爱人者人恒爱之,敬人者人恒敬之。(《离娄章句下》8·28)

复次,仁者爱人是"施由亲始",在这一点上,墨者夷之说对了。

知者无不知也,当务之为急;仁者无不爱也,急亲贤之为务。尧舜之知而不遍物,急先务也;尧舜之仁不遍爱人,急亲

贤也。不能三年之丧,而缌小功之察;放饭流歠,而问无齿决,
是之谓不知务。(《尽心章句上》13·46)

最后,为什么"爱有差等"? 在"一本"的讨论中,本书没有使
用朱子之注,而是采赵岐注。其原因是赵注"天生万物,各有一本
而出"更契孔孟血脉,而优于朱子所说的"且人物之生,必各本于
父母而无二,乃自然之理,若天使之然也。"孟子引孔子之教可以
帮助理解赵朱二注之得失。

　　　孟子曰:"诗曰:'天生蒸民,有物有则。民之秉彝,好是
　　懿德。'孔子曰:'为此诗者,其知道乎! 故有物必有则,民之
　　秉彝也,故好是懿德。'"(《告子章句上》11·6)

可知,孔孟所谓"为此诗者,其知道乎!"乃指天道之"一本",而不
仅仅是"本于父母而无二"之"一本",虽然最终人道和天道合二为
一,但毕竟隔了一层,故采赵而遗朱。当然,朱子的"本于父母而
无二"也是对的,因为《易》曰:有天地然后有万物,有万物然后有
男女,有男女然后有夫妇,有夫妇然后有父子,有父子然后有君臣,
有君臣然后有上下,有上下然后礼义有所错(序卦传)。从天地之
本逐步推到父母之本。《中庸》说:"君子之道,造端乎夫妇,及其
至也,察乎天地。"夫妇之道为端,天地之道为其至。由此可知,朱
子的"本于父母而无二"和赵注"天生万物各由一本而出"是从两
个不同的侧面来理解一本。但是朱子在中间有一个回环曲折的
过程。

虽然赵注"察乎天地"而涵摄人道有利于一本的讨论,但是
朱注"造端乎夫妇",直指人心,因此对于"爱有差等"之证明,朱

注长于赵注。赵注云:"今夷子以他人之亲,与己亲等,是为二本,故欲同其爱也。"把"他人之亲"和"己亲"当做"二本",不仅失去了"天生万物,有物有则"意义下之一本,更失去了人之所特具的性善之本。反观朱注后半部分,则无此问题。前引朱子注:"故其爱由此而立,而推以及人,自有差等。"由"此"而立之"此"即是所指的"一本",即性善之本,本心之本,仁之本。有了此本,无论是性之本,心之本,还是仁之本,爱由此而立,故朱子有言:"本,犹根也。仁者,爱之理,心之德也。"①孟子曰:"不仁哉,梁惠王也! 仁者以其所爱及其所不爱,不仁者以其所不爱及其所爱。"(《尽心章句下》14·1)"仁者以其所爱及其所不爱",这是一个扩而充之的发用过程;反之,不仁者以其所不爱及其所爱,如梁惠王也! 赵注前面所摄遥契孔孟,朱注后面所揭深得孟子之意。

二、从"禹稷颜同道而异行"到"四民异业而同道"

行文到此,足以发孟子距墨者夷之之意,但是见孺子入井之恻隐之心与墨者的"爱无差等"行同而道不同。此处还是要加以辨析。孟子曰:

> 所以谓人皆有不忍人之心者,今人乍见孺子将入于井,皆有怵惕恻隐之心。非所以内交于孺子之父母也,非所以要誉于乡党朋友也,非恶其声而然也。(《公孙丑章句上》3·6)

按孟子,此处怵惕恻隐之心即是不忍人之心,是"一本"之善的自然流露,故说"仁之端也"。"无恻隐之心,非人也。"这并没有消解

---

① (宋)朱熹:《四书章句集注》,中华书局 2012 年版,第 50 页。

爱有差等的原则,而是证明了爱之所本乃是此一"仁之端也",而且此"端"如"溥博源泉","盈科而进,放于四海"。"爱有差等"并没有否定基于一本的仁之端也即恻隐之心的怵惕发用,因为这是本有的。这种本有的怵惕恻隐之不忍人之心并不意味着"爱无差等",因为"推以及人,自有差等"(朱子语),否则就挂空了仁爱的扩充过程。如墨者"爱无差等","爱涂人如父",就解构了实践的复杂性和困难性,仁之扩而充之及人之推己及人的实践过程被大而无当的"兼爱"所遣荡,最终事亲而不可得,孟子斥为"无父"。换言之,不能爱己守身,则不能事亲,不能事亲,则不能爱人。反之,爱己而不及其所爱,就是杨朱为我,孟子斥为"无君",因为仁之扩而充之的能动性(enabling)被遏制了,爱己也成为不可能,最终成为一片死寂。杨墨为孟子所距,一言以蔽之,"是邪说诬民,充塞仁义也"。如果接着孟子这句话讲,差不多是墨者有义之用而无仁之本,杨朱有仁之本而无义之用,最终结果都是"充塞仁义"。孟子曰:

> 仁,人心也;义,人路也。舍其路而弗由,放其心而不知求,哀哉!人有鸡犬放,则知求之;有放心,而不知求。学问之道无他,求其放心而已矣。(《告子章句上》11·11)

由此是否可进一步说,杨朱的问题是"舍其路而弗由",自闭本心。墨者的问题是死不旋踵,"放其心而不知求"。二者既是"充塞仁义",也是"哀哉!"这也许是孟子辟杨墨"距之甚严,待之甚恕"的缘由之一吧。扩而言之,不仅爱有差等,而且怨也有大小,情也有亲疏。

公孙丑问曰:"高子曰:'《小弁》,小人之诗也。'"

孟子曰:"何以言之?"曰:"怨。"

曰:"固哉,高叟之为诗也！有人于此,越人关弓而射之,则己谈笑而道之;无他,疏之也。其兄关弓而射之,则己垂涕泣而道之;无他,戚之也。《小弁》之怨,亲亲也。亲亲,仁也。固矣夫,高叟之为诗也！"

曰:"《凯风》何以不怨?"

曰:"《凯风》,亲之过小者也;小弁,亲之过大者也。亲之过大而不怨,是愈疏也;亲之过小而怨,是不可矶也。愈疏,不孝也;不可矶,亦不孝也。孔子曰:'舜其至孝矣,五十而慕。'"(《告子章句上》12·3)

此处孟子师弟之间所讨论的《小弁》《凯风》二诗,不仅说明了爱己事亲之必然,"亲亲,仁也",而且深入一步思考,指出爱之艰,孝之难,乃至"怨即孝",而"不怨却是不孝",貌似矛盾,实际是统一在"亲亲,仁也"此一本之意蕴之中,孟子之教,可谓直指人心。因为"亲之过大而不怨,是愈疏也;亲之过小而怨,是不可矶也。愈疏,不孝也;不可矶,亦不孝也。"只有舜做到了"至孝",孔子叹曰:"舜其至孝矣,五十而慕。"此节庶几进一步帮助理解杨墨之非,孟子之是。

孟子在距杨墨的过程中不仅仅是批判,而是提出了自己在公私群己的复杂关系中的解决方案。孟子的解决方案是"执中"。孟子曰:

子莫执中,执中为近之,执中无权,犹执一也。所恶执一者,为其贼道也,举一而废百也。(《尽心章句上》13·26)

孟子认为执中为近之。然而执中无权亦是贼道。所以孟子认为大禹三过家门而不入是对的,大禹并没有逃于墨。颜子居陋巷而自得其乐也是对的,颜子没有逃于杨。此谓"执中而权"。

> 禹、稷当平世,三过其门而不入,孔子贤之。颜子当乱世,居于陋巷。一箪食,一瓢饮。人不堪其忧,颜子不改其乐,孔子贤之。孟子曰:"禹、稷、颜回同道。禹思天下有溺者,由己溺之也;稷思天下有饥者,由己饥之也,是以如是其急也。禹、稷、颜子易地则皆然。今有同室之人斗者,救之,虽被发缨冠而救之,可也。乡邻有斗者,被发缨冠而往救之,则惑也,虽闭户可也。"(《离娄章句下》8·29)

孟子对此的结论是"禹、稷、颜回同道"。在富与道的关系讨论中,执中而权亦是孔门家法。兹胪列《论语》中的相关记载如下:

> 宪问耻。子曰:"邦有道,谷;邦无道,谷,耻也。"(《宪问第十四》14·1)
>
> 邦有道,贫且贱焉,耻也;邦无道,富且贵焉,耻也。(《泰伯第八》8·13)
>
> 子曰:"富与贵是人之所欲也,不以其道得之,不处也;贫与贱是人之所恶也,不以其道得之,不去也。君子去仁,恶乎成名?君子无终食之间违仁,造次必于是,颠沛必于是。"(《里仁第四》4·5)
>
> 子曰:"饭疏食饮水,曲肱而枕之,乐亦在其中矣。不义而富且贵,于我如浮云。"(《述而第七》7·15)

按孔孟之道,如果邦有道,贫贱是耻;如果邦无道,富贵是耻。因为

"富与贵是人之所欲也,不以其道得之,不处也;贫与贱是人之所恶也,不以其道得之,不去也。"处富贵,去贫贱,皆以其道得之。道者何？仁道也。"君子无终食之间违仁,造次必于是,颠沛必于是。"君子"素富贵行乎富贵,素贫贱行乎贫贱"(《中庸》),唯仁道处之。按此,不仅"禹、稷、颜回同道",赐、颜、参、商亦同道,士、农、工、商也是同道。明代的王阳明深谙此仁道,将孟说之"禹、稷、颜回同道"进一步扩充,直接说出了"四民同道"。王阳明说：

> 古者四民异业而同道,其尽心焉,一也。士以修治,农以具养,工以利器,商以通货,各就其资之所近,力之所及者而业焉,以求尽其心。其归要在于有益于生人之道,则一而已。士农以其尽心于修治具养者,而利器通货,犹其士与农也;工商以其尽心于利器通货者,而修治具养,犹其工与商也。故曰:四民异业而同道。[1]

从孔子到孟子,从孟子到阳明子,前圣后圣,其揆一焉,"其尽心焉,一也","其归要在于有益于生人之道,则一而已"。

根据以上讨论,孟子距杨墨这一思想史事件很好地诠释了精神人文主义以仁为本的天地群己关系的基本思想框架,"仁的意义世界"在这一复杂的动态体系中至少得到了部分的呈现;同时,也把性善论在与异端的争论中做了一次很好地检阅,使得儒家的公私观和群己观更加深入人心。孟子距杨墨也为后世的儒、释、道三教之争与和,起了示范作用,并为当下的文明对话提供了宝贵的借鉴。如果要形成一个人类共同体,拔一毛以利天下而不为显然

---

[1]　《王阳明全集》卷二十五,上海古籍出版社1992年版,第941页。

是不可行的,这会推导出绝对的个人主义。墨家兼爱也不可为,没有差等,刻薄惨儉,司马谈说,"墨者俭而难遵,是以其事不可遍循;然其强本节用,不可废也"①。如果遍循墨家之道,"死不旋踵",这种行为与当代恐怖分子追求所谓的正义(justice)时采取的极端手段何其相似乃尔。不仅如此,墨者破坏掉了人本来就应该有的恻隐之心,消解掉了爱有差等的实践性和复杂性。孔子曰:己所不欲,勿施于人。此一中道或许才是维系人类共同体的不二法门,或者说是黄金法则(Gold Rule)。此一中道就是孟子所说的"禹、稷、颜回同道"却异行的那个"道",也是阳明先生所说的士、农、工、商"四民异业而同道"之"道"。为了更好地从商业的角度理解四民所同之道,为儒家商业伦理找到精神资源,下节做"生意"考。

第四节　"生意"考

"生意"在当今社会成了一个常用词语,商务谈判为"谈生意",买卖流通叫"做生意",赚钱则谓"生意好",亏本则说"生意坏",做生意的态度和方法总称为"生意经",不一而足。在"天地群己"的框架中,"生意"本身也是一个重要的概念,古有《易》"天地之大德曰生"的"生生之意",中有宋明儒仁者"感而遂通"之"生意",后有明清商人取财治生之"生意"。"生意"从生字和意字二者组合而来,从儒家之理学用语而变为商业用语,其内涵已经完全不同。本书所讲是孟子视角下的"富与道",为明此道,对"生

① (汉)司马迁:《史记》卷一百三十,中华书局1982年版,第3289页。

意"一说颇有考辨源流之必要,也许"不知有汉无论魏晋"而不得正本清源之效,或许能在"日用而不知"中发其意蕴,"生意"考对于丰富儒家商业伦理之精神资源不无裨益。本章所考,先辨"生与性"以溯其源,次论"生生之意"以返其本,再辨"治生与生意"以析其流,虽不中,庶几不远矣。

一、生与性

傅孟真先生有专著《性命古训辨证》专论"生与性"。按傅先生,

> 独立之性字为先秦遗文所无,先秦遗文皆用生字为之。至于生字之含义,在金文及《诗》《书》中,并无后人所谓性之一义,而皆属于生之本义。后人所谓性者,其字义自《论语》始有之,然犹去生之本义为近。至《孟子》,此一新义始充分发展。①

孟真先生厚生而薄性,"其所厚者"是生,"其所薄者"是性。这种想法其来有自。告子的生之谓性就是显例之一。

> 告子曰:"生之谓性。"
> 孟子曰:"生之谓性也,犹白之谓白与?"
> 曰:"然。"
> "白羽之白也,犹白雪之白;白雪之白,犹白玉之白与?"
> 曰:"然。"
> "然则犬之性,犹牛之性;牛之性,犹人之性与?"(《告子

_____

① 傅斯年:《性命古训辨证》卷二,台湾联经出版公司1980年版,第173—174页。

章句上》11·3)

根据傅先生的研究,"寻上文之意,'生之谓性'之性字,原本必做生,否则孟子不得以'白之为白'喻也。"傅先生甚至作出大胆的结论:

> 《孟子》一书中虽有性之一义,在原文中却只有生之一字,其做性字者,汉儒传写所改也。①

这种胶柱鼓瑟得出的结论已经基本上站不住脚。② 不过,生与性这两字关系还是很紧密的。牟宗三先生说:

> 到孟、荀时,这两字还是时常通用的,虽然孟子并不这样通用。但孟子说"形色天性也",这个"性"字就是"生"。"生"即是出生之生,是指一个体之有其存在而言。③

傅先生所说的性由生字而来,也许可以帮助说明性有生的根源和动力。《中庸》"天命之谓性"揭示了性与天之间的关系,朱子曰:

> 天以阴阳五行化生万物,气以成形,而理亦赋焉,犹命令也。④

天是创造者或者说是命之者,然而人有"修道"之自觉,以彰显生之意义,通过人道之践履以上达天道,所谓"践仁以知天",证成

---

① 傅斯年:《性命古训辩证》卷二,台湾联经出版公司1980年版,第241—244页。

② 参见徐复观:《中国人性论史·先秦篇》,《徐复观文集》第三卷,湖北人民出版社2002年版。

③ 牟宗三:《圆善论》,吉林出版集团2010年版,第5页。

④ (宋)朱熹:《四书章句集注》,中华书局2012年版,第17页。

"天人合一"的大道,臻至"天德流行"之境界。孟子将孔子之仁"十字打开"(象山语)的纵向维度就是在"上下与天地同流"中挺立起人性善的觉知和信仰,夫孟子使得"修道之谓教"成为一种自觉,"孔子是圣人,孟子是教(智慧学)之奠基者。"①或者说是《孟子》一书才使得良知一体朗现,"所不虑而知者,其良知也"。的确,性曾经就是生,但是性从孟子始,别开生面也。"此别开生面不是平面地另开一端,而是由感性层,实然层,进至超越的当然层也。"②孟子曰:

> 乃若其情,则可以为善矣,乃所谓善也。若夫为不善,非才之罪也。恻隐之心,人皆有之;羞恶之心,人皆有之;恭敬之心,人皆有之;是非之心,人皆有之。恻隐之心,仁也;羞恶之心,义也;恭敬之心,礼也;是非之心,智也。仁义礼智,非由外铄我也,我固有之也,弗思耳矣。故曰:"求则得之,舍则失之。"或相倍蓰而无算者,不能尽其才者也。诗曰:"天生蒸民,有物有则。民之秉彝,好是懿德。"孔子曰:"为此诗者,其知道乎! 故有物必有则,民之秉彝也,故好是懿德。"(《告子章句上》11·6)

"情"者,实也,后世有实情一词,"'其情'就是人之为人之实情。"③"可以为善"的实然之"情"本身就是价值层面的"善","其情"既是一个善的本体,"可以为善矣"又是一个善在实然层面的发用,"乃所谓善也"既是一个即存有即活动的本体,也是一个生生不

---

① 牟宗三:《圆善论》,吉林出版集团2010年版,"序言"第8页。
② 牟宗三:《圆善论》,吉林出版集团2010年版,第18页。
③ 牟宗三:《圆善论》,吉林出版集团2010年版,第19页。

息的发用过程,"沛然莫之能御"。"才"者,能也,"才字即表示人之足够为善之能力,即孟子所谓'良能',由仁义之心而发者也,非是一般之才能"①。但是,"若夫为不善,非才之罪也"。孟子曰:

> 富岁,子弟多赖;凶岁,子弟多暴,非天之降才尔殊也,其所以陷溺其心者然也。(《告子章句上》11·7)

"陷溺其心"则"子弟多赖""子弟多暴","非天之降才尔殊也","非才之罪也。"而是"舍则失之",如濯濯牛山之木。② 孟子反复申言这种善的生生之意,所谓"天生蒸民,有物有则",民所秉持的,就是这个善的美德,也就是所谓"民之秉彝,好是懿德"。故此,孔子感叹"为此诗者,其知道乎!"然而"苟失其养,无物不消",人性之善亦如是。"牛山之木未尝美矣","人见其濯濯也,以为未尝有材焉,此岂山之性也哉?"(11·8)人未尝不善也,"人见其禽兽也,而以为未尝有才焉者,是岂人之情也哉?"本体上的善之存有和行动上的善之发生扩充同时进行,"乃若其情,则可以为善矣,乃所谓善也"。在孟子,"天命之谓性",而性由心所显露出来的即是仁义礼智四端,"仁义礼智,非由外铄我也,我固有之也"。此谓"人人皆可为尧舜",此谓"孟子言必称尧舜,道性善。"

　　然而天之生民,有凡有圣,有上智与下愚。孟子曰:天之生斯民也,使先知觉后知,使先觉觉后觉。(《万章章句下》10·1)民为天之所生,但是有先知后知之分,先觉后觉之殊,唯有"先知觉后知,先觉觉后觉"才能够将天所生之斯民也能被觉、被知。人是被

---

① 牟宗三:《圆善论》,吉林出版集团 2010 年版,第 18 页。
② 孟子牛山之木章后文有讨论。(《告子章句上》11—8)

天所生,但是人也有创造性,是一个协同创造者(co-creator),换言之,人最终完成了"天生斯民"的工程,所谓"天生人成"。这一天生人成的过程虽然缓慢,但是总有突破的临界点,孔子无疑是代表。夫仲尼之生最终完成了中国文明的基本形态,实现了人的自觉。所以孟子曰:"否。自有生民以来,未有孔子也。"(《公孙丑章句上》3·2)孟子十字打开,打开的也是这种知和觉,后世承继孔孟精神者,即是承继这种自知、自觉,有此自知自觉者即是士。一般来讲,士是没有阶级区分的,是没有职业分野的,虞农工商,帝王将相,皆可为士,皆可不为士,所谓"求则得之,舍则失之","求在我者也",在我者即是这种自知与自觉。至于是否为虞农工商还是帝王将相,则是"求之有道,得之有命","求在外者也。"这种外在的社会职业归属和贫富贵贱在外不在我,虽也"求之有道",但是"得之有命"。如此理解天命之性,生之意义,则可以理解吾国文明何以可能绵延不绝,生生不息。孟子曰:"君子所过者化,所存者神,上下与天地同流,岂曰小补之哉!"(《尽心章句上》13·13)

以上浅析"生与性"的关系。生之谓性是一种实然的表达,是对自然特质的描述,在这个层面上,牛生、马生、草木之生都是一个自然现象。然而"天生蒸民,有物有则"。人之生虽然也是一种自然现象,但是人有其特殊性,因为"民之秉彝,好是懿德",人之生,性本善,与草木牛马之生"天之降才尔殊也",人是万物之灵,"乃若其情","乃所谓善也"。人之性得于天之生,但是天之所生有万类,而人为贵。其次,天生还需要人成,不然"舍则失之","则其违禽兽不远矣"。孟子曰:"无或乎王之不智也,虽有天下易生之物也,一日暴之,十日寒之。未有能生者也。吾见亦罕矣,吾退而寒之者至矣。吾如有萌焉何哉!"(《告子章句上》11·9)生是永不停息的,否则一曝十寒,"未有能生者也"。生而又生谓之生生,下节即讨论"生生之意"。

二、生生之意与生意

(一)生生之谓易

本节讨论先从《周易》①开始。按《周易》,"生生"有见如下:

> 富有之谓大业,日新之谓盛德,生生之谓易,成象之谓乾,效法之谓坤,极数知来之谓占,通变之谓事,阴阳不测之谓神。(《系辞上》)②

朱伯崑先生说:"生生是生而又生,亦不断变化之义。"③这句一共有八个"之谓"④,一气呵成。生生之谓易之前两个"之谓"实指"大业"与"盛德",后两个"之谓"谈到"乾"与"坤",生生之谓易是承前启后的。朱子说:

> 既说"盛德大业",又说他只管恁地生去,所以接之以"生

---

① 本书所引《周易》据黄寿祺、张善文:《周易译注》,上海古籍出版社2012年版。以下只随文注篇名。

② "生生"见于《易》还有如:《讼》:生生不绝之谓道,六位不居,返为游魂;八卦复位,六爻迁次,周而复始,上下不停,生生之义,《易》道祖也;新新不停,生生相续。

③ 朱伯崑:《易学哲学史》,华夏出版社1995年版,第91页。

④ (清)戴震著,何文光整理:《孟子字义疏证》,中华书局1982年版。"古人言辞,'之谓''谓之'有异:凡曰'之谓',以上所称解下,如中庸'天命之谓性,率性之谓道,修道之谓教。'""凡曰'谓之'者,以下所称之名辨上之实。"一般的理解:古语"之谓"不同于"谓之"。甲"谓之"乙,甲就叫做乙,甲是对乙的解释,乙是甲的称谓。甲"之谓"乙,是甲也可以称作乙,就像女子也可以称作人,是一种隶属关系。

生之谓易"，是渐渐说入易上去。乾只略成一个形象，坤便都呈见出许多法来。到坤处都细了，万法一齐出见。①

朱子还说：

> 万物资乾以始而有气，资坤以生而有形。气至而生，生即坤元，徐说亦通。（徐指弟子徐焕）②

刘大钧认为："《易大传》之《彖》《象》《文言》为思孟学派所整理润色，《系辞》中亦有思孟学的内容，当是比较清楚的事实。"③林忠军认为："《论语》与《易传》同属于一个学派，故笔者同意侯外庐先生与刘大钧先生的观点，《易传》属于曾子后学思孟学派的作品。"④当然也有将《易传》归属于老庄的观点。⑤"但就《彖》的思想内容说，除受道家影响外，同孟子的学说有密切关系"。刘先生梳理出时中说、顺天应人说和养贤说，"以上三条，说明《彖》同孟子学说，不仅在思想上，而且在术语、概念和命题上都存在着继承关系"。出土文献的研究也进一步认定《易传》即使不是孔子所作，至少与孔子渊源很深，有学者认为帛书本《易传》是孔子对《周易》的解释。⑥ 以上回顾前辈学者的研究成果，只是想在《易》与《孟子》之间建立一个义理的桥梁。这样讲就使得本书以《孟子》为中心的讨论更加丰富和扎实。"康节云：'老子得易之体，孟子

---

① 《朱子语类》卷七十四，中华书局 1986 年版，第 1901 页。
② 《朱子语类》卷六十九，中华书局 1986 年版，第 1734 页。
③ 刘大钧：《周易概论》，齐鲁书社 1986 年版，第 37 页。
④ 林忠军：《象数易学发展史》，齐鲁书社 1994 年版，第 34 页。
⑤ 如陈鼓应先生等。
⑥ 参见刘大钧：《周易概论》，齐鲁书社 1986 年版，第 148 页。

得易之用。'康节之学,意思微似庄老。"或曰:"老子以其不能发用否?"曰:"老子只是要收藏,不放散。"①不管朱子如何评价康节之学,"孟子得易之用"一句足见《孟》《易》之渊源。

(二)宋明儒重开"生"面

宋明儒对生生之意的讨论可谓是继孟子"别开生面"(牟宗三先生语)之后的重开"生"面。这一重开生面也是儒家第二期发展的主要贡献。

首先,仁有生生之意,此谓仁之生意。② 在理学史上,周子不除窗前草、横渠驴鸣、明道观雏是三个有名的以生生之意来明仁的案例。

> 问:"周子窗前草不除去,云:'与自家意思一般。'此是取其生生自得之意邪? 抑于生物中欲观天理流行处邪?"曰:"此不要解。得那田地,自理会得。须看自家意思与那草底意思如何是一般?"淳。道夫录云:"难言。须是自家到那地位,方看得。要须见得那草与自家意思一般处。"③

就不除窗前草与天理流行的关系,朱子强调的是"得那天地,自理会得",与孟子深造自得、左右逢源之教若合符节。再看横渠驴鸣章和明道观雏章:

> 问:"周子窗前草不除去,即是谓生意与自家一般。"曰:

---

① 《朱子语类》卷八十七,中华书局1986年版,第2259页。
② 朱子曰:"如程子说生意处,非是说以生意为仁,只是说生物皆能发动,死物则都不能。"(《朱子语类》卷二十,中华书局1986年版,第464页)
③ 《朱子语类》卷九十六,中华书局1986年版,第2477页。

"他也只是偶然见与自家意思相契。"又问:"横渠驴鸣,是天机自动意思?"曰:"固是。但也是偶然见他如此。如谓草与自家意一般,木叶便不与自家意思一般乎? 如驴鸣与自家呼唤一般,马鸣却便不与自家一般乎?"问:"程子'观天地生物气象',也是如此?"曰:"他也只是偶然见如此,便说出来示人。而今不成只管去守看生物气象!"问:"'观鸡雏可以观仁',此则须有意,谓是生意初发见处?"曰:"只是为他皮壳尚薄,可观。大鸡非不可以观仁,但为他皮壳粗了。"夔孙①。

仁,鸡雏初生可怜意与之同。意思鲜嫩,天理著见,一段意思可爱,发出即皆是,切脉同体。说多不能记,盖非言语可喻也。孟子便说个样子。今不消理会样子,只如颜子学取。孔子教人仁,只要自寻得了后自知,非言可喻,只是天理。当其私欲解剥,天理自是完备。只从生意上说仁,其全体固是仁,所谓专言之也。又从而分,则亦有仁义分言之仁。今不可于名言上理会,只是自到便有知得。上蔡所谓"饮食知味"也。②

上引第二段中,朱子强调的是"偶然"见如此,才说出来示人,这可以从孔子赞颜子三月不违仁中一窥端倪,子曰:"回也,其心三月不违仁,其余则日月至焉而已矣。"(《雍也第六》6·5)如果"君子无终食之间违仁",则"万物皆备于我",草与木叶都是自家意思,何必说草。驴鸣、马鸣都是自家意思,何必说驴鸣。三子皆有自家意思,"自理会得""天理流行",又"偶然"见如此,才说出来示人,

① 《朱子语类》卷九十六,中华书局 1986 年版,第 2477—2478 页。
② 《朱子语类》卷六,中华书局 1986 年版,第 119 页。

所谓"先觉觉后觉"。换言之,三子所觉都是"天地生物气象"之人道践履。从"得那天地,自理会得"到"偶然见如此,才说出来示人",其要是"今不可于名言上理会,只是自到便有知得。上蔡(谢良佐)所谓'饮食知味'也。"因此,"只从生意上说仁,其全体固是仁,所谓专言之也。"这是所引第三段的意思。上引三段分别从濂溪不除窗前草、横渠驴鸣、明道观雏三个体悟的故事说明仁之生意,最后用上蔡先生的"饮食知味也"做了一个总括。

以上是"只从生意上说仁,其全体固是仁,所谓专言之也",然而仁的内涵还可以"共看"才能说到紧要处。

> 蜚卿问:"仁恐是生生不已之意。人唯为私意所汨,故生意不得流行。克去己私,则全体大用,无时不流行矣。"曰:"此是众人公共说底,毕竟紧要处不知如何。今要见'仁'字意思,须将仁义礼智四者共看,便见'仁'字分明。如何是义,如何是礼,如何是智,如何是仁,便'仁'字自分明。若只看'仁'字,越看越不出。"曰:"'仁'字恐只是生意,故其发而为恻隐,为羞恶,为辞逊,为是非。"[1]

> 问:"仁包四者,只就生意上看否?"曰:"统是一个生意。"[2]

所引第一段说明,仁的生生之意"要从初处看","圣门却只以求仁为急者,缘'仁'却是四者之先。"但是,"今要见'仁'字意思,须将仁义礼智四者共看,便见'仁'字分明。"如果见得分明,就

---

[1] 《朱子语类》卷六,中华书局 1986 年版,第 110—111 页。
[2] 《朱子语类》卷九十五,中华书局 1986 年版,第 2416 页。

会明白所谓生生之意,"唤做一齐有也得,唤做相生也得。"当然,仁与性的关系是"性是统言",仁之生激活了人之性,仁成就了人,所以孟子曰:"仁也者,人也。合而言之,道也。"(14·16)此意已经在"生于性"中有所讨论。总之,"统是一个生意。"(上引第二段)

其次,不仅仁或者仁义礼智"统是一个生意",因为性由心显,所引心也具备生道。伊川云:

> "心,生道也。"方云:"生道者,是本然也,所以生者也。"曰:"是人为天地之心意。"(本文云。)又曰:"生亦是生生之意。盖有是恻隐心,则有是形。"方曰:"满腔子是恻隐之心。"①

> 心须兼广大流行底意看,又须兼生意看。且如程先生言:"仁者,天地生物之心。"只天地便广大,生物便流行,生生不穷。②

(三)生生之意与孟子道性善

以上从《易》切入讨论了"生与性",以濂溪不除窗前草、横渠驴鸣、明道观雏三者感悟朱子生意之教。仁者生生之意,除了上述濂溪、横渠与明道三子之外,可以说北宋五子于此皆深造自得之,伊川未及弱冠就深论"孔颜之乐",康节"以物观物"而忘去物我间之情累③,都是此意之体现。下文从生生之意回到孟子,先从"继

---

①　《朱子语类》卷九十五,中华书局1986年版,第2440页。

②　《朱子语类》卷六,中华书局1986年版,第85页。

③　参见陈来:《宋元明哲学史教程》,生活·读书·新知三联书店2010年版,第78页。

之者善"展开。《系辞上》曰：

> 一阴一阳之谓道,继之者善也,成之者性也。仁者见之谓
> 之仁,知者见之谓之知。百姓日用而不知,故君子之道鲜矣。

朱子认为系辞所讲"继之者善"即是"孟子言性之本体以为善者是
也"。《朱子语类》记载：

> 问："天理变易无穷,由一阴一阳,生生不穷,'继之者
> 善',全是天理,安得不善! 孟子言性之本体以为善者是也。
> 二气相轧相取,相合相乖,有平易处,有倾侧处,自然有善有
> 恶。故禀气形者有恶有善,何足怪! 语其本则无不善也。"
> 曰："此却无过。"①

天地之大德曰生,由一阴一阳之道而产生生生不已的运动过程。
人所承继的"全是天理,安得不善"。因此,朱子认为"此却无过",
"孟子言性之本体以为善者是也。"虽然"语其本则无不善也",但
还有一个以己推己的过程。"推得去,则物我贯通,自有个生生无
穷底意思,便有'天地变化,草木蕃'气象。"

> 寓因问："推广得去,则'天地变化,草木蕃';推广不去,
> '天地闭,贤人隐',如何?"曰："亦只推己以及物。推得去,则
> 物我贯通,自有个生生无穷底意思,便有'天地变化,草木蕃'
> 气象。天地只是这样道理。若推不去,物我隔绝。欲利于己,
> 不利于人;欲己之富,欲人之贫;欲己之寿,欲人之夭。似这气

---

① 《朱子语类》卷四,中华书局 1986 年版,第 68 页。

象,全然闭塞隔绝了,便似'天地闭,贤人隐'。"①

"天地只是这样道理。若推不去,物我隔绝。"这个推的动力就是仁,其源头本身也是仁,"'仁'字有生意,是言人之生道也。"不仅有生意,而且,"生生不已,所谓'日新'也。"

> 又曰:"显诸仁",德之所以盛;"藏诸用",业之所以成。譬如一树,一根生许多枝叶花实,此是"显诸仁"处;及至结实,一核成一个种子,此是"藏诸用"处。生生不已,所谓"日新"也;万物无不具此理,所谓"富有"也。②

最后,"利贞诚之复","'复'只是回来",顺着朱子的辞气,未到利贞处只是一个"养",养好了则能"贞下起元","先生应之曰:他又自这里做起,所谓'生生之谓易',也是恁地。"

> 直卿问:"'利贞诚之复',如先生注下言,'复'如伏藏。"先生曰:"复只是回来,这个是周先生添此一句。孔子只说'乾道变化,各正性命'。"(先生曰):"及他到利贞处,自不用养。"又问:"自一念之萌以至于事之得其所,是一事之元亨利贞?"先生应之曰:"他又自这里做起,所谓'生生之谓易',也是恁地。"③

对于如何养,一是持之以恒,专心致志。孟子曰:

---

① 《朱子语类》卷二十七,中华书局1986年版,第690页。
② 《朱子语类》卷七十四,中华书局1986年版,第1898页。
③ 《朱子语类》卷九十四,中华书局1986年版,第2392页。

> 无或乎王之不智也,虽有天下易生之物也,一日暴之,十日寒之。未有能生者也。吾见亦罕矣,吾退而寒之者至矣。吾如有萌焉何哉!(《告子章句上》11·9)

二是勿忘勿助。孟子曰:

> 拱把之桐梓,人苟欲生之,皆知所以养之者。至于身,而不知所以养之者,岂爱身不若桐梓哉? 弗思甚也。(《告子章句上》11·13)

忘者,"弗思甚也。"当然助长亦害生,孟子曰:

> 难言也。其为气也,至大至刚,以直养而无害,则塞于天地之间。其为气也,配义与道;无是,馁也。是集义所生者,非义袭而取之也。行有不慊于心,则馁矣。我故曰,告子未尝知义,以其外之也。必有事焉,而勿正;心勿忘,勿助长也。(《公孙丑章句上》3·2)

孟子对仁者之生充满了信心,不仅是窗前草与"自家意思一般",其极致是"万物皆备于我矣"。孟子曰:

> 万物皆备于我矣。反身而诚,乐莫大焉。强恕而行,求仁莫近焉。(《尽心章句上》13·4)

当然,孟子对生之艰难曲折亦有清晰的认识,孟子曰:

> 天下之生久矣,一治一乱。(《滕文公章句下》6·9)

综合以上由《易》到朱子再回到孟子的曲曲折折,儒家从夫子以仁发明斯道,浑无罅缝,到孟子十字打开,"别开生面",再到宋儒"重开生面",可谓生生不已,可谓"一阴一阳之谓道,继之者善也,成之者性也",可谓生之者仁也,显之者心也。至少从朱子那里,生意一词返生生之意之本,开仁义礼乐之新。再引朱子一段话以结束本节:

> "牛山之木",譬人之良心,句句相对,极分明。天地生生之理,本自不息,惟旦昼之所为,有所梏亡。然虽有所梏亡,而夜气之所息,平旦之气,自然有所生长。自此渐能存养,则良心渐复。惟其于梏亡之馀,虽略略生长得些子,至日用间依旧汩于物欲,又依然坏了,则是"梏之反覆"。虽夜间休息,其气只恁地昏,亦不足以存此良心。故下面又说:"苟得其养,无物不长;苟失其养,无物不消。"见得虽梏亡之馀,有以养之,则仁义之心即存。缘是此心本不是外面取来,乃是与生俱生。下又说存养之要,举孔子之言:"操则存,舍则亡。"见此良心,其存亡只在眇忽之间,才操便在这里,才舍便失去。若能知得常操之而勿放,则良心常存,夜之所息,益有所养。夜之所养愈深,则旦昼之所为,无非良心之发见矣。又云:"气与理本相依。旦昼之所为不害其理,则夜气之所养益厚;夜之所息既有助于理,则旦昼之所为益无不当矣。日间梏亡者寡,则夜气自然清明虚静,至平旦亦然。至旦昼应事接物时,亦莫不然。"①

最后提一句,孟子曰:"养生者不足以当大事,惟送死可以当

---

① 《朱子语类》卷五十九,中华书局1986年版,第1398页。

大事。"(《离娄章句下》8·13)这又从大德曰生之天道说到群己"生意"之道后再回到了天道的另一面,所谓死亡,或者终极关怀。本书于此不展开讨论。

总之,本小节所讨论的核心是,以仁为本的道体生生不息,充满生意,故万物生生不息,充满生意。以此启下文:商业活动或治生活动作为社会活动的一种,本来也当秉承道体流行之精神,生生不息,道体之生意即治生之生意。试论之如下。

三、生生之意—治生—生意

（一）从生生之意到治生

生生之意在《易》《论》《学》《孟》《庸》之中一以贯之,夫宋儒使之重开生面;由本生息是隋唐故事;儒者治生是长期的实践。三者结合,作为商业俗语的"生意"一词呼之欲出。

生生之意已经略加探讨。至于由本生息,杨联陞先生指出:

> 在隋唐两代,经常将政府资金作为投资托付给称为"捉钱令使"和"捉利钱户"的商人和富户。……这种资金称为"公廨本钱"或"食利本钱"。[1]

> 一般而言,投资生息与政府在需要时向人民借贷几乎是密不可分的。王莽在 1 世纪以及王安石在 11 世纪所实行的著名的公债可能是从《周礼》描述的慈善制度抄袭来的,但是由于公债有利息,自然就让人怀疑它有牟利的动机。[2]

唐亡宋兴,"公廨本钱"这一制度虽然被晚唐政府滥用而声名狼

---

[1]　杨联陞:《汉学书评》,商务印书馆 2016 年版,第 179 页。
[2]　杨联陞:《汉学书评》,商务印书馆 2016 年版,第 178—179 页。

藉,但"本钱"一词逐步成为日常商业用语。由本生息而获利倒是能明"治生"之理,颇得"生意"之谛。

承续上文,再回看一眼"生"。

> 天地之大德曰生。圣人之大宝曰位。何以守位?曰仁。何以聚人?曰财。理财正辞,禁民为非曰义。(《系辞下》)

在上文中,生、位、仁、人、财、义六个概念中,守位以仁,聚人以财,理财治民以义。天地之生与圣人之位都是文化共同体的根源,前者是天生,后者是人成。守位以仁,"仁也者,人也。合而言之,道也"。顺着孟子的语意,仁与人,生与仁,生与财,人与财,都可以合而言之,合而言之,道也,聚人有道,以财聚人,生财有道,以义行之。"义者行,仁者守。"所行为理财治民之道,所守位圣人大宝之位。"利者,义之和也。"道者,路也。"夫义,路也。""仁,人之安宅也;义,人之正路也。旷安宅而弗居,舍正路而不由,哀哉!"《序卦》说:"有天地,然后万物生焉。"《系辞上》也说:"夫乾,其静也专,其动也直,是以大生焉。夫坤,其静也翕,其动也辟,是以广生焉。"乾为天,司大生,坤为地,司广生。"广大配天地"。《坤·象传》曰:"至哉坤元,万物资生,乃顺承天。"万物以坤之资(本)而生,是为广生。"生生之谓易",生的过程从《屯》卦开始。《屯·象传》:"屯,刚柔始交而难生。"《序卦》:"《屯》者,盈也。屯者,物之始生也。物生必蒙,故受之以《蒙》。"生之后必蒙。生的机理是《咸》。《咸·象传》:"天地感而万物化生,圣人感人心而天下和平,观其所感,而天地万物之情可见矣。"《系辞下》:"天地缊缊,万物化醇,男女构精,万物化生"。《系辞下》:"往者屈也,来者信也,屈信相感而利生焉。"往和来之间互相感应,一往一来,产生一屈一伸,"屈信相感而利生焉"。《易》生之说影响深远,儒家文化圈中就有著名企业"资生堂"①,取"万物资生"之意;现代儒商张謇开办的第一个纱厂取名曰"大生"。

再说意。子曰:"书不尽言,言不尽意。然则圣人之意,其不可见乎。"子曰:"圣人立象以尽意,设卦以尽情伪,系辞以尽其言,变而通之以尽利,鼓之舞之以尽神。"(《系辞上》)圣人通过立象以尽意,因为圣人之意其不可见,圣人之意就是天德流行之意。圣人立象以后,后人从所立之象中以理解圣人之意,甚至与圣人之意浃洽,从而体会天道,到达天人合一的境界。② 探孔子之辞气,是否可以这样理解,"立象尽意""立言明象"是圣人之事,羲卦文爻是也,仲尼"宪章文武,祖述尧舜"是也,所谓前圣后圣之斯文在兹是也。"忘象尽意"或"得意忘象""得象存言"等都是后人之事,后人从"圣人之教"中以尽"圣人之意"而得"圣人之道"。"圣人之道"者何?"一"以贯之也,"庶之、富之、教之也","老者安之,朋友信之,少者怀之"也,圣心如照。

"生"和"意"结合在一起出来"生意"一词,从何开始,已经不得考。在以下行文之中,让个体的生活得到幸福或者使得社群更加和谐地获取财富的方法都叫做"生意"。"生意"是一个中性词,没有褒贬之意,都是与精神和物质生活息息相关的,通过"仁"之发用,遍润于"天地群己"的整个系统之中。一个词的内涵的变

---

① 资生堂成立于公元 1872 年,迄今 140 余年。"资生堂"之名,便是由年轻的药剂师从《易经》"至哉坤元,万物资生"中取得,意为"赞美大地的美德,她哺育了新的生命,创造了新的价值"。"堂"则意味着"汇聚"。(参见资生堂官网:http://www.shiseido.com.cn/brand/origin/)

② 参见王葆玹:《正始玄学》,齐鲁书社 1987 年版,第 362 页。

化,既是文化的演进,也是实际生活发展之需要。生意一词亦如是。

在宋以前,"生意"二字一般都只是指生生之意,与商业至少表面上没有任何联系。前文不厌其烦所引《朱子语类》即在明此,当然主要目的还是用仁之创生以提撕本书商业伦理之讨论以得儒学之血气精魂。下文略把视域延伸扩大,考镜源流或不可得,些许消息或可探到。先检《书》:

> 禹曰:"于! 帝念哉! 德惟善政,政在养民。水、火、金、木、土、谷,惟修;正德、利用、厚生,惟和。九功惟叙。九叙惟歌。戒之用休,董之用威,劝之以九歌俾勿坏。"(《大禹谟》)①

> 失于政,陈于兹,高后丕乃崇降罪疾,曰"曷虐朕民?"汝万民,乃不生生。(《盘庚中》)

> 朕不肩好货,敢恭生生。鞠人谋人之保居,叙钦。今我既羞告尔于朕志若否,罔有弗钦! 无总于货宝,生生自庸。式敷民德,永肩一心。(《盘庚下》)

以上所引《书》之三段,第一段与本书主题联系紧密的关键词是"厚生"。"正德以率下,利用以阜财,厚生以养民,三者和,所谓善政。"②蔡沈的解释:

> 正德者,父慈子孝、兄友弟恭、夫义妇听,所以正民之德也。利用者,工作什器、商通货财之类,所以利民之用也。厚

---

① 本书所引《尚书》据李学勤主编:《十三经注疏·尚书正义》,北京大学出版社1992年版。

② 李学勤主编:《十三经注疏·尚书正义》,北京大学出版社1999年版,第89页。

　　　生者,衣帛食肉,不饥不寒之类,所以厚民之生也。①

如果按照孔子的话来说,"厚生"就是使民"庶矣哉","利用"即是
富之,"正德"者,教之也。三者惟和,即是善政。蔡沈继续注
经曰:

　　　　淳典敷教以正其德,通功易事以利其用,制节谨度以厚其
　　　生。使皆当其理而无所乖,则无不和也。②

其中,利用则富民,富民则能厚生。从这个解释出发,也许以下说
法不会错很多,"治生"即是如何"利用",就是工如何作什器,商如
何通货财。如此,商业意义所用的"生意"一词即是利用以厚生之
意。如果不和失政,"乃不生生"。蔡沈对盘庚此语的解释,"乐生
兴事,则其生也厚,是谓生生"。盘庚自己则"不肩好货",在此,蔡
沈释"肩"为任、敢、勇之义,不肩好货即不敢好货,"惟用于敬民,
以其生生为念"③。如此,王"无总于货宝",民"生生自庸","总",
聚也。"'庸',民功也。""此则直戒其所不可为,勉其所当
为也。"④

　　从《书》经可知,正德、利用、厚生三者惟和以成善政,在工则
作什器,在商则通货财,在君则正德以率下,失于政,"乃不生生",
"朕不肩好货,敢恭生生","惟用于敬民,以其生生为念。"如此,则
民"生生自庸。"

---

①　蔡沈注:《书经集传》卷一,世界书局民国二十五年(1936)版,第 12 页。
②　蔡沈注:《书经集传》卷一,世界书局民国二十五年(1936)版,第 12 页。
③　蔡沈注:《书经集传》卷三,世界书局民国二十五年(1936)版,第 58 页。
④　蔡沈注:《书经集传》卷三,世界书局民国二十五年(1936)版,第 58 页。

把以上各节所讨论的《书》经与《易》之经传结合在一起，或许可以更加全面地理解生生之意。《书》《易》之间的义理血脉，正如荀子所论：

> 天地者，生之始也；礼义者，治之始也；君子者，礼义之始也；为之，贯之，积重之，致好之者，君子之始也。故天地生君子，君子理天地；君子者，天地之参也，万物之摠也，民之父母也。无君子，则天地不理，礼义无统，上无君师，下无父子、夫妇，是之谓至乱。君臣、父子、兄弟、夫妇，始则终，终则始，与天地同理，与万世同久，夫是之谓大本。故丧祭、朝聘、师旅一也；贵贱、杀生、与夺一也；君君、臣臣、父父、子子、兄兄、弟弟一也；农农、士士、工工、商商，一也。（《荀子·王制》）

大哉荀子！天地之生，礼义之始，人伦之治，君子之教，都是"与天地同理，与万世同久，夫是之谓大本"。故"农农、士士、工工、商商，一也"，故士农工商，一也，故"四民异业而同道"①。在士则"学以致其道"，在工则"居肆以成其事"，在农则"既种既戒，既备乃事"（《诗经·小雅·大田》)②，在商则通货取财，各行各业"莫如为仁"，千载百世"居仁由义"，成为文化中国共同的心灵积习，成为一个活系统。士农工商，其治生者一也。即便为士亦如此。孟子曰："士之仕也，犹农夫之耕也，农夫岂为出疆舍其耒耜哉？"（《滕文公章句下》6·4)"劳心者食于人"，如果不能致其道，不能

---

① 《王阳明全集》卷二十五，上海古籍出版社1992年版，第941页。

② 本书所引《诗经》据程俊英：《诗经译注》，上海古籍出版社2012年版。以下只随文注篇名。

化民成俗，则无法食于人而不得其生。如此族群，"天下之生久矣，一治一乱。"虽然没有其他轴心文明形态中出现的长老、僧侣和传教士阶层，但总能"复以见天地之心"(《复》)，每次礼崩乐坏之时，总能"礼失求诸野"而生生不息。

再检《史记·货殖列传》。

司马迁用了"治生"这个词来描述陶朱公范蠡为"善治生者"，"能择人而任时"，十九年之中三致千金。又，"盖天下言治生，祖白圭"。白圭曰：

> 吾治生产，犹伊尹、吕尚之谋，孙吴用兵，商鞅行法是也。是故其智不足与权变，勇不足以决断，仁不能以取予，强不能有所守，虽欲学吾术，终不告之矣。①

可见白圭在陶朱、子贡之后于商业历史中的重要性。根据原文，"治生"与"治生产"意思相近②。生者，养家全身也，产者，家庭财富也。关于"产"，孟子有"无恒产者无恒心"之说，此待下一节再讨论。按白圭自道，至少具备智、勇、仁、强诸德者，才能治生。在先秦时期，治生或可与治国等量齐观，司马迁用了"素封"来彰显商人的地位。史迁曰：

> 德者，人物之谓也。今有无秩禄之奉，爵邑之入，而乐与之比者。命曰"素封"。……今治生不待危身取给，则贤人勉焉。是故本富为上，末富次之，奸富最下。无岩处奇士之行，

---

① (汉)司马迁：《史记》卷一百二十九，中华书局 1982 年版，第 3257—3259 页。
② 《汉书·货殖传》无"产"字。(参见许嘉璐主编：《二十四史全译汉书》，汉语大词典出版社 2004 年版，第 1824 页)

而长贫贱,好语仁义,亦足羞也。①

按此,太史公是鼓励"治生"的。只要不是"危身取给"的治生,都是贤人所勉的。如果没有"岩处奇士之行",而自认为贫贱是好事,喜欢谈仁义,这也是足以令人羞愧的。至于如何治生,司马迁所载如下:

> 夫纤啬筋力,治生之正道也,而富者必用奇胜。田农,掘业,而秦扬以盖一州。掘冢,奸事也,而田叔以起。博戏,恶业也,而桓发用富。行贾,丈夫贱行也,而雍乐成以饶。贩脂,辱处也,而雍伯千金。卖浆,小业也,而张氏千万。洒削,薄技也,而郅氏鼎食。胃脯,简微耳,浊氏连骑。马医,浅方,张里击钟。此皆诚壹之所致。

> 由是观之,富无经业,则货无常主,能者辐凑,不肖者瓦解。千金之家比一都之君,巨万者乃与王者同乐。岂所谓"素封"者邪? 非也?②

治生的正道是"纤啬筋力","而富者必用奇胜"。治生不仅仅是指商业,也包括农业(农)、林木渔业和矿业(虞)、制造业(工)和商业(商)。当然也包括专有技术,而且专有技术具有很大的重要性。比如"洒削",虽然是"薄技",但是也可以"鼎食";比如"胃脯",虽然是"简微",但也可以"连骑";比如"马医",虽然是"浅方",但也可以"击钟"。在先秦,治生之道多也,不仅仅限于狭隘

① (汉)司马迁:《史记》卷一百二十九,中华书局1982年版,第3272页。
② (汉)司马迁:《史记》卷一百二十九,中华书局1982年版,第3282—3283页。

的商业。本书讨论的"富与道"也不仅仅局限于流通领域的商业，而是把农业、工业、服务业、新兴产业、技术创新都应该涵盖进去，如此才符合"治生"之本意，更适合当下之时代。

（二）从治生到"生意"

以上，从《易》到《书》再到《史记》，试图找到生生之意与治生之间的联结。有了如此铺垫，则以下试图从治生说到作为商业活动的生意就不见得全是穿凿之论。

至迟到了明代，"生意"一词用指谋生的职业，大凡渔樵耕读、士农工商，只要是养家糊口之业，皆是生意，甚至杀人越货也可称作生意，此用法屡见于话本小说，兹不赘举。生意最早本来是草木繁茂生长蕃息之意，生意之于宋明儒本来是仁者生生之意如不除窗前草，何以变为谋生之手段？又何以专指以商业进行谋生的手段？

再回到治生以接上文。治生之用，不绝于史。三国时期，诸葛亮奏曰：至于臣在外任，无别调度，随身衣食，悉仰于官，不别治生，以长尺寸。① 同时代的夏侯楙"性无武略，而好治生"②。东晋时期葛洪的神仙传记载，"鸣生不教其度世之道，但日夕与之高谈当世之事、治生佃农之业，如此二十余年。"③唐代杜甫有诗曰：治生且耕凿，只有不关渠。（《戏作俳谐体遣闷二首》）到了宋代，朱子也论及治生：

> 譬如人治生，也须先理会个屋子，安著身己，方始如何经营，如何积累，渐渐须做成家计。④

---

① 参见（晋）陈寿：《三国志》卷三十五，中华书局1982年版，第927页。
② （晋）陈寿：《三国志》卷九，中华书局1982年版，第269页。
③ （晋）葛洪撰，胡守为校释：《神仙传校释》卷五，中华书局2010年版，第171页。
④ 《朱子语类》卷一百零四，中华书局1986年版，第2617页。

当然朱子在此是以治生打比方来告诉弟子先"求放心"。朱子
又曰：

> 他说"治生产业,皆与实相不相违背"云云,如善财童子
> 五十三参,以至神鬼神仙士农工商技艺,都在他性中。他说得
> 来极阔,只是其实行不得。只是讳其所短,强如此笼罩去。他
> 旧时瞿昙说得本不如此广阔,后来禅家自觉其陋,又翻转窠
> 臼,只说"直指人心,见性成佛"。①

此处朱子批判的是佛教"作用是性"的说法。佛教虽然说"治生产
业,皆与实相不相违背",虽然"说得来极阔",然而"其实行不得",
因为佛教所养者是视听言动,儒家所养者不仅仅是视听言动,更有
仁义礼智。儒家有分殊,异业而同道。佛家无分殊,人伦皆是空。

上引虽多,即便是朱子直接谈治生,也大多是以治生为比喻来
说儒家义理,从治生到生意(经商义)依旧缺少关联。《世说新语》
中殷仲文叹道："槐树婆娑,无复生意。"②唐代鲍溶还有诗："季秋
天地闲,万物生意足。我忧长于生,安得及草木。"(《秋思三首》)
可见魏晋隋唐时期生意多是指草木蕃息。有宋一代,朱子论"生
意"颇多,前文略窥一斑。为找到治生何以在明代成为商业意义
乃至整个谋生意义上的"生意",本书先从宋明之间的元代开始寻
找端倪,有元一代之硕儒或以许衡为祭酒。

许衡(1209—1281),字仲平,号鲁斋,世称"鲁斋先生"。怀庆路
河内(今河南省焦作市中站区李封村)人。金末元初著名理学家、教

---

① 《朱子语类》卷一百二十六,中华书局 1986 年版,第 3023 页。
② 徐震堮:《世说新语校笺·黜免第二十八》,中华书局 1984 年版,第 464 页。

育家。杜维明先生曾就许衡所说"不如此则道不行"与刘因所说"不如此则道不尊"这二者之选择指出,"考虑到环境以及深涉其中的个人感受,从道德角度观之,两种选择都是正确恰当的。尽管南北之间存在分歧,使道尊和使道行对于所有相关的儒家学者而言都是极其重要的。"①直到现在,使道尊还是使道行依然是一个艰难的选择。同样,士与商的选择也是艰难的,特别是在干禄之世。学界常引清儒沈垚(1798—1840)所言来阐述这种矛盾。沈垚说。

> 宋儒先生口不言利,而鲁斋先生乃有治生之论。盖宋时可不言治生,元不可不言治生,论不同而意同。所谓治生者,人己皆给之谓,非瘠人肥己之谓也。②

沈垚寒士,引鲁斋之言以自重,虽有"不可不言治生"之无奈,却以"论不同而意同"以续宋儒先生口不言利之道德。如果顺着本书之思路,则"意同"者何? 生生之意也。庶几可解开沈子敦之心结。许鲁斋原文如下:

> 为学者治生最为先务。苟生理不足,则于为学之道有所妨。彼旁求妄进,及作官嗜利者,殆亦窘于生理所致也。士子多以务农为生。商贾虽为逐末,亦有可为者。果处之不失义理,或以姑济一时,亦无不可。③

---

① 《杜维明文集》第三卷,武汉出版社 2002 年版,第 565 页。另外,杜先生也指出《辍耕录》所记许刘二人于 1260 年会面的可能性微乎其微。

② (清)沈垚:《落帆楼文集》卷九《外集三》,《续修四库全书·集类·别集类》,民国七年(1918)嘉业堂刻本,第 478 页上。

③ 转引自方旭东:《儒学史上的治生论》,《学术月刊》2006 年第 6 期。方教授对此段引文多有考证辨析之功。

虽然鲁斋先生说"为学者治生最为先务",不过他是从生理不足妨碍为学之道说起,甚至认为"作官嗜利者,殆亦窘于生理所致"。可见,鲁斋先生还是认为商贾为末,"商贾虽为逐末",还是认为只是不得已而为之,"或以姑济一时,亦无不可"。鲁斋先生并没有回到本书前揭孔孟荀迁"生生之意"的源头活水,而是将学与商视做一对矛盾,将农与商判为本末两途。尚有现代学者还经常引用鲁斋之说、沈垚之论,为商人辩护甚至作为中国商人精神得以建立或者转向的源头活水之一。这种立论方法如果不是缘木求鱼也是郢书燕说。鲁斋所论治生的出发点还是被生计所迫而不得已为之以姑济一时的轻商之论,既无儒家通有无、明分工、生生自庸之精神,更无孟子薄税赋、不征关、反垄断的仁政思想(后文有专门章节讨论仁政),只有一句空挂的"处之不失义理"的道德说教,却不知正德之外,尚有"利用""厚生"之古训。鲁斋所论之得,在于其以一代硕儒为治生张目,鲁斋之失是汩没于汉儒轻商之暗流而不能孤明先发。(汉儒轻商在后文《对〈盐铁论〉的反思》章有讨论)

另外,"为学者治生最为先务"辞气颇急,导致后世聚讼不已。阳明与弟子就此有过几次讨论。阳明说:"许鲁斋谓儒者以治生为先之说亦误人。"[1]这句话阳明师弟之间没有展开讨论,玩阳明辞气,"以治生为先"是阳明所不能同意的,但是阳明并不反对儒者治生,而是认为治生谋利与讲学成人之间有先后轻重之区分,因此阳明认为鲁斋之说"亦误人"。《传习录》还有一条记载了阳明与弟子黄直之间的问答,可以更好地理解阳明对于儒者治生的教导。

---

①　邓艾民注:《传习录注疏》,上海古籍出版社 2015 年版,第 46 页。

　　（黄）直问："许鲁斋言学者以治生为首务,先生以为误
人,何也? 岂士之贫,可坐守不经营耶?"先生曰:"但言学者
治生上尽有工夫,则可。若以治生为首务,使学者汲汲营利,
断不可也。且天下首务,孰有急于讲学耶? 虽治生,亦是讲学
中事,但不可以之为首务,徒启营利之心。果能于此处调停得
心体无累,虽终日做买卖,不害其为圣为资,何妨于学? 学何
贰于治生?"①

阳明认为"学何贰于治生?""虽终日做买卖,不害其为圣为贤,何
妨于学?"按阳明,治生做买卖也是为圣为贤的工夫。若以治生为
首务,则断不可也。阳明没有反对治生,而且认为治生上尽有工
夫,此话深得孔孟精神。申言之,治生本身也需要工夫,不光学者
不能汲汲营利,即便是商人也是要利在义中求,得义之和者(后文
有讨论)方能最终得利,否则就是短期之利,就是一己之利,终归
一败涂地。在当今的共享经济时代,只有分享才能获利,所谓义得
之、仁守之。孟子曰"不可枉道而从彼",治生何尝不是如此,枉尺
而直寻是诡遇之道,虽"一朝而获十","孔子奚取焉?""志士不忘
在沟壑,勇士不忘丧其元",治生不忘为圣贤。

　　从鲁斋先生到阳明先生,对于治生的必要性,鲁斋首倡于前,
虽然失之于"以治生最为先务";对于治生的重要性,阳明提撕于
后,将治生谋利与为学成人二者都看作为圣为贤的工夫,"学何贰
于治生"。有明一代,治生逐渐成为士人共识,这一在前辈学者研
究的基础上作出的结论也许不会太错。更需要提及的是,明代儒

―――――――

① 　邓艾民注:《传习录注疏》,上海古籍出版社 2015 年版,第 285 页。

者治生颇为踊跃，儒贾的群体正式登场，儒商逐渐成为一个广泛接受的身份认同（identity），甚至出现了十大商帮这样的商人自治团体。这种关于儒商历史的考察不是本书的重点。本书既不认可明代末期的资本主义萌芽说，也不认为明代儒家商业伦理是新禅宗和新道教转化的结果，虽然佛道二家的影响或许会有。本章从《论》《孟》《易》《庸》到北宋五子，从朱子之生意到鲁斋阳明关于治生之辩难，一路追溯心灵轨迹至此，或许可以认为，经过宋代新儒家的努力，宋明儒重继孔孟源头活水，儒家自古以来就有的重视生产的精神传统得以继承，使得仁的生生之意得以重现，使得“正德、利用、厚生”的古训重入人心，从而在一定的政治经济时代，出现儒者治生踊跃的历史现象。根据一些历史学家的研究，中晚明时代的政治经济使得治生重新活跃，王阳明更将治生提撕为圣为贤的工夫。治生不忘圣贤之教差可算是明清之儒的共识。前文所及之沈垚道尽了其中酸楚：

> 宋有祠禄可食则有此过高之言。元无祠禄可食，则许鲁斋先生有治生为急之训。可见饿死二字之断不能责人也。（略）若鲁斋治生之言则实儒者之急务。能躬耕则躬耕，不能躬耕则择一艺以为食力之计。宋儒复生于今世亦无以易斯言而不为威惕，不为利疚，不欺幽独，不侮鳏寡。能事数语，即不为宋儒之言，已无愧于宋儒之行矣！①

本章在《距杨墨》节和上小节接引荀子“农农、士士、工工、商商，一

---

① （清）沈垚：《落帆楼文集》卷九《外集三》，民国七年（1918）嘉业堂刻本，第472页。

也"之论时,均提到阳明子的"四民异业而同道"。在此颇有必要再录阳明先生之说以接全文之气脉:

> 古者四民异业而同道,其尽心焉,一也。士以修治,农以具养,工以利器,商以通货,各就其资之所近,力之所及者而业焉,以求尽其心。其归要在于有益于生人之道,则一而已。士农以其尽心于修治具养者,而利器通货,犹其士与农也;工商以其尽心于利器通货者,而修治具养,犹其工与商也。故曰:四民异业而同道。①

按阳明子,"四民异业而同道",其根据是"其尽心焉,一也。"孟子曰:

> 尽其心者,知其性也。知其性,则知天矣。存其心,养其性,所以事天也。殀寿不贰,修身以俟之,所以立命也。(《尽心章句上》13·1)

阳明遥契孟子,陆象山更是"读孟子而自得之",象山还说:

> 宇宙便是吾心,吾心即是宇宙。千万世之前有圣人出焉,同此心,同此理也;千万世之后有圣人出焉,同此心,同此理也;东南西北海有圣人出焉,同此心,同此理也。②

象山在此从时间之宙(千万世之前与后)、空间之宇(东西南北之海)两个方向,不厌其烦,反复为说。孔孟荀董,程朱陆王,只是一

---

① 《王阳明全集》卷二十五,上海古籍出版社 1992 年版,第 941 页。
② 《陆九渊集》,中华书局 1980 年版,第 273 页。

心,前圣后圣,其揆一也。既然四民同道,其心一也,那么,《易》生生之意,《书》生生之庸,宋明儒之生意,陶朱子贡白圭之"治生",鲁斋论治生,"论不同而意同",不管天地之生还是利用厚生,都是仁之生意。夫子之仁道,经孟子十字打开而别开生面,经宋明儒动心忍性而重开生面,天地之大德曰生,民之利用厚生为治生,仁之发用为生意,"其尽心焉,一也",尽心则知性知天,据此,将治生一转而为生意以明治生之道,实为宋明儒诸君子化民成俗之功,"民日迁善而不知为之者"矣!(《尽心章句上》13·13)这或许才是儒家商业伦理的精神源泉。如此,一些历史学研究者将中国近世商业伦理归因于新禅宗新道教的两个转向的结论或许就成了刻舟求剑式的穿凿之论。

(三)生意之余论

还有学者考据,生意是由"生业"讹误过来的,成为一种职业谋生的活动。明代凌濛初在《二刻拍案惊奇》中提到,"徽州风俗以商贾为第一等生业,科举反在次着"[①]。存此以备一说。本书最要紧的意思还是生意一词在流变过程之中体现的"民日迁善而不知为之者"的人文精神,故虽考镜辨流而不得亦无大憾。

杨联陞先生曾经提到《习贾须知》一书,其中所提"生理"一词也见于前揭鲁斋先生所论。原文是:

　　凡出门学习生理,无论做何项角色,须要谨慎为主。

---

① (明)凌濛初:《二刻拍案惊奇》卷三十七《叠居奇程客得助　三救厄海神显灵》,讲徽州商人程宰兄弟经商亏本的尴尬。(参见叶绹:《重商思潮与崇官心理的变奏》,硕士学位论文,华中师范大学,2007年)凌濛初本人出自诗礼簪缨之家,父辈又有雕刻之技,印刷之术,以出版业名重士林,可谓儒商。

（略）平日用油，最宜谨慎，切勿倒卸，此事虽小，生意场中，以为极不利者。①

简而言之，生理是治生的道理和方法。本书不就此展开。有趣的是，杨老师的引文中，前说学习生理，后说生意场中，可知生意一词之使用已经是"百姓日用而不知"了。类似的记载西晋傅咸《羽扇赋》曰："吴人截鸟翼而摇风，既胜于方圆二扇，而中国莫有生意，灭吴之后，翕然贵之。"②可见最迟在魏晋时期，生意已经有了关于商业的意思。这个考辨有待来者。

总之，从治生到生意，经历了漫长的历史阶段。生意有广义和狭义之分。广义者，凡是谋生立命之手段都可以称作生意。狭义者，生意仅仅是指商业活动，特指行商坐贾。本书取前者的广义。生意应该有形而上之意，也有形而下之意。形而下者，指上述之广义，谋生立身之职业也。形而上者，就是万物生生之意。从万物生生之意，一转而成个人立业成家的谋生手段，又转成为任何获利之手段，意蕴深长，举凡农、虞、工、商皆属生意，甚至水泊梁山的抢劫杀人、市井无赖的坑蒙拐骗都成了所谓"生意"。

综上，从万物生生之意的生意到民之生生自庸，从民之生生自庸到治生，从治生到获利之生意，最后到现代汉语的狭隘的以商业为内容的生意，使用语言的人的内在的心灵积习也在潜移默化。

以上是在天地群己的框架中以仁为枢纽做了一番"生意"考，其要是把精神人文主义思想中的仁的意义世界揭示出来，以仁来

---

① 杨联陞：《国史探微》，中信出版集团 2015 年版，第 63 页。

② （清）严可均编：《全上古三代秦汉三国六朝文》，中华书局 1958 年版，第 1752 页 a。

溯孔孟之源,汇宋元明圣贤之流,为儒家商业伦理找到源头活水。仁之纵贯挺立使仁之生意体现了天之道体的生生之意,也涵摄了生财有道的商业意义中的"生意"。天地之大德为生,"天何言哉,万物生焉,四时行焉"。所谓天理人欲浑然一体,以仁才能使天道备于己,如此才能不"则故"而超出血肉之躯的有限性的气质之性,将气质之性化为天命之性,以此彰显人性伟大的无限性,成就天道至公的己才是成己,成己才能成物。以仁才能化私,克己才能成仁,成仁才能复礼,复礼才能够处理好群己关系。既不会陷于杨朱之为我也不会陷于墨家之惨刻无私。如果接着孟子讲,差不多是墨者有义之用而无仁之本,杨朱有仁之本而无义之用,最终结果都是"充塞仁义"。只有仁体的明通公溥,才能使得道体生生不息,充满生意,故万物生生不息,充满生意。商业活动或治生活动作为社会活动的一种,也当秉承道体流行之精神,生生不息,道体之生意即治生之生意。

本学(精神人文主义)以仁为本,故本章所论为"富与仁"之间的关系,因为"夫子以仁发明斯道";本学以善为根,因为"孟子道性善"。故以下做"圆善论"以进入"富与天地"的讨论。

第二章　富与天地

　　在精神人文主义的天地群己框架中，天地以仁为枢纽上下纵贯，卓然挺立。在上章以仁为枢纽讨论了"富与仁"之后，本章将转入"富与天地"的讨论。儒家有天地人三才之说，也有天人合一之教。按儒家，天地人不可分开，所谓仁者浑然与万物一体。天地亦不可分，所谓"致中和，天地位焉，万物育焉。"（《中庸》）

　　本书使用精神人文主义作为理论基础，一方面是因为这种人文主义概念的广涵性或包容性；另一方面，又为了使之同大家熟悉的世俗人文主义区别开来。因此，在既不轻视更不否认的情况下，精神人文主义对天地之道必须能够涵摄并有所回应。换言之，精神人文主义在成己的开放过程中，对天的回应过程本身就是成己的一个过程，以仁为媒介和枢纽，天人之间的互动最终豁显了人本来就具有的人性之本，使人成为人，而且是能够体认天道的圣人或者"大人"。我们天生自然地并不可避免地是人，正如孟门弟子公都子所问的："钧是人也，或为大人，或为小人，何也？"这个说法和我们所强调的学以成人成为一个悖反。如果我们已经是人的话，为什么我们还需要努力学以成人呢？孟子曰：

　　　　耳目之官不思，而蔽于物，物交物，则引之而已矣。心之

官则思,思则得之,不思则不得也。此天之所与我者。先立乎
其大者,则其小者弗能夺也。此为大人而已矣。(《告子章句
上》11·15)

天之所与我者即是人的自觉性和神圣性,孔子说仁,《大学》说明
德,《中庸》说诚,孟子说本心,都是指的天之所与我者,也就是人
所具有的仁义礼智之性,孟子曰:"仁义礼智,非由外铄我也,我固
有之也,弗思耳矣。"朱子曰:"盖自天降生民,则既莫不与之以仁
义礼智之性矣。"其表现就是心之四端,孟子曰:"恻隐之心,仁之
端也;羞恶之心,义之端也;辞让之心,礼之端也;是非之心,智之端
也。"儒家坚持认为,终极的自我转化不是超离人性而是实现人
性,这就是孟子说的"先立乎其大"的意义所在。但是,孟子进一
步指出,"大而化之之谓圣,圣而不可知之之谓神。""人道就是一
个过程,人就是通过这一过程来实现天道的。"孟子引用《尚书》的
"天视自我民视,天听自我民听",说明天道不是缥缈的空说,也不
是外在的神明或者上帝,而是人道进行伦理实践的结果。

　　由此而下,商业伦理作为伦理的实践的一个方面,必然对天道
有所思考和回应,也必然会有困惑,这也是本章"富与天地"所以
做的原因。财富与天地之道的关系,如果需要对以上孟庸所论做
一个通俗的理解的话,就是"人在做,天在看"的意思。在这样的
一个心灵积习中,在民间商界,长期有商业神崇拜的传统,这是商
人的精神信仰或者内心寄托。平常耳熟能详的有关帝、妈祖、包
公、朱子、大禹(王)、观音、佛祖、文昌帝君、伏羲、海瑞,当然还有
孟子,可谓千奇百怪,从自然神到人格神,从上古神到近世神,从神
仙道圣人到三教九流之中的人物,许多被升格为商业神,在文化

中国的海内外不同地域受到商界人士的崇拜。①　即便在欧洲,这种商业神的崇拜也很普遍。正如韦伯提到的"无法制止一个南欧的农民在预期的事不灵验时,向圣像吐口水——因为习惯上该礼敬的事都做到时,其他就是圣者要负的责任了。"②无论东西方,当他们祭拜以后,灵不灵的责任就取决于神灵自身了。看似不合情理,但是,如果没有这些信仰,那么这个文化发展的最后阶段就是"专家没有灵魂;纵欲者没有心肝;这个废物幻想着它自己已达到了前所未有的文明程度。"③本书不是沿着韦伯的社会学路径进行富与天道的探讨,更不是沿着史学的路径去胪列一系列商业神的崇拜或者是宗教学的路径去考察作为民间宗教的信仰与商业之间的关系,而是以孟子为中心来探讨富与天道的关系。

本章先从圆善论入手以讨论富与"天"。第二节从孟子所揭示的"乐天"与"畏天"这一个角度讨论富与天道。再从生态伦理的角度讨论富与"地"道。本章总称为"富与天地"。

第一节　圆善论

第一,"孟子道性善,言必称尧舜。"这是孟子思想体系的出发点和根本点。甚至可以说,"孟子的整个思想都是在性善论的基础上

---

① 参见宋长琨:《明清时期地域商帮的商业神信仰及其统一趋势》,2015 年北京大学第三届儒商论域会议论文。

② [德]马克斯·韦伯:《宗教社会学·宗教与世界》,康乐、简惠美译,广西师范大学出版社 2011 年版,第 5 页。

③ [德]马克斯·韦伯:《新教伦理与资本主义》,于晓、陈维纲译,生活·读书·新知三联书店 1987 年版,第 143 页。

确立起来的。他的仁政、民本、集义、养气等理论也都是以性善论为前提的,而其尽心则知性知天的指向也正是以性为中介来实现的"①。

第二,《大学》认为"德者本也,财者末也","是故君子先慎乎德。有德此有人,有人此有土,有土此有财,有财此有用。"否则,即使偶尔能够发财,也不能守住,"所谓货悖而入者,亦悖而出。"因此《大学》之教的结论是,"惟命不于常,道善则得之,不善则失之矣!"

第三,五福之始即是富②,"《尚书》'五福'以'富'为始,子贡问为政,孔子曰:富之,既富乃教之也,此治国之本也。"③蔡沈曰:"人有寿然后能享诸福,故寿先之。"有寿之后即是富,"以福之疾缓为先后"④。《礼记》曰:"富也者,福也。"⑤本书开始的《原富》节已揭,根据《说文解字注》⑥,富与福音义皆同;释名曰:福,富也。以福摄富,似不为过。将富与道、富与德的讨论转进为福德相即的讨论或可加深对问题之理解,虽然难度不小。福德相即乃圆善。按牟宗三先生的理解,康德通过意志自由、灵魂不朽、上帝的存在三个假设来证成圆善。儒家不走这一条路。但是圆善如果不能证成,有德者不能有福,有福者未必有德,那么群道不可为,成人不可能,所学无意义,岂不是大悲剧而又没有救赎。牟先生认为圆善问题经过他的努力已经得到圆满而真实的解决。

---

① 丁为祥:《从〈性自命出〉看儒家性善论的形成理路》,《孔子研究》2001年第3期。

② 《尚书·洪范》:五福:一曰寿;二曰富;三曰康宁;四曰攸好德;五曰考终命。

③ 刘向撰,向宗鲁校正:《说苑校正·建本》,中华书局1987年版,第73页。

④ 蔡沈:《书经集传》卷一,世界书局民国二十五年(1936)版,第79页。

⑤ (清)朱彬:《礼记训纂》,中华书局1995年版,第409页。

⑥ 参见(清)段玉裁注:《说文解字注》,上海古籍出版社1981年版,第6页下、339页下至340页上。

　　吾愧不能如康德,四无傍依,独立运思,直就理性之建构性以抒发其批判的这些;吾只能诵数古人已有之慧解,思索以通之(荀子语),然而亦不期然而竟达至消融康德之境使之百尺竿头更进一步。①

儒家必能够证成圆善以安顿此世,以存其本心②,以挖掘出儒家商业伦理的精神资源。

　　第四,孔子有"五十而知天命"的个人总结,孟子有"吾之不遇鲁侯,天也"的感叹。孔子曰:"君子有三畏:畏天命,畏大人,畏圣人之言。小人不知天命而不畏也,狎大人,侮圣人之言。"(《季氏第十六》16·8)。牟宗三先生将他一辈子所讲之学归结为"维天之命,於穆不已"(《周颂·维天之命》)这句诗上面。《中庸》曰:"天地之道,可一言而尽也。其为物不贰,则其生物不测。"而人以至诚之道,"则可以赞天地之化育;可以赞天地之化育,则可以与天地参矣。"杜维明先生指出:

　　　　自我经由社群上达于天的过程是基于对自我超越采取一种全整的观点。要把握这种观点,靠现代大学中心理学、社会学、神学等各种'学科'分门别类的方法是远远不够的。(The movement from the self via the community to Heaven is predicted on a holistic vision of human self · transcendence that the compartmentalized methods of psychology, sociology, or theology which are characteristic of academic "disciplines" in modern

---

① 牟宗三:《圆善论》,吉林出版集团 2010 年版,第 10 页。
② 杨泽波教授认为牟宗三没有证成圆善。(参见杨泽波:《从德福关系看儒家的人文特质》,《中国社会科学》2010 年第 4 期)

universities, are grossly inadequate to grasp.) ①

总之,善与财富的关系是什么? 本书下节试做圆善论以说明之。前贤对此多有深论,以下仅仅试图从德、福、命三者之间的关系来做一个简单的证明。

一、全德则圆善——必要条件一

说德还是要从仁说起。朱子曰:"仁者,心之德,爱之理。"②心所具之德即是仁的本体。但是此德只有是明德才是百分之百的全德。③ 但是现实中的成人之教不是总能成人之全德(克己复礼为仁。仁者,本心之全德。——朱子注),凡人不是圣人,其德必有渣滓而不纯。阳明子所教:

> 圣人之所以为圣,只是其心纯乎天理,而无人欲之杂。犹精金之所以为精,但以其成色足而无铜铅之杂也。人到纯乎天理方是圣。金到足色方是精。④

成色足而无杂质是圣人之德。凡人之德,在学以成人的淬炼过程中,多少会有一点杂质。如此不纯之德,非全德,非明德,故与福相即的可能性大为降低。此其一。

---

① 杜维明:《中庸洞见》,段德智译,人民出版社 2010 年版,第 120—121 页。
② (宋)朱熹:《四书章句集注》,中华书局 2012 年版,第 201 页。
③ 按朱子《四书章句集注》,明德者,人之所得乎天,而虚灵不昧,以具众理而应万事者也。但为气禀所拘,人欲所蔽,则有时而昏;然其本体之明,则有未尝息者。故学者当因其所发而遂明之,以复其初也(第 3 页)。全德:盖心之全德,莫非天理,而亦不能不坏于人欲。(第 133 页)
④ 陈荣捷:《王阳明传习录详注集评》第 99 条,台湾学生书局 1983 年版,第119 页。

　　其二,还有作为德之贼的乡愿,则会从反面破坏福德相即的。孟子曰:

　　　　非之无举也,刺之无刺也;同乎流俗,合乎污世;居之似忠信,行之似廉洁;众皆悦之,自以为是,而不可与入尧舜之道,故曰德之贼也。孔子曰:"恶似而非者;恶莠,恐其乱苗也;恶佞,恐其乱义也;恶利口,恐其乱信也;恶郑声,恐其乱乐也;恶紫,恐其乱朱;恶乡原,恐其乱德也。"君子反经而已矣。经正,则庶民兴;庶民兴,斯无邪慝矣。(《尽心章句下》14·37)

这种似是而非的乡愿具有很大的隐蔽性和危害性,"故曰德之贼也"。上文说明孔子对乡愿之乱德深恶痛绝。乡愿是一种伪德、恶德、乱德,对福有很大的欺骗性。由于似是而非,福与此乡愿之乱"德"或然也可相即,这在实践中时有发生,比如"王莽谦恭下士时",不绝于书。此种福德相即的情况,借用牟宗三老师的话来讲,也许就是"吊诡的'即'"。

　　其三,至德之难能。孟子曰:"孔子'不得中道而与之,必也狂獧(同狷)乎! 狂者进取,獧者有所不为也'。孔子岂不欲中道哉? 不可必得,故思其次也。""中者,不偏不倚,无过不及之名。"(程子语)在《论语》中,孔子曰:"不得中行而与之,必也狂狷乎! 狂者进取,狷者有所不为也。"朱子注曰:"行,道也。"中道即是中行,"即不左不右,不偏不倚,一切都恰合于仁义道德的。"①子曰:"中庸之为德也,其至矣乎! 民鲜久矣。"至,极也。达到极致之德只能是理论上的无限接近,而实际上是"民鲜久矣。"其至如孔子曰:

―――――――――

① 　杨伯峻:《孟子译注》,中华书局 2010 年版,第 319 页。

"天下国家可均也,爵禄可辞也,白刃可蹈也,中庸不可能也。"如此"中庸不可能"之德,不是至德,也不是全德或明德,这样的非至之德,与福相即的可能性必然会大打折扣。具体来讲,"孔子岂不欲中道哉? 不可必得,故思其次也。""其次"即是狂者和狷者,二者均不得中道,因此这二者与福相即的可能性也就降低了。如果第一点从明德或全德来论德之精粗(借阳明的话)是从本体上来说的话,那么不得中道导致不得至德,差可算是从工夫的一面来从反面证明福德相即——圆善之不确定性。《中庸》曰:"苟不至德,至道不凝焉",至德难能,福德难即矣,信夫!

其四,只有圣人才能从容中道,不勉而中,此之谓大德。"故大德必得其位,必得其禄,必得其名,必得其寿。故大德者必受命。"(《中庸》)如此福德相即,圆善得以证成,或者说圣人通过大德实践了圆善而不需要任何证明。

以上分析了四种情况,明德之明与全德之仁,德之贼乡愿之乱,至德之难能,大德必受命。以上足可以看出,如果福德相即仅仅从德的角度来讲,就有其巨大的不确定性和复杂性,只是笼统地说德可能掩盖了德之自身不圆满作为因的一面,而困惑于福德不相及、善之不圆满的结果。为了福德相即之圆善,则必须明明德,为全德,恶乡愿,能至德,修大德。所谓"太上有立德,其次有立功,其次有立言,虽久不废,此之谓不朽"(《左传·襄公二十四年》)[1]。但只有"德"好像还不够,因为还有"福"这一方面的问题。

二、福到之时则圆善——必要条件二

"时"是孟子的一个重要概念。孟子曰:孔子,圣之时也。朱

---

[1]　本书所引《左传》据杨伯峻:《春秋左传注》,中华书局 2016 年版。以下只随文注篇名。

伯崑先生说:"在战国时代,不仅儒家孟子讲趋时,兵家、道家、法家都讲趋时。"①福德相即的第二个必要条件就是福到之时。时本身有其动态性和变化性。生不逢时的情况很多。不理解"时"就无法理解儒家伦理的实践性和与时俱进的特点。孟子曰:"彼一时,此一时也。"禹、稷、颜同道而异行,盖时不同也。孔子认为舜与文王都被"尊为天子,富有四海之内。宗庙飨之,子孙保之"。这是时之使然。孔子则不得其位。而孟子本人"当是之时","乃述唐、虞、三代之德,是以所与者不合"。在福没有到之时,福德不能相即而不圆满。

但是,圣人能够改变时甚至超越时,或者说圣人能够时时与时浃洽,时为我转。孟子曰:

> 伯夷,圣之清者也;伊尹,圣之任者也;柳下惠,圣之和者也;孔子,圣之时者也。孔子之谓集大成。集大成也者,金声而玉振之也。金声也者,始条理也;玉振之也者,终条理也。始条理者,智之事也;终条理者,圣之事也。智,譬则巧也;圣,譬则力也。由射于百步之外也,其至,尔力也;其中,非尔力也。(《万章章句上》10·1)

孔子所以为终条理者,圣之事也。虽然福之来去无时,但是"所谓圣者,不勉不思而至焉者也"(张子语)。"孔子之道兼全于众理"。"三子犹春夏秋冬之各一其时,孔子则大和元气之流行于四时也"②。换言之,虽然福至之时不可知,圣人却可以在与天地同流

---

① 朱伯崑:《易学哲学史》,华夏出版社 1995 年版,第 62 页。
② (宋)朱熹:《四书章句集注》,中华书局 2012 年版,第 321 页。

中动态涵摄之。由于圣人大德之不朽，福德总会有相即的时刻，一旦相即即是圆满。"孔子集先圣之大道，以成己之圣德者也，故能金声而玉振之。"[1]进言之，孔子本人定义了福本身。用杜维明先生的话说："正是道德决定了社会价值的终极功效。"圣德者，不为时的偶然性或者动态性所拘役，而是即刻圆满，当下圆满，永远圆满，所谓天德流行。孔子本人即是福德相即之圆满。由于孔子，颜子虽然贫病早夭，终得复圣之封，孟子虽然所与者不合，以为迂阔而不见用，终得亚圣之封，二者以及更多的圣贤都配享从祀于孔庙。按此，福到之时虽然是第二个必要条件，但是由于圣德的出现，圣之时者本人使得福德相即而圆满，圣德转时而使自身成为一个充分必要条件。类似的充分必要条件还应该包括第一条所论的"大德"。"大德敦化，此天地之所以为大也"，"大德者，万殊之本"。如果圣德是圣之时的人道，大德则是圣之中的天道，换言之，圣德是时之用，大德是中之体，体用不贰，当下圆满。

综上，在讨论福德相即的两个必要条件的时候，不期然得到两个充分必要条件，一是"大德必受命"而圆满，此是天道之圆满，二是圣德本身即圆满，此是人道之圆满。这时候还不能将问题彻底说清楚，因为还有命的因素在其中。以下讨论第三部分。

三、福德相即的过程——命

以上讨论了德与福以证圆善的可能性，但是福和德能够相遇还取决于命。福德二者相遇的过程也许就是命。儒家首先承认有命。有学者研究认为，中国古代关于天命的理论有五：命定论、道

---

[1]　（清）焦循：《孟子正义》，中华书局 1987 年版，第 672 页。

德决定论、非命论、自然决定论、俟命论。① 对这种析而言之,笔者心中未安。《忠信之道》说,"不期而可遇者,命也"。命是可遇不可期,捉摸不定。命之为命,正如牟先生所说:

> (命)不是一个经验概念,亦不是知识中的概念,而是实践上的一个虚概念。……说它渺茫,可,说它是迷信,则不可。②

实践即是一个动态的过程。这个过程中出现了两个主体,福与德,这二者本身就很复杂多变。前揭之德有明德、全德、大德、至德、圣德、天德,当然还有德之贼乡愿。福亦如是,"福兮祸之所伏",福以福本身或者以祸、灾、殃等各种面目出现。两个复杂多变的主体之间在时与空中如何实现相遇并相即,其过程将更是渺茫,这是福德相即过程之复杂性,也是命的不确定性。因此,除了福德两个主体的不确定因素之外,从福德相即的过程这个角度也可以说明圆善之不确定性。

孟子曰:

> 莫之为而为者,天也;莫之致而至者,命也。匹夫而有天下者,德必若舜禹,而又有天子荐之者,故仲尼不有天下。(《尽心章句上》13·1)

仲尼不有天下是命也。这是天命,也是仲尼本人之命。而且"周

---

① 参见陈荣捷编:《中国哲学文献汇编》,杨儒宾等译,江苏教育出版社2006年版,第91页;傅斯年:《性命古训辩证》卷二,台湾联经出版公司1980年版,第305页;命定论、命正论、俟命论、命运论、非命论。
② 牟宗三:《圆善论》,吉林出版集团2010年版,第104—105页。

公之不有天下,犹益之于夏,伊尹之于殷也"。"孔子曰:'唐虞禅,
夏后、殷、周继,其义一也。'"唐虞之传贤,夏后之传子,殷周之革
命,其义一也,这是因为天命不可违。但是"《康诰》曰:'惟命不于
常',道善则得之,不善则失之矣。"(《大学》)这或许可以理解为,
由于人实践地参与到命之中,参天地之化育,一方面消解了天之命
的确定性,"不于常",从另一方面来说,由于增加了人参与其中的
分量,从而增加了人之命的确定性,此消彼长,得失之间,惟善与不
善。何谓人之命? 孟子曰:

> 口之于味也,目之于色也,耳之于声也,鼻之于臭也,四肢
> 之于安佚也,性也,有命焉,君子不谓性也。仁之于父子也,义
> 之于君臣也,礼之于宾主也,智之于贤者也,圣人之于天道也,
> 命也,有性焉,君子不谓命也。(《尽心章句下》14·24)

按孟子,口目耳鼻四肢,"性也,有命焉,君子不谓性也"。仁义礼
智,"圣人之于天道也,命也,有性焉,君子不谓命也"。在前者,是
人性中的生物性之性①,有命焉,君子不谓性也。顺着这个思路,
对于"食色,性也"的回答也应该是,有命焉,君子不谓性也。在后
者,是人性中的义理当然之性,"天命之谓性",命也,有性焉,君子
不谓命。如此一来,天命就因人之"不虑而知的良知"而被人性所
具备,天道下达人道,这样人就可以通过自身的努力而立命,"张
子所谓'养则付命于天,道则责成于己'。其言约而尽矣"②。细
言之,口目耳鼻四肢所得到的味色声嗅安逸是养,则付命于天;仁

---

①　杨海文:《孟子心性论的逻辑架构》,《南昌大学学报》2002 年第 3 期。
②　(宋)朱熹:《四书章句集注》,中华书局 2012 年版,第 378 页。

义礼智圣所成就的父子、君臣、宾主、贤愚、圣天之道,责成于己。此之谓性命对扬。

对于如何立命,孟子曰:

> 尽其心者,知其性也。知其性,则知天。存其心,养其性,所以事天也。殀寿不贰,修身以俟之,所以立命也。(《尽心章句上》13·1)

此谓修人道以立命也。有了立命的自主性和自觉性,才有俟命的坦然,"故君子居易以俟命,小人行险以徼幸"。所谓"素其位而行"。当然,俟命不是一个被动无为的过程,而是要"知命"。命之流行,有正有非,有正命也有非命,故"不知命无以为君子",孔子"五十而知天命"。孟子曰:

> 莫非命①也,顺受其正。是故知命者,不立乎岩墙之下。尽其道而死者,正命也。桎梏死者,非正命也。

君子"知命",既能莫死于非命,也能尽道而死于正命。通过"知命"以得"正命"而"莫非命也",通过修身以"俟命"而"立命",这样命的渺茫性就被逐步消解而逐渐清晰起来,换句通俗的话来说,就是将命运尽量掌握在自己手里。或者说,通过实践过程将命这个"虚概念"尽量予以充实而贞定。这样福德相即的渺茫因素——作为过程的命就有很大的可能性为自己掌握,圆善的可能性就会增加。关于如何做到这一点,孟子曰:

---

① 此处有从莫断以非命连读,或以非断而以莫非连读。本书取前解。

仁则荣,不仁则辱。今恶辱而居不仁,是犹恶湿而居下也。如恶之,莫如贵德而尊士,贤者在位,能者在职。国家闲暇,及是时明其政刑。虽大国,必畏之矣。诗云:"迨天之未阴雨,彻彼桑土,绸缪牖户。今此下民,或敢侮予?"孔子曰:"为此诗者,其知道乎!能治其国家,谁敢侮之?"今国家闲暇,及是时般乐怠敖,是自求祸也。祸福无不自己求之者。诗云:"永言配命,自求多福。"太甲曰:"天作孽,犹可违;自作孽,不可活。"此之谓也。

这里出现了"配命"之说。配命就是"祸福无不自己求之者"。《易》曰:积善之家必有余庆,积不善之家必有余殃,其斯之谓与。配命的过程就是一个天生人成的过程,天生之"性"命与修身之"立命"互感互通,彻上彻下。如何才能"永言配命","莫如贵德而尊士",比如未雨绸缪者,"其知道乎?!"配命是一个自求的过程。配命的过程也是一个实践的过程。这一过程也可以将命之"虚"得到充实,而且这个充实是有两个方向的,一正一反。正者,福之实,"自求多福";反者,祸之实,"自作孽,不可活"。

因此作为过程的命虽然是"实践上的一个虚概念"(牟先生语),正是由于其实践性,命本身虽虚而渺茫但也是一种能量。这个能量能够向正的方向逐渐递增,也能够向反的方向逐渐递减。当量变引起质变的时候,命就会改变,这就是"改命"。孟子曰:

天下归殷久矣,久则难变也。武丁朝诸侯有天下,犹运之掌也。纣之去武丁未久也,其故家遗俗,流风善政,犹有存者;又有微子、微仲、王子比干、箕子、胶鬲皆贤人也,相与辅相之,故久而后失之也。尺地莫非其有也,一民莫非其臣也,然而文

> 王犹方百里起,是以难也。齐人有言曰:"虽有智慧,不如乘势;虽有镃基,不如待时。"(《公孙丑章句上》3·1)

在殷则有"故家遗俗,流风善政",诗云"仪监于殷,峻命不易",但是最终"久而后失之也"。在文王,"犹方百里起,是以难也"。直到"武王缵大王、王季、文王之绪。壹戎衣而有天下,身不失天下之显名。尊为天子,富有四海之内。宗庙飨之,子孙保之。"(《中庸》)前者之殷是朝反的方向衰减,导致身死国灭,后者之周是朝正的方向递增,终成四海之富。命在这一发展过程中,也是一个逐渐清晰的过程,福德相即或相离都有迹可循。这一衰减或者递增的过程都有可能改变,这是一个失与得的过程。孟子曰:

> 求则得之,舍则失之,是求有益于得也,求在我者也。求之有道,得之有命,是求无益于得也,求在外者也。(《尽心章句上》13·3)

得之有命,因为求在外者。如果求在我者,则能通过德来改命,以德配命。配命是被动地讲,以人事天,但是被动中有人之自求的主动;修身以立命,立命是主动地讲,以人赞天,但是主动中有天命不可违之被动。居易以俟命,是修身立己之诚,这是常;知命而正命,是物来顺应之明,这是权。

按孟子,尽心则知性,知性则知天。知我者其天乎,知天者其心乎。《中庸》曰尽性,孟子曰尽心。性只是浑无罅缝,甚至"人生而静以上不容说,才说便不是性",但是心则有明觉之灵神,知觉之血气,实实在在,从尽性落实到尽心,人就有了更高的自觉性,更强的能动性,孟子曰:学问之道无他,求其放心而已。只要放失之本心通过学习而求回,即是学问之道。《中庸》曰:"故君子尊德性而道问学,致广大而尽精微,极高明而道中庸。温故而知新,敦厚以崇礼。"此谓尽心以为学,知性以成人,成人以知天,知天以知命。天地之大德曰生,生生之谓易。只有生生之流行也许可以充盈命之渺茫,这一点,或可比附于康德的灵魂不朽。

以上性与命之论,可能还需要借助其他文献以支撑。《性自命出》说:"性自命出,命自天降。道始于情。情生于性。"又说:"教所以生德于中者也。"①如果结合孟子所说的"乃若其情,则可以为善矣,乃所谓善也。若夫为不善,非才之罪也",可知,情是生于性的所谓善,也是可以为善的性,同时也是善之发用的过程,"人见有情、才之异字,遂因而离析其心思,故多讲不通,唯象山知'情、性、心、才,都只是一般物事,言偶不通耳'"②。道始于情的意思或许是,继之者善也,成之者性也,性成之,善继之,天与人上下同流则一阴一阳之谓道。这时,尽心则知性,由于性自命出,知性则知命,由于命自天降,知命则知天,存心养性则事天。尽心与存心,"其用心各异,教使然也。"然而,"四海之内,其性一也"(《性自命出》)。"教所以生德于中者也"。德者,得也,使天道得于人也。何以得?教所以生德于中也。何谓中?"中也者,天下之大本也;和也者,天下之达道也。致中和,天地位焉,万物育焉。"致中和的过程就是一个成人立本、知天达道的修德过程。"闻道反己,修身者也","修身以俟之,所以立命也。""道也者,不

---

① 蒙培元:《性自命出的思想特征及其与思孟学派的关系》,《甘肃社会科学》2008年第2期。

② 牟宗三:《圆善论》,吉林出版集团2010年版,第19页。象山原文见《陆九渊集》卷三十五,中华书局1980年版,第444页。

可须臾离也,可离非道也",但是道总是如"执柯以伐柯,睨而视之,犹以为远"。贤哉回也,其心只是三月不违仁,其余则日月至焉。甚至日月至焉也是奢望,而只是在未发已发之间。虽然"人之所不学而能者,其良能也;所不虑而知者,其良知也",但是"富岁,子弟多赖;凶岁,子弟多暴,非天之降才尔殊也,其所以陷溺其心者然也"。如此则立命是一个动态不确定的过程,福德相即之圆善也不是确定的。教是增加圆善确定性的主要手段。教既是实现对自我认识的追求,所谓成己之学,也是对知天的一种追求。"事实上,这正是《中庸》所理解的理想的教育,并且完全符合于孟子所谓'尽心知性知天'"①。

以上所论曲折回环,估计"大不理于口",有必要另辟蹊径以总结如下则"无伤也"。

第一,命虽然不是一个经验概念,但是经验可以感知到命。所谓不立乎岩墙之下莫非命也即是此意,所谓"口之于味也,目之于色也,耳之于声也,鼻之于臭也,四肢之于安佚也,性也,有命焉,君子不谓性也",——为了行文之方便——都可勉强归为经验之命。

第二,命虽然不是一个知识上的概念,但是可以知命。孔子有"五十而知天命"之叹,有"不知命无以为君子"之教。

第三,命有实践之过程。此谓"立命"。这一过程会使得命之虚逐步充盈而实。子曰:"赐不受命,亿则屡中",这是子贡立命的实践过程。

第四,有德性之命。诗曰:"永言配命,自求多福",差可算是作为命之实践过程而逐渐实而不虚的德性之命。"仁之于父子也,义

---

①　杜维明:《中庸洞见》,段德智译,人民出版社 2010 年版,第 97 页。

之于君臣也,礼之于宾主也,智之于贤者也,圣人之于天道也,命也,有性焉,君子不谓命也。"也可勉强以德性之命涵摄之。积善则有余庆,积不善则有余殃,无论祸福其本身是一个配命的过程也是配命的结果。德本身越纯粹无杂(阳明精金之喻),则配命的过程和结果就会越清晰,直至大德者必得其命之完全确定(certainty)。

第五,当然,还有超越之命,所谓天命。孔子曰:"君子有三畏:畏天命,畏大人,畏圣人之言。小人不知天命而不畏也,狎大人,侮圣人之言。"天命可畏,夫子罕言,故《中庸》有"君子居易以俟命"之教。

总之,命是一个变动不居的实践过程,模糊不清。命因其虚而渺茫,因其实践而能量充沛。人的努力只能使命达到一定程度的清晰度和确定度,但是其不确定性依然存在。福与德相即的过程就是如此地吊诡,这个过程也是另外一种"吊诡的'即'"。甚至福德相离,福弃德于不顾而出现天灾人祸。比如庞贝古城的生灵一起被埋葬,这是天灾,比如扬州十日的屠杀,这是人祸。命在这个时候表现出巨大的能量,其"虚"一下化为乖戾狂暴之"实",其流行运动带来了毁灭性的灾祸。从这个角度来说,"命不是一个经验概念,也不是一个知识概念",牟先生确有所见。

虽然天灾不断,人祸不绝,但是人毕竟不是恐龙,在德与福的讨论中,出现了两种充分必要条件,大德与圣德。正如西哲斯宾诺莎所说,"幸福不是德行的报酬,而是德行自身"①。在气化流行变动不居的命的讨论中,也有一种充分必要条件,就是孟子所说的"先立乎其大"。

---

① 洪汉鼎:《客居忆往——哲学人生问答录》,中国人民大学出版社 2016 年版,第 368 页。

　　公都子问曰:"钧是人也,或为大人,或为小人,何也?"

　　孟子曰:"从其大体为大人,从其小体为小人。"

　　曰:"钧是人也,或从其大体,或从其小体,何也?"

　　曰:"耳目之官不思,而蔽于物,物交物,则引之而已矣。心之官则思,思则得之,不思则不得也。此天之所与我者,先立乎其大者,则其小者弗能夺也。此为大人而已矣。"(《告子章句上》11·15)

按孟子,从其大体为大人,从其小体为小人,"此天之所与我者,先立乎其大者,则其小者弗能夺也。"何谓大人?韦伯说:"高傲地弃绝来世(Jenseits,德文'彼岸'的意思),弃绝当下现世之个人的宗教性救赎保证,也只有在高贵的知识人阶层里才行得通。"①《易》曰:

　　夫"大人"者,与天地合其德,与日月合其明,与四时合其序,与鬼神合其吉凶,先天而天弗违,后天而奉天时。天且弗违,而况于人乎?况于鬼神乎?(《乾·文言》)

这样,实践上的虚概念——命,经过实践本身而落实并得以完全贞定,贞之时,"群龙无首,吉",个人的命和天地的命融合在一起,实现圆善。不管命如何运动,如何虚渺,人之实践为其要。这一实践过程就是学以成人的过程。朱子感叹,《大学》者,"大人"之学也,大人者,论、孟、易、庸之教也。明儒王阳明在《大学问》把大人说得更清楚更具体:

---

① [德]马克斯·韦伯:《中国的宗教:儒教与道教》,康乐、简惠美译,广西师范大学出版社 2010 年版,第 237—238 页。

大人者，以天地万物为一体者也。其视天下犹一家，中国犹一人焉。若夫间形骸而分尔我者，小人矣。大人之能以天地万物为一体也，非意之也，其心之仁本若是，其与天地万物而为一也，岂惟大人，虽小人之心亦莫不然，彼顾自小之耳。是故见孺子之入井，而必有怵惕恻隐之心焉，是其仁之与孺子而为一体也。孺子犹同类者也，见鸟兽之哀鸣觳觫，而必有不忍之心，是其仁之与鸟兽而为一体也。鸟兽犹有知觉者也，见草木之摧折而必有悯恤之心焉，是其仁之与草木而为一体也。草木犹有生意者也，见瓦石之毁坏而必有顾惜之心焉，是其仁之与瓦石而为一体也。是其一体之仁也，虽小人之心亦必有之。是乃根于天命之性，而自然灵昭不昧者也，是故谓之"明德"。小人之心既已分隔隘陋矣，而其一体之仁犹能不昧若此者，是其未动于欲，而未蔽于私之时也。及其动于欲，蔽于私，而利害相攻，忿怒相激，则将戕物纪类，无所不为，其甚至有骨肉相残者，而一体之仁亡矣。是故苟无私欲之蔽，则虽小人之心，而其一体之仁犹大人也；一有私欲之蔽，则虽大人之心，而其分隔隘陋犹小人矣。故夫为大人之学者，亦惟去其私欲之蔽，以明其明德，复其天地万物一体之本然而已耳。非能于本体之外，而有所增益之也。①

四、明天人之分，履性命对扬

综上三个方面的讨论，可知儒家的圆善，如果这对于儒家仍是一个问题的话，至少可以在三种情况下证成：大德、圣德、大人。换言之，圆善不是一个证明问题，而是一个实践问题。这个实践过

---

① 吴光编：《王阳明全集》，上海古籍出版社 1992 年版，第 968 页。

程,正如孟子曰：

> 故天将降大任于是人也,必先苦其心志,劳其筋骨,饿其
> 体肤,空乏其身,行拂乱其所为,所以动心忍性,曾益其所不
> 能。(《告子章句下》12·15)

如此,学以成人才有可能,群道才能被维系而不坠。

每个人只有也应该在成德希圣的努力过程中,在一定程度上消解命的模糊性,减少命之不确定性,盈虚为实,在实践中去实现福德相即之圆善,甚至能够最终消解命,而达到天命与己命之统一,实现当下之圆满,实现圆满之永恒。所谓"维天之命,於穆不已,盖曰天之所以为天也。"换言之,仁德本身就是本体上的"富",如恰有时机而能"大德受命",则体用一致而圆满,这是圆满意义上的天道,但这需要有"命"、时机。

假如不得其"命",能否实现"富"？仍然无碍于本体上的"富","大德必得其禄"是从本体意义上说的,是为天道。在天道流行的过程中也实现了人道本身,即谓"天人合一"。正如杜维明先生所指出的：

> 道德并不是一种如何使我们群居的原则,而是一种如何使我们群居具有价值的原则。道德不只是一种维系社群的工具,它还是一开始使得社群何以值得组织起来的根本理由。①

接着杜先生所讲,假设如果没有以下的实践,如果没有孔颜之乐,曾点气象,子思之诚,孟子之心,荀子之礼,董子之天,张载之气,朱

---

① 杜维明:《中庸洞见》,段德智译,人民出版社2010年版,第85页。

子之理,阳明之致良知,刘宗周之诚意,戴东原之情,那么,文化中国就没有理由出现,更没有理由能够维系到现在,文化中国就有可能如古希腊失去了自己的认同而变为基督教的世界,或者如古埃及成为历史博物馆而变为现在的伊斯兰世界,或者如玛雅文明被外敌毁灭而成为考古遗迹。

诗曰:"德輶如毛",毛犹有伦。"上天之载,无声无臭",至矣!(《中庸》)如此理解德,那么福德相即之圆善的证成过程就是文明本身生生不息的实践过程,就是个人"格致诚正"的明德过程,也是"修齐治平"的伦理实践过程,合此内外两个过程就是一个完整的成人过程。文明本身生生不息的发展过程和个人的伦理实践过程是合二为一的,福德相即的圆善在实现了己的圆满同时也实现了群的圆满。明天人之分,君子居易以俟命,履性命对扬,君子修身以立命。正如孟子曰:

> 彼一时,此一时也。五百年必有王者兴,其间必有名世者。由周而来,七百有余岁矣。以其数则过矣,以其时考之则可矣。夫天,未欲平治天下也;如欲平治天下,当今之世,舍我其谁也?吾何为不豫哉?(《公孙丑章句下》4·13)

第二节　富与"天"
——以乐天与畏天为中心的讨论

一个国家的富裕不能以另外一个国家的损失、贫穷或者牺牲为代价。这在全球化的时代尤其具有意义。一个企业的发展也是如此。在企业的发展过程中,打造百年老店是一种思路,将企业出售是另外一种思路。有的企业喜欢专注于有特色的产品和服务，成为"隐形冠军"，有的企业喜欢在市场上进行兼并和收购，成为一个庞大的企业集团。企业与企业的关系，国与国的关系，都有小与大、强与弱、短期与长期、上升与没落的共同挑战，而且最终都面临一个死亡消失的问题。与美国通用电气（GE）公司同时代的公司已经茫然不可考，晋商徽商的企业已经成为历史的回响，张謇的企业早就破产消亡，这些例子举不胜举。从这个角度出发来讨论"富与'天'道"也许不无裨益。

　　一方面，儒家是全球自由贸易的倡导者和实践者，另一方面儒家更加关注全球正义。在孟子所处的时代，中国社会正从传统的"封建制"向中央集权制的近现代国家制度转变。在当时的历史条件下，春秋战国的地缘政治格局和现在全球的地缘政治格局具有很大的可比性。杨联陞先生指出：

> 　　近代某些学者曾将春秋时代（前772—前481）的列国和近代的国际关系相比拟。战国后期（前403—前221），列强独立，不尊周王。孟子说诸侯之宝三，土地，人民，政事，其实就在为一个国家下定义。[1]

现代意义上的民族国家有大小强弱之分，发展程度不一样，所谓有发展中国家和发达国家之分，或者有"三个世界"的划分。企业何尝不是如此。因此，在本节的讨论中，企业与孟子时代的大小诸侯国颇有等量齐观的意思。其目的是揭示企业发展过程中在天道层

---

[1]　杨联陞：《从历史看中国的世界秩序》，《国史探微》，中信出版社2015年版，第2页。

面应该或者可以在哪些角度进行思考。

在此还要补充的一点是,在孟子的时代,虽然中国社会正从传统的"封建制"向中央集权制的近现代国家制度转变,但是国与家的概念同现代汉语的国与家的概念是有区分的。鉴于此,将畏天保国之"国"与现代的企业进行比较是有一定根据的。对于不同"国家"在不同时期采取何种战略,孟子有精辟之见。

> 齐宣王问曰:"交邻国有道乎?"
>
> 孟子对曰:"有。惟仁者为能以大事小,是故汤事葛,文王事昆夷。惟智者能以小事大,故太王事獯鬻,勾践事吴。以大事小者,乐天者也;以小事大者,畏天者也。乐天者保天下,畏天者保其国。诗云:'畏天之威,于时保之。'"(《梁惠王章句下》2·3)

"交邻"之道有"事大"与"事小"之分。仁者有爱,不以大欺小,这是题中应有之义。但是以大事小者,为何就是乐天者?为什么"乐天者保天下,畏天者保其国"?

首先,孟子说:

> 孔子曰:"里仁为美。择不处仁,焉得智?"夫仁,天之尊爵也,人之安宅也。(《公孙丑章句上》3·7)

在孟子,有天爵人爵之分,天爵者何?"夫仁,天之尊爵也。""仁义忠信,乐善不倦,此天爵也"(《告子章句上》12·16)。惟仁者能乐天,乐天即是乐仁,因为"夫仁,天之尊爵也"。乐天也是乐善不倦,因为"此天爵也"。乐善不倦的过程既是修其天爵的过程也是乐仁的过程,仁者"修己以安人","修己以安百姓"(《宪问第十四》14·42），故"以大事小者，乐天者也"。

其次，由此乐善不倦，或可以继续思考，乐天也有与人为善之意。如果说乐善不倦是从内在的"仁义忠信"角度出发，修己以安人。那么与人为善是从外到内的一个学习吸收的过程，"善与人同"而"有大焉"。

> 孟子曰："子路，人告之以有过则喜。禹闻善言则拜。大舜有大焉，善与人同，舍己从人，乐取于人以善。自耕、稼、陶、渔以至为帝，无非取于人者。取诸人以为善，是与人为善者也。故君子莫大乎与人为善。"（《公孙丑章句上》3·8）

大舜在与人为善的过程中，"无非取于人者"，无论耕稼陶渔还是为帝，都能"舍己从人"。一个企业的技术和管理进步未尝不是如此。只有"取诸人以为善"才能够"有大焉"。学习是一个企业家最根本的精神之一。所谓"禹闻善言则拜"。在学习的过程中，不断"与人为善"，而且勇于改过，所谓子路闻过则喜，企业家以这样责善改过的态度才能够在学以成人的过程中超越自己，实现企业在发展过程中的不断突破。所谓"乐天者保天下也"。

再次，在孟子，"天与之，人与之，故曰，天子不能以天与人"。由此句参照上引文之后句"畏天之威"的句式，乐天或有"乐天之与"的意思。孟子原文如下：

> 万章曰："尧以天下与舜，有诸？"孟子曰："否。天子不能以天下与人。""然则舜有天下也，孰与之？"曰："天与之。""天与之者，谆谆然命之乎？"曰："否。天不言，以行与事示之而已矣。"曰："以行与事示之者，如之何？"曰："天子能荐人于

天,不能使天与之天下。诸侯能荐人于天子,不能使天子与之诸侯。大夫能荐人于诸侯,不能使诸侯与之大夫。昔者,尧荐舜于天而天受之,暴之于民而民受之。故曰:天不言,以行与事示之而已矣。""曰:敢问荐之于天而天受之,暴之于民而民受之,如何?"曰:"使之主祭,而百神享之,是天受之;使之主事而事治,百姓安之,是民受之也。天与之,人与之,故曰天子不能以天下与人。舜相尧二十有八载,非人之所能为也,天也。尧崩,三年之丧毕,舜避尧之子于南河之南,天下诸侯朝觐者,不之尧之子而之舜;讼狱者,不之尧之子而之舜;讴歌者,不讴歌尧之子而讴歌舜,故曰天也。夫然后中国,践天子位焉。而居尧之宫,逼尧之子,是篡也,非天与也。《太誓》曰:'天视自我民视,天听自我民听。'此之谓也。"(《万章章句上》9·5)

试析之,乐天之与,即是乐民之与,因为"天不言,以行与事示之而已矣。"那"天与"和"民与"之间是如何合二为一呢? 孟子曰:"使之主祭,而百神享之,是天受之;使之主事,而事治,百姓安之,是民受之也。"紧接着,孟子举例进一步说明天与民的关系,舜得到尧的天下,是天与也,也是民与也,"夫然后之中国,践天子位焉。"否则就是"篡也,非天与也。"最后,孟子引用《太誓》来加强并总结自己的论证,就是"天视自我民视,天听自我民听","此之谓也"。综上分析,乐天也是乐天之与,也就是乐民之与,换言之,就是胸怀天下,心系苍生。因此,能以大事小者,乐天者也,天下苍生无不是天之子民,不仅能够以大事小,而且能够民胞物与。如此乐天者,必能保天下。换言之,企业的成功是客户给予的,从而也是天给予的,只有为了广大客户提供了服务和价值的企业才能够得到认可。这比跪拜关公、妈祖，求神拜佛或许更符合天意。因为天与之就是民与之。①

最后，如果以上乐天之与和乐民之与是企业或者国家由外到内的被动需要，因为天与之即是民与之，必乐之而后才能保天下，那么从由内向外的人性出发，乐天与乐民所要表达的意思是一致的。孟子开篇即是与民同乐的阐述。原文如下：

> 孟子见梁惠王，王立于沼上，顾鸿雁麋鹿，曰："贤者亦乐此乎？"孟子对曰："贤者而后乐此；不贤者，虽有此，不乐也。《诗》云：'经始灵台，经之营之。庶民攻之，不日成之。经始勿亟，庶民子来。王在灵囿；麀鹿攸伏。麀鹿濯濯，白鸟鹤鹤。王在灵沼，于牣鱼跃。'文王以民力为台为沼，而民欢乐之，谓其台曰灵台，谓其沼曰灵沼；乐其有麋鹿鱼鳖。古之人与民偕乐，故能乐也。《汤誓》曰：'时日害丧？予及女皆亡。'民欲与之皆亡，虽有台池鸟兽，岂能独乐哉？"（《梁惠王章句上》1·2）

"古之人与民偕乐，故能乐也"是孟子的主旨，如果"民欲与之皆亡，虽有台池鸟兽，岂能独乐哉？"孟子见齐宣王的时候，前说"今王与民同乐，则王矣"。后又说"乐以天下，忧以天下，然而不王者，未之有也"。

以上四处都可以帮助我们理解孟子"乐天"的意思，一是"乐善不倦，修其天爵"，二是"与人为善，大舜有大"，三是"乐天之与即乐民之与"，四是"与民同乐"，最终达到"乐以天下，忧以天下"的境界，扩而充之，即是"万物皆备于我矣，反身而诚，乐莫大焉。

---

① 各种文明形态中包括中国，商人或者企业家素有崇拜商业神的传统。

强恕而行,求仁莫近焉"。

综上,乐之至者,圣人之乐也,孔颜之乐也。乐之中者,先王之乐也,乐天保天下。乐之下者就是乐不仁,孟子说:"今恶死亡而乐不仁,是由恶醉而强酒。""然后知生于忧患,而死于安乐也。"

乐之内容在道德层面就是乐仁义二者是也,如孟子曰:

> 仁之实,事亲是也。义之实,从兄是也。智之实,知斯二者弗去是也。礼之实,节文斯二者是也。乐之实,乐斯二者,乐则生矣。生则恶可已也?恶可已,则不知足之蹈之、手之舞之。(《离娄章句上》7·27)

在此,孟子用"足之蹈之、手之舞之"来形容"乐斯二者"的状态。孟子的乐在伦理层面也是有具体内容的。孟子曰:

> 君子有三乐,而王天下不与存焉。父母俱存,兄弟无故,一乐也。仰不愧于天,俯不怍于人,二乐也。得天下英才而教育之,三乐也。君子有三乐,而王天下不与存焉。(《尽心章句上》13·20)

孟子又进一步地阐述了乐的效果,

> 尊德乐义,则可以嚣嚣矣。故士穷不失义,达不离道。穷不失义,故士得己焉。达不离道,故民不失望焉。古之人,得志,泽加于民;不得志,修身见于世。穷则独善其身;达则兼善天下。(《尽心章句上》13·9)

孟子所乐不存于所欲,而充实于所性。孟子曰:

广土众民,君子欲之,所乐不存焉。中天下而立,定四海之民,君子乐之,所性不存焉。君子所性,虽大行不加焉,虽穷居不损焉,分定故也。君子所性,仁义礼智根于心。其生色也,睟然见于面、盎于背。施于四体,四体不言而喻。(《尽心章句上》13·21)

综上,孟子的乐天者还有以下几层含义,乐仁义而扩充所性,有三乐而践履笃行,乐善不倦而修其天爵,乐天之与而与民同乐。君子所乐,在群则心系苍生,在己则"四体不言而喻"。在群则能保天下,在己则能保自身。当然,以大事小是最低要求,换言之就是一个大国不去欺凌或者入侵小国,一个大的企业不与小的企业进行恶性竞争。乐天是能够以大事小的原因,因为仁者有一种更高要求的道义担当,保天是以大事小的客观效果,即是保持天下,或者换言之,世界的和平与稳定,或者企业的长治久安。儒家素有"继绝世,举废国"的国际主义的精神传统,有"治乱持危"的道义担当(《中庸》第二十章),举凡苗、羌、藏、蒙、维、畲等诸多民族都能够在一个文化共同体中和平共处,绵延千年而不绝,反观非洲殖民地的黑暗历史和美洲印第安人的悲惨命运,历史证明乐天保天思想之伟大。在全球化的今天,用乐天的精神来以大事小,达到保天的全球化成果,更有其现实意义。1997 年的亚洲金融危机时,中国面对东南亚货币贬值的巨大压力,坚持人民币不贬值,敢当中流砥柱,力挽狂澜,利他也利己,就是乐天保天思想的一次体现。"一带一路"倡议的提出也是这一精神资源的自然之发展和延续。

行文至此,还需要补充一下畏天保国的含义。

第一,畏天是不敢违理。朱子注曰:

不敢违理,故曰畏天。

制节谨度,不敢纵逸,保一国之规模也。①

按此,朱子将畏天解释为"不敢违理",在此基础上,进一步解释为"制节谨度,不敢纵逸",这颇合孟子所引诗的原意。深玩原诗,在孟子所引"畏天之威,于时保之"之前,还有一句"我其夙夜"②,只有夙兴夜寐地勤政,才是畏天,才能保国。赵岐在此注曰:

言成王尚畏天之威,于是时故能安其太平之道也。③

很明显,如果没有畏天之心,则"众怨神怒,国灭祀绝",则不能保国。畏天才能以小事大。畏天是一种历史的选择。每一个国家在不同的历史时期遇到的环境和机遇是不一样的,乐天往往不可得,而畏天却是常态。畏天则能保国,仁政才能安民。

第二,畏天保国不在实力之强弱。

孟子对曰:"臣闻七十里为政者,汤是也。未闻以千里畏人者。"(《梁惠王章句下》2·11)

齐王以千里畏诸侯之谋救燕,几乎不能保国,而汤以七十里可以为政,因为王霸不同道。孟子曰:

以力假仁者霸,霸必有大国。以德行仁者王,王不待大——汤以七十里,文王以百里。以力服人者,非心服也,力

---

① (宋)朱熹:《四书章句集注》,中华书局2012年版,第215页。
② (宋)朱熹:《诗集传》,中华书局2011年版,第301页。
③ 李学勤主编:《十三经注疏·孟子注疏》,北京大学出版社1999年版,第36页。

不赡也;以德服人者,中心悦而诚服也,如七十子之服孔子也。《诗》云:"自西自东,自南自北,无思不服,此之谓也。"(《公孙丑章句上》3·3)

以力假仁者谓之霸道。任何靠国家实力特别是军事实力来交邻国者,虽无一日之忧,必有终身之患。力量大小永远是相对的。小国如薛、滕自有道义在,大国即便是如万乘之国的齐国也会"以千里而畏人",其原因就在于民心向背。以德行仁者虽然暂时没有乐天之时,因为大者"其故家遗俗,流风善政,犹有存者"(《公孙丑章句上》3·1),但是作为后起之小者,也能畏天保国,因为"以德服人者,中心悦而诚服也"。

孔子曰:"君子有三畏:畏天命,畏大人,畏圣人之言。小人不知天命而不畏也,狎大人,侮圣人之言。"(《论语·季氏第十六》16·8)

只有君子畏天命,小人不知天命而不畏也。畏天是一种自我的认知和选择,与国家实力大小没有关系。当然,孟子也会面临现实的困境。滕文公恐齐这一节就是显例。

第三,畏天不是空谈。

滕文公问曰:"齐人将筑薛,吾甚恐,如之何则可?"

孟子对曰:"昔者大王居邠,狄人侵之。去之岐山之下居焉。非择而取之,不得已也。苟为善,后世子孙必有王者矣。君子创业垂统,为可继也。若夫成功,则天也。君如彼何哉?强为善而已矣。"(《滕文公章句下》2·14)

滕文公问曰:"滕,小国也,间于齐、楚。事齐乎?事楚

平?"孟子对曰:"是谋非吾所能及也。无已,则有一焉:凿斯
池也,筑斯城也,与民守之,效死而民弗去,则是可为也。"
(《梁惠王章句下》2·13)

在此,齐国以力假仁,筑薛而滕文公恐。遇到这样的情况,孟子的
对策仍然是"苟为善,后世子孙必有王者矣",因为"君子创业垂
统,为可继业"。但是孟子也有清醒的认识,一是"非择而处之,不
得已也",二是"若夫成功,则天也"。在没有选择而不得已的时
候,为善仍是首选,至于是否成功,则天也。滕文公说的"吾甚
恐",形象地道出了小国之畏。在此,畏天不是对强国的畏惧而是
君子创业垂统,为可继业的志向。

畏天不是空谈,其在内,畏天者有存敬之心,

贵聘而贱逆之,君而卑之,立而废之,弃信而坏其主,在国
必乱,在家必亡,不允宜哉,诗曰,畏天之威,于时保之,敬主之
谓也。(《左传·文公四年》)[1]

其在外,畏天有行礼以顺天的日常行为规范。

季文子曰,齐侯其不免乎,己则无礼,而讨于有礼者,曰,
女何故行礼,礼以顺天,天之道也,己则反天,而又以讨人,难
以免矣,诗曰,胡不相畏,不畏于天,君子之不虐幼贱,畏于天
也,在周颂曰,畏天之威,于时保之,不畏于天,将何能保,以乱
取国,奉礼以守,犹惧不终,多行无礼,弗能在矣。(《左传·

---

[1]　本书所引《左传》据杨伯峻:《春秋左传注》,中华书局2016年版。以下只随文
注篇名。

文公十五年》)

第四,在孟子,畏天的根本精神即是畏民而爱民。

> 邹与鲁拱。穆公问曰:"吾有司死者三十三人,而民莫之死亡也。诛之,则不可胜诛;不诛,则疾视其长上之死而不救。如之何则可也?"孟子对曰:"凶年饥岁,君之民老弱转乎沟壑,壮者散而之对方者,几千人矣;而君之仓廪实,府库充,有司莫以告,是上慢而残下也。曾子曰:'戒之戒之!出乎尔者,反乎尔者也。'夫民今而后得反之也。君无尤焉!君行仁政,斯民亲其上,死其长矣。"

可见,交邻国有道的根本还是行仁政以民亲其上,否则"视其长上之死而不救。"即便"诛之,则不胜其诛",如此何以保其国? 如果行仁政,则"可使制梃以挞秦楚之坚甲利兵矣!"此乃所谓"仁者无敌",如此仁者无敌,保国就是题中应有之义了。不仅仅是畏民,进一步而言还是爱民。孟子承接了孔子"畏天即是爱民"的精神。孔子畏天而爱民之说见于圣人对舜的评价:

> 好学孝友,闻于四海;陶家事亲,宽裕温良。敦敏而知时,畏天而爱民,恤远而亲亲。①

第五,畏天的悲剧——以死殉国之道。

《梁惠王章句下》从第十章开始,连续五章都是在讨论国际关系问题。有齐人伐燕的大国与大国之间的关系,有天下诸侯救燕

---

① (清)王聘珍:《大戴礼记解诂·五帝德》,中华书局1983年版,第122页。

的国际联盟关系,有邹鲁之閧的小国和大国的局部冲突,有事齐还是事楚的两难选择,有滕文公恐薛的大国威胁,有小国不免于大国侵略的悲惨命运,洋洋洒洒,步步紧逼,扣人心弦。孟子一针见血地指出"春秋无义战"(《尽心章句下》14·2)。

在春秋战国的乱世,司马迁总结道:

> 春秋之中,弑君三十六,亡国五十二,诸侯奔走不得保其社稷者不可胜数。①

在此,孟子以民为本,严辨王霸,论证了"惟仁者为能以大事小""惟智者为能以小事大"。孟子超出了各诸侯国家利益之争而放眼天下,"以大事小者,乐天者也;以小事大者,畏天者也"。"乐天者保天下,畏天者保其国"。孟子还两举大王居邠的历史事实,坚定畏天保国的信心。

> 滕文公问曰:"滕,小国也,竭力以事大国,则不得免焉,如之何则可?"孟子对曰:"昔者大王居邠,狄人侵之。事之以皮币,不得免焉;事之以犬马,不得免焉;事之以珠玉,不得免焉。乃属其耆老而告之曰:'狄人之所欲者,吾土地也。吾闻之也,君子不以其所以养人者害人。二三子何患乎无君?我将去之。'去邠,逾梁山,邑于岐山之下居焉。邠人曰:'仁人也,不可失也。'从之者如归市。"
>
> "或曰:世守也,非身之所能为也。效死勿去。"(《梁惠王章句下》2·15)

① （汉）司马迁:《史记》卷一百三十,中华书局1982年版,第3297页。

但是孟子并没有迂阔地认为保国总是能成功，就像保天下的王道迄今为止也只是儒家的理想一样。如何面对如此残酷的现实呢？孟子提到了"死"。在此五章中，"死"字凡两见。这体现了儒家的忧患意识和现实关怀。虽然不违理，虽然民心所向，虽然凿池筑成，甚至避其锋芒而"弃邠而之岐"，但是畏天而不能保国的情况不绝于史。遇到这样的历史时刻，保国不成而以死殉国或许是不可避免的。国方五十里的唐雎不辱使命，偏安一隅的诸葛亮鞠躬尽瘁，死而后已，还有文天祥从容就义，遗言"孔曰成仁，孟曰取义"，刘宗周以身殉国，视死如归。往圣先烈，其行载之于青史，其德流芳于后世，虽死犹生，这种精神已经成为文化中国不可或缺的一部分。孔孟之徒，当死则死，死得其所，夫复何求？！

　　本节从孟子讨论乐天与畏天的角度试图揭示出"谋事在人，成事在天"的内在意蕴。国与国的合作与竞争在这个全球化的时代和核平衡的时代，大多不会出现在国家的层面，也不会诉诸战争的手段，而是诉诸商业竞争的手段，体现在企业与企业之间的合作与竞争。有伟大的企业的国家才会是一个伟大国家，否则就是做一些产业链下游的低附加值的产品，比如鞋子、袜子、打火机之类。地球上现有的产业资源和现有主流行业被基本瓜分。企业的"国别"将越来越模糊，"你中有我，我中有你"的现象会更普遍。①"乐天者保天下"的宏阔视野是一个当代企业家应该具备的基本素质之一。畏天者才能确保企业的生存，在市场竞争中站稳脚跟；乐天者才能够将企业实现全球化，从成功走向卓越和伟大。

---

① 参见项兵：《取势全球》，《21世纪经济报道》2005年12月15日。

　　企业的伟大不在于大小,而在于为社会(民)提供有价值的产品和服务,为人类的幸福和发展扮演重要的甚至是不可替代的角色。在德国等欧洲国家的企业群体中,出现了很多的"隐形冠军",也就是在一个细分的行业取得了世界第一的地位。这些企业虽然员工不多,多则几百人,少则几十人,但是"乐天之与",以心做事,成己成物,在激烈的市场竞争中取得了不可替代的地位。通过企业这个实体实现了天道,从而建立了百年基业。孟子说:

　　　死徙无出乡,乡田同井。出入相友,守望相助,疾病相扶持,则百姓亲睦。(《滕文公章句上》5·3)

许多人认为这种观点是落后的所谓小农意识,立足于所谓传统农耕经济。其实,费孝通先生在《江村经济》中指出:"我们想达到的就是把丝业留在农村,农村也引进了水泵等各种机械,使它成为繁荣农村的一种副业。新工业组织的原则是'合作'。"①费先生的关切和预言在中国 1978 年改革开放以后得到了验证而且比费先生当年的想象更加宏阔,乡镇企业的发展几乎达到了三分天下有其一的规模,"苏南模式""温州模式""义乌模式"为人津津乐道。早于我们实现工业化的欧洲,其实际情况也是这样。笔者在德国企业工作了八年,每去一个工厂,感到虽然现代化,在世界上很有影响力,但是很多都隐身在乡野。比如纽伦堡附近的 Pegnitz,人口只有不到三万人,唯一的教堂到时间就敲起悠扬的钟声,但是坐落在这个镇上的 KSB 工厂的雇员就有 1600 人。我一直困惑这是城市还是乡村,后来勉强将其比附为一个比较小的人民公社所在

---

① 　费孝通:《江村经济》,第十二章《蚕丝业》,商务印书馆 2001 年版,第 172 页。

地。但是这里的工厂却生产了世界顶级的核电阀门和水泵。法兰克福附近的 Frankenthal，人口一直没有超过 5 万人，但是却是 KSB、KKK 等几个世界大企业的总部所在地和主要制造基地。同样的情况在法国、意大利、瑞士等南欧、北欧国家更常见。La Roche Chalai 是一个波尔多附近的小村子，整个村子只有一个理发师，但是建于此地的 AMRI 工厂却是欧洲最大的蝶阀厂，年产量超过了 30 万台。以上足以说明孟子之教不虚。

反过来讲，畏天不仅对于以小事大者有指导意义，对于以大事小者何尝不具有借鉴意义。在工业化大生产的过程中，许多非物质文化遗产的手工技艺面临被淘汰和绝灭的危险境地，比如手工榨油、造纸、年画、刺绣等。如果内心对此有敬畏之心，则可以给予投资和帮助，甚至产生目的性的消费，使得这些技艺和产品都能够世代流传下去。"继绝世，举废国"本来就是儒家固有的精神传统，"治乱持危"本来就是文化中国长期的道义担当，因此这些体现文化传承的技艺和产品应该也能够被保存并发扬光大之。

对于那些默默无闻坚守自己的传统手艺，最终消失在文明长河中的工匠和商人，在此致以崇敬之情。也许若干世代以后，书籍也会成为一种历史遗迹而需要用"继绝世，举废国"的精神予以保护和传承。

第三节　富与"地"——万物一体

在"天地群己"的框架中，还有一个"地"的维度。在儒家第三期的发展中，"地"道指向的是对自然资源的取之有制之道和对生态环保的重视乃至敬畏之道。本节讨论的是对于自然资源的取与之道,名之"富与'地'道——万物一体"。

前揭儒家有天地一体的传统,《中庸》引用了《诗》云:"鸢飞戾天,鱼跃于渊",以"言其上下察也。君子之道,造端乎夫妇,及其至也,察乎天地"。精神人文主义对儒家这一论域进行了创造性的转化,将"地"单独列出来,其目的当然不是要将天地一体的传统分开,而是要将地的内容予以丰富和充实,使之在全球化的时代更加厚重。牟宗三先生曾感慨:

> (儒家)其侔于天者,亦必训至远离飘荡而不能植根于大地。①

接着牟先生的慧命进行思考,将"地"的客观意义开辟出来,使得儒家与天地精神相往来的传统得以落实到注重生态、关爱地球的客观价值上来,是精神人文主义对儒家传统的继承和发扬。儒家不是外在超越传统下贞定人心而不流于堕落与邪僻的那种月白星碧之清凉(牟先生语),而是在人伦日用中通过家国天下的理想践履而不流于堕落与邪僻的那种风吹日晒之热烈。精神人文主义既要"救"星月的清凉与黯淡之弊,也要"补"风日的热烈与虚浮之偏。此救弊补偏之心也是精神人文主义得以提出之缘起之一。

精神人文主义之所以被提出而且不冠以儒家人文主义之名,就是一方面要跟精神的领域相联系,另一方面要和自然相联系。自然要保持和谐,人心和天道要能够相辅相成。这既是对

---

① 牟宗三:《道德的理想主义》,吉林出版集团 2010 年版,第 5 页。

儒家思想继承的结果，也是对启蒙进行反思的结果。发端于欧洲的启蒙也许可以从三个方面来理解，一是在欧洲17、18世纪也就是中国的明清之际发生的历史事件，一般称为"启蒙运动"（Enlightenment Movement）；二是哈贝马斯所说的启蒙工程（Enlightenment Projects），他认为还没有完成，还需要继续努力，哈氏所论很有继往开来的眼光；三是这四五百年以来生发和发展出来的启蒙心态（Enlightenment Mindset），这种启蒙心态影响非常大，特别是五四运动以后对文化中国的影响尤其深刻。杜维明先生指出：

> 以前在80年代，史华慈和李泽厚，讲的是救亡和启蒙双重变奏，救亡压倒了启蒙。在那次讨论中，事实上更深刻的一个理念就是只有启蒙才能救亡。而这个启蒙，事实上和科学民主联系在一起。从这个思路来看，社会工程、工具理性、线性的进步观念，还有科学管理，这些所代表的体现各种不同的面向的所谓科学主义，基本上是大家接受的耳熟能详的一个思路，在这个思路笼罩之下，开发传统资源非常非常困难。[①]

精神人文主义尝试的是在开发传统的精神资源仁（Humanity）的基础上，尊重启蒙运动已经取得的丰硕成果，在超越启蒙心态的心灵结构中将没有完成的"启蒙工程"继续向前推进下去。显然，生态环保工程应该是"启蒙工程"的重要一部分。

生态环保问题已经成为一个人类共同面临的挑战。在西方资

---

① 杜维明等：《儒家人文精神与生态》，为《中国哲学史》编辑部2002年8月5日会议内容，以《儒家与生态》做篇名载《中国哲学史》2003年第1期。

本主义的发展过程中,或者接着上文哈贝马斯的语言来说,在"启蒙工程"的实施过程中,西方既没有重视生态更没有相应的理论资源。从洛克开始都是重视权利,包括诺齐克、哈耶克、罗尔斯、哈贝马斯等西方大师都没有关注生态环保的理论资源可供借鉴。美国人文学院的机关报《代达罗斯》(*Deadalus*)在 1967 年出版了一本专刊,叫做"面向两千年",主持人是丹尼尔·贝尔。他们的预言多半都成功了。但是贝尔先生对杜维明先生说有两个没有想到,一个是生态环保问题(Ecology),一个是女性主义问题。池田大作先生指出,基督教在 20 世纪 60 年代也出现了一种"宗教的绿化"(The Greening of Religion)的方向转变,其代表性的观点就是把"神的神谕管理人的思想"解释为"神未许可人榨取自然,而是命令其保护自然"①。杜维明先生说,现在对《创世纪》有一种新的解释,认为神并不是让人把地球上一切众生当做供其享受的东西进行"统治",而是让人进行管理。② 从 20 世纪 70 年代的罗马俱乐部开始,生态环保问题成为一个连中小学生都非常关注的问题,甚至出现了 Ecocentrism(生态中心主义)。与其他轴心文明比如基督教相比较而言,儒家为这个问题的解决提供了丰富的理论资源,也进行了具体的实践。"以往的基督教较为缺乏环境伦理意识,但在 70 年代早期,基督教在发展和普及环境伦理学方面却作出了引人注目的贡献。"③如果缺乏环境伦理意识的

① [日]池田大作、[美]杜维明:《对话的文明——谈和平的希望哲学》,卞立强、张彩虹译,四川人民出版社 2007 年版,第 96 页。
② 参见[日]池田大作、[美]杜维明:《对话的文明——谈和平的希望哲学》,卞立强、张彩虹译,四川人民出版社 2007 年版,第 97 页。
③ [美]纳什:《大自然的权利:环境伦理学史》,杨通进译,青岛出版社 1999 年版,第 131 页(原著第 109 页)。

基督教通过"宗教的绿化"之方向转变尚能作出"引人注目的贡献",那么一直具有丰富的环境伦理意识的儒家肯定更能为此作出一定的贡献。本章努力就《孟子》中的生态伦理思想做一些粗浅的理解。

早在2002年,《中国哲学史》第1期刊载了杜维明先生的文章《新儒家人文主义的生态转向——对中国和世界的启发》①,引起了较大的反响。为此该刊还在同年的8月5日在北京召开了"儒家与生态"讨论会。根据编者按,会上有很多有意义的见解,例如,任继愈和余敦康二先生都提出,中国古代对于人和自然的关系不是停留在仁者与天地万物为一体的抽象的思辨的层面上,而是有很多制度性的安排,作为律令,由王者来执行。《礼记·月令》现在仍然可以作为重要的制度性的资源。任继愈先生还提出,道家对待自然的态度是绝对保护,儒家则是取之有度。汤一介先生指出,儒家把天人关系看成是"内在关系"而不是"外在关系",这样的天人合一观念,对于补救西方文化所带来的弊病,意义重大。李德顺提出人与自然关系的三个阶段:远古的亲子关系、近代以来的主奴关系、现在应当建立的一体关系。他认为应该把人放大,把自然界视为"人的无机身体",在人的实践所及的范围,人与自然同体。张立文先生提出三个超越:超越二元对立,回归中国的生生之法;超越求一之法,克服价值独断;超越写实法,进入意境法。余谋昌先生提出用儒家的资源,来处理哲学范式的转变。聂振斌先生认为资本主义制度本身潜藏着破坏生态的趋向,对这

---

① 杜维明:《新儒家人文主义的生态转向——对中国和世界的启发》,《中国哲学史》2002年第1期。

个方面要自觉进行批判等。[①]

一、仁者浑然与物同体——关爱地球

杜维明先生指出,西方的先贤从洛克以来讨论的多是权利的问题,而不太关心生态环保问题。儒家却为此提供了丰富的精神资源。[②] 儒家仁人而爱物,仁者与天地万物为一体,仁是儒家生态环保思想的根本,也是天地群己框架的枢纽和根本,前文各章都有论述。孟子曰:

> 不违农时,谷不可胜食也;数(音促,根据朱子注,后仿此。)罟(音古)不入洿(音乌)池,鱼鳖不可胜(音升)食也;斧斤以时入山林,材木不可胜用也。谷与鱼鳖不可胜食,材木不可胜用,是使民养生丧死无憾也。养生丧死无憾,王道之始也。(《梁惠王章句上》1·3)

孟子鲜明地提出了人与自然的和谐相处之重要性。当时的农、渔、工、虞四业的生产,都不应该违背大自然的规律,这样才可以得到大自然的厚爱和回报,"谷不可胜食也""鱼鳖不可胜食也""林木不可胜用也",此乃"王道之始也"。《论语》中也有类似的教导。

---

① 《中国哲学史·儒家与生态》。这是一次小型的高层次学术研讨会,作为"当代中国思想论坛"第二次会议,由《中国哲学史》编辑部和中国社会科学院哲学所中国哲学研究室共同发起。参加讨论的有任继愈、汤一介、杜维明、余敦康、张立文、蒙培元、聂振斌、余谋昌、李德顺、郑家栋、李存山、张学智、卢风、雷毅、自奚、乔清举、黄玉顺、张志强、张利民、彭高翔、陈静、郭沂和任文利,此外还有一些博士生参与了旁听。

② 参见哈佛燕京学社、三联书店主编:《儒家与自由主义》,生活·读书·新知三联书店 2001 年版,第 12 页。

子钓而不纲,弋不射宿。①

朱子注在此引洪氏兴祖的注曰:

> 孔子少贫贱,为养与祭,或不得已而钓弋,如猎较是也。
> 然尽物取之,出其不意,亦不为也。此可见仁人之本心矣。待
> 物如此,待人可知;小者如此,大者可知。

钱穆先生在此的翻译是:"先生亦钓鱼,但不用长绳系多钩而钓。
先生亦射鸟,但不射停止在巢中之鸟。"②

反观现在,农时早已经被违背了,各种反季节农产品粉墨登
场;渔业生产基本上是涸泽而渔,由于渔业资源破坏严重,现在各
国的江湖河海基本都规定了禁渔期以恢复生态;乱砍滥伐无论是
在中国还是在印尼的森林,还是在亚马孙的雨林,都严重破坏了地
球的植被;煤矿越挖越深;油井一个个枯竭;金银铜铁锡等矿山都
是满目疮痍。这一切,仁者不忍目睹。孟子曰:

> 当尧之时,天下犹未平,洪水横流,泛滥于天下。草木畅
> 茂,禽兽繁殖,五谷不登,禽兽偪人。兽蹄鸟迹之道,交于中
> 国。尧独忧之,举舜而敷治焉。舜使益掌火,益烈山泽而焚
> 之,禽兽逃匿。禹疏九河,瀹济漯,而注诸海;决汝汉,排淮泗,
> 而注之江,然后中国可得而食也。(《滕文公章句上》5·4)

以上所引,虽无"养生丧死无憾"章生态环保之意那样明显,但其

---

①　(宋)朱熹:《四书章句集注》,中华书局2012年版,第99页。

②　钱穆:《论语新解》,九州出版社2011年版,第176页。

圣人之忧的历史沧桑感更加强烈。按此,益掌火是人改造环境之始,从此禽兽逃逸,五谷由不登到丰登,尧舜之忧可解,民之生活可安。禹治水是继火之用后的又一次改天换地,从此"中国可得而食也"。儒家改造世界的实践史不绝书。在环境面前,除了天人合一的理想,儒家还有圣人之忧,王者之作,豪杰之兴,用行动来改造环境,求得天下太平,此谓"转世"而不为世所转,"人皆有所不忍,达之于其所忍,仁也;人皆有所不为,达之于其所为,义也。"(《尽心章句下》14·31)这与环境中心主义者的无所作为是不一样的。正如上节众时贤所揭,儒家不是抽象的天人合一的思辨,而是有制度性的安排,由王者来执行。儒家也不是道家那种绝对保护环境,而是取之有度。儒家更不是欧美启蒙运动以后的人类中心主义,而是天生人成,君子畏天。总之,儒家具有强烈的忧患意识,这种忧患意识不是古希腊的悲剧。杜维明先生说:

> 儒家的悲剧更深刻,更有现实意义,更和我们日常生活相联系。……所以古典儒家的悲剧就是孟子讲的舜的故事。……在这样一个环境里,这种悲剧的意识不是希腊的悲剧意识,是儒家的悲剧意识。①

孟子曰:

> 舜之居深山之中,与木石居,与鹿豕游,其所以异于深山之野人者几希。及其闻一善言,见一善行,若决江河,沛然莫之能御也。(《尽心章句上》13·16)

---

① 杜维明:《杜维明访谈集(21世纪卷)》,北京大学出版社2015年版,第300—301页。

舜与大自然融为一体,"异于深山之野人者几希",但是"及其闻一善言,见一善行,若决江河,沛然莫之能御也"。孟子在此实际上是用舜的故事说明了"何为人"的问题。即便与木石居,与鹿豕游,但是人性的光辉一直没有泯灭,而是扩而充之,盈科而进,沛然莫之能御。只有具备这样的身心性命之明德,才能够真正地与天地万物融为一体。横渠之所见与舜若决江河之人性若合符节。横渠曰:

> 乾称父,坤称母;予兹藐焉,乃混然中处。夫天地之塞,吾其体;天地之帅,吾其性。民吾同胞,物吾与也。①

按横渠,人与天地,体用谐和,民胞物与,仁爱广博。横渠遥契孟子。孟子曰:

> 孟子曰:"君子之于物也,爱之而弗仁;于民也,仁之而弗亲。亲亲而仁民,仁民而爱物。"(《尽心章句上》13·45)

横渠将孟子之物扩充为整个宇宙,仁之发用不仅亲亲仁民,而且是"民吾同胞",不仅是"爱物",而且是"物吾与也"。有如此身心性命之学,才能解决"何为人"的问题,才能解决人与自然的和谐问题。如果成人之教未能建立,以人为神之创造物,或者以人为宇宙的中心,都不能够主动地担当起尊重自然保护环境的伦理责任。《中庸》曰:

---

① (宋)张载:《西铭》,陈荣捷编:《中国哲学资料选》,江苏教育出版社 2006 年版,第 429 页。

> 唯天下至诚,为能尽其性;能尽其性,则能尽人之性;能尽
> 人之性,则能尽物之性;能尽物之性,则可以赞天地之化育;可
> 以赞天地之化育,则可以与天地参矣。(《中庸》第 22 章)

朱子在此直接注曰:

> 上第二十二章。言天道也。① 人与天地参,恰如横渠所
> 言的"乾称父, 坤称母;予兹藐焉, 乃混然中处"。

朱子曰:"能尽之者,谓知之无不明而处之无不当也。"②当此内心光
明之时,则能尽外物之性无不当,恰如孟子曰:万物皆备于我,反身
而诚,乐莫大焉。(《尽心章句上》13·4)阳明先生发挥孟子之意曰:

> 人的良知,就是草、木、瓦、石的良知。若草木瓦石无人的
> 良知,不可以为草木瓦石矣。岂惟草木瓦石为然,天地无人的
> 良知,亦不可为天地矣。盖天地、万物与人原是一体,其发窍之
> 最精处,是人心一点灵明,风、雨、露、雷、日、月、星、辰、禽、兽、
> 草、木、山、川、土、石,与人原只一体。故五谷、禽兽之类皆可以
> 养人,药石之类皆可以疗疾,只为同此一气,故能相通耳。③

按思孟张朱王五子之论,可见在天地群己的框架中,天道、人道与
"地"道互赞互参,其"头脑"(阳明语)是仁,其行动主体是人。孟子
曰:"尽其心者,知其性也。知其性,则知天矣。存其心,养其性,所
以事天也。夭寿不贰,修身以俟之,所以立命也。"(《尽心章句上》

---

① 　(宋)朱熹:《四书章句集注》,中华书局 2012 年版,第 33 页。
② 　(宋)朱熹:《四书章句集注》,中华书局 2012 年版,第 33 页。
③ 　邓艾民:《传习录注疏》,上海古籍出版社 2012 年版,第 230 页。

13·1）人能尽心知性知天。阳明先生曰："岂但禽、兽、草、木，虽天地也与我同体，鬼神也与我同体的。"①"子曰：鬼神之为德，其盛矣乎！"（《中庸》第16章）鬼神与我同体，天地与我同心，万物与我同流，如此身心性命之学，为儒家的生态伦理提供了丰富的精神资源，"沛然莫之能御"，正如明道先生所言：仁者浑然与物同体。②

　　上文所论之目的是为儒家生态伦理找到源头活水，掘井未必及泉的结论是"仁者浑然与物同体"。下文继续发挥孟子的教义，以发展儒家生态环保思想。孟子曰：

　　　　昔者赵简子使王良与嬖奚乘，终日而不获一禽。嬖奚反命曰："天下之贱工也。"或以告王良。良曰："请复之。"强而后可，一朝而获十禽。嬖奚反命曰："天下之良工也。"简子曰："我使掌与女乘。"谓王良。良不可，曰："吾为之范我驰驱，终日不获一；为之诡遇，一朝而获十。诗云：'不失其驰，舍矢如破。'我不贯与小人乘，请辞。"御者且羞与射者比。比而得禽兽，虽若丘陵，弗为也。如枉道而从彼，何也？且子过矣：枉己者，未有能直人者也。（《滕文公章句下》6·1）

按孟子，王良"不失其驰，舍矢如破"却"终日而不获一禽"，"为之诡遇，一朝而获十"。这个故事本来是孟子回答弟子陈代不见诸侯之问而说的，其要在"枉尺而直寻"不可为。本书换一个角度来理解孟子所教。王良不肯"枉道而从彼"，即便"比而得禽兽，虽若丘陵，弗为也。"在环境保护的实践中，这种有所不为的精神是难能可贵的。孟子

---

① 　邓艾民：《传习录注疏》，上海古籍出版社2012年版，第277页。
② 　参见《二程集》卷二上，中华书局1981年版，第16页。

曰:"人皆有所不为,达之于其所为,义也。"(《尽心章句下》14·31)
人具有能动性,当然也具有破坏性,如果没有这种"弗为"的精神,则
人的贪欲会对大自然进行无限制的掠夺,此为"诡道"。孟子曰:

> 故善战者服上刑,连诸侯者次之,辟草莱、任土地者次之。
> (《离娄章句上》7·14)

按杨伯峻先生的理解,开垦草莽尽地力的人该受再次一等的刑
罚。[①] 赵岐注曰:辟草任土,不务修德而富国者,罪次合纵连横之
人也。[②] 如果回顾一下20世纪50年代中国的围湖造田和南美亚
马逊河流域的滥砍滥伐造成的生态灾难,就不难理解辟草任土给
环境造成的破坏。经过吸收历史教训,现在中国实行的退耕还林、
退耕还草等政策,进一步证明孟子之教不虚。[③]

在环境保护这一点上,孟子还是一个国际主义者。前揭白圭
治水章可以略窥消息。

> 白圭曰:"丹之治水也愈于禹。"孟子曰:"子过矣。禹之
> 治水,水之道也。是故禹以四海为壑,今吾子以邻国为壑。水
> 逆行,谓之洚水。洚水者,洪水也,仁人之所恶也。吾子过
> 矣。"(《告子章句下》12·11)

以邻为壑是孟子反对的,"仁人之所恶也。吾子过矣"。水资源的

---

① 参见杨伯峻:《孟子译注》,中华书局2010年版,第161页。
② 参见(清)焦循:《孟子正义》,中华书局1987年版,第516页。
③ 孟子反对辟草莱任土地的原因,杨伯峻先生有两解,一是诸侯以之为私利,二
   是诸侯剥削太重而非地力未尽。(参见杨伯峻:《孟子译注》,中华书局2010
   年版,第161页)

争夺至今仍是当今世界的一个大问题,以邻为壑者屡见不鲜。比水更难治理的是空气,美国就一直拒绝在《京都议定书》上签字,做了一回当代白圭。碳排放的权利之争至今也没有尘埃落定,各国都不愿意承担更多的减排任务。只有把地球作为人类共同的而且是唯一的家园,提倡关爱地球的天下观而不是狭隘的国家利益至上观,才能够落实环境保护的各项措施,改善地球的生态。显然,孟子反对以邻为壑的国际主义思想具有现实意义。

《孟子》一书尚有牛山之木章(11·8)、拱把桐梓章(11·13)、场师章(11·14)等,虽然主要是讲身心性命之学,或许也可做生态思想之发挥,本书对此引而不发。

不仅孟子保护环境的思想资源很丰富,而且生态环保是儒家共同的理念。兹略举一例。

> 凡执禁以齐众,不赦过。有圭璧金璋,不粥于市;命服命车,不粥于市;宗庙之器,不粥于市;牺牲不粥于市;戎器不粥于市。用器不中度,不粥于市。兵车不中度,不粥于市。布帛精粗不中数、幅广狭不中量,不粥于市。奸色乱正色,不粥于市。锦文珠玉成器,不粥于市。衣服饮食,不粥于市。五谷不时,果实未熟,不粥于市。木不中伐,不粥于市。禽兽鱼鳖不中杀,不粥于市。关执禁以讥,禁异服,识异言。(《礼记·王制》)

《王制》篇连举 14 个"不粥于市",既有违礼乐教化者不粥于市,也有违自然规律的不粥于市。2012 年 12 月,哈佛大学的桑德尔教授在北大做过《金钱不能买什么?》的精彩讲座,与"不粥于市"或许是殊途同归。不粥于市的观念值得宣传推广。

二、儒家第三期发展与全球生态

非洲有一句谚语:"地球不是成千成万的祖先为我们所存留下来的资源,地球是千秋万世的子孙托付我们的让我们好自保存的财富。"这个观念不仅应当从历史的角度来看,而且还应当往前看,从千秋万世的视角看。① 我们在获取财富的过程中,关爱地球是取道的基本要求之一。工业化几百年来,人类对自然资源的开发和利用远远超过以前几万年对自然界的资源占有的总和。举凡煤炭、石油、钢铁、有色金属、稀有金属、放射性材料等,当然还有水资源,都被人类在工业化的过程中大量消耗。由于工业排放气体的影响,全球气候发生了变化,物种多样性也受到了挑战,几乎每一分钟都有物种在消亡。大自然的平衡由于人类的活动而被打破,地球的资源包括空气和水要么不能满足需要,要么被严重污染,如果人类不反思自己的取得财富之道,气候将会发生巨大的变化,人类生存将面临巨大的危机。资源是有限的,发展是不可持续的,地球是有生命的,万物是和谐生长的,人类从地球的获取必须得到反思和控制。

许多环境污染如气候变化、酸雨、海洋污染等越来越呈现全球化的趋势。在这种形势所逼之下,联合国 1972 年 6 月在瑞典首都斯德哥尔摩召开了第一次人类环境与发展会议,发表了"人类环境宣言"。② 中国代表团团长唐克发表了演讲,强调"决不能因噎

---

① 2014 年 6 月 5 日杜维明先生致信"孟子思想与邹鲁文明国际学术研讨会"。
② 这是国际社会第一次共同召开的环境会议,标志着人类对于全球环境问题及其对于人类发展所带来影响的认识与关注。会议作出决议,在联合国框架下成立一个负责全球环境事务的组织,统一协调和规划有关环境方面的全球事务,环境署由此诞生成立。

废食,因为怕环境被污染,而不去发展自己的工业"①。1973 年
1 月,作为联合国统筹全世界环保工作的组织,联合国环境规划署
(United Nations Environment Programme,简称 UNEP)正式成立。②
1992 年签署的《联合国气候变化框架公约》是世界上第一个为全
面控制二氧化碳等温室气体排放,以应对全球气候变暖给人类经
济和社会带来不利影响的国际公约,也是国际社会在对付全球气
候变化问题上进行国际合作的一个基本框架。③ 在此基础上,有
1997 年 12 月份通过的《京都议定书》④和 2009 年 12 月份签署的

---

① http://baike.baidu.com/link? url=Mh-D8l2E0SFzAcrIIkc5OTeaVBDVMHt9cpW
6Gvdn_oEpC88IMawYxZyyLdX15ffyt3rΛPOJprqVAUhg27CLbjCeP-SDho1tfFTN9
MtJldouK6OYkCmiUewSnqSCthZKJkV0816kvx6hXyqwqzcF54Kjbg07zq8iPzuxPBe
R-i2LoUoygSKYzF7LKeMvTd5L0#3.除了冷战的辞气外,发展的观点也是该演
讲的特点之一:"不断发展:当前,国际形势继续朝着有利于世界各国人民而
不利于帝国主义和各国反动派的方向发展。国家要独立,民族要解放,人民
要革命,已成为不可抗拒的历史潮流。世界一定要走向进步,走向光明。人
类总是不断发展的,自然界也总是不断发展的,永远不会停止在一个水平上。
因此,人类总得不断地总结经验,有所发现,有所发明,有所创造,有所前进。
任何悲观的论点,停止的论点,无所作为的论点,都是错误的。在人类环境的
问题上,任何消极的观点,都是毫无根据的。我们相信,随着社会的进步和科
学技术的发展,只要各国政府为人民的利益着想,为子孙后代着想,依靠群
众,充分发挥群众的作用,就一定能够更好地开发和利用自然资源,也完全可
以有效地解决环境污染问题,为劳动人民创造良好的劳动条件和生活条件,
为人类创造美好的环境。"
② 环境规划署的临时总部设在瑞士日内瓦,后于 1973 年 10 月迁至肯尼亚首都
内罗毕。
③ 《联合国气候变化框架公约》(United Nations Framework Convention on Climate
Change,简称《框架公约》,英文缩写 UNFCCC)是 1992 年 5 月 9 日联合国政
府间谈判委员会就气候变化问题达成的公约,于 1992 年 6 月 4 日在巴西里约
热内卢举行的联合国环发大会(地球首脑会议)上通过。
④ 2005 年 2 月 16 日,《京都议定书》正式生效。这是人类历史上首次以法规的
形式限制温室气体排放,虽然由于美国的反对而执行不力。

《哥本哈根气候协议》作为其补充条款。最终,《巴黎气候变化协定》由各国于 2015 年 12 月 12 日在巴黎气候变化大会上通过,并于 2016 年 4 月 22 日在纽约签署。2016 年 9 月 3 日,全国人大常委会批准中国加入《巴黎气候变化协定》,则成为 23 个完成了批准协定的缔约方之一。从 1972 年到 2016 年,45 年时间里,中国从一个保护人类环境的气魄承担的有为者到参与者,再从建构者到领导者①,反映出思想观念的变与不变。变化的一点是,认识到发展不是唯一的目的,与环境的和谐是发展的题中应有之义。不变的是,只有和谐的发展才能解决发展带来的问题。

儒家在第三期的发展过程中为人类生态环境的保护也作出了自己的应有贡献。杜维明先生于 2013 年 7 月在挪威发起成立了作为"世界宗教生态联盟"重要组成部分的"国际儒家生态联盟",使得英国菲利普亲王在 1995 年发起成立的"世界宗教生态联盟"具有了更加广泛的代表性。② 在 2016 年 4 月,《巴黎气候变化协定》得以最终签订,罕见地体现了全球的共同意志,说明生态环保意识已经深入人心。这一成果的取得与此前于 2015 年 7 月由 40 多位宗教界人士参加的巴黎气候良知峰会是密不可分的。受法国总统奥朗德之邀,杜维明先生代表儒家躬逢其盛,为气候良知峰会

---

① 作为世界最大的发展中国家,中国到 2020 年不受 1997 年《京都议定书》的碳排放限制,但是中国积极建构新的环保协定。

② 世界宗教生态联盟(ARC)与 11 大主要信仰和文化团体建立合作,它们是:巴哈教、佛教、基督宗教、道教、印度教、伊斯兰教、耆那教、犹太教、锡克教、神道教和拜火教。2013 年儒家作为中国最重要的文化传统之一正式加入环保联盟,成为十二大环保文化传统中的重要一员。2013 年 7 月,国际儒家生态联盟的代表出席了 ARC 在挪威特隆赫姆举办的"绿色历史文化名城联盟"会议,并发表了第一份儒家环保宣言。(参见世界宗教生态联盟网站 www.arcword.com)

贡献了以仁为本的精神人文主义思想资源。杜维明先生是在2015 年 7 月 20 日至 22 日参加巴黎"气候良知峰会"的,与 40 余位宗教界人士一起坐而论道,为《巴黎气候变化协定》的最终签署创造了条件。这是儒家第三期发展过程进行的一次思想实践。正如王中江老师指出的,"在不同文明之间寻求共同而普遍性的东西,一直是人类理性活动的方式之一,虽然它没有强调文明之间的差异甚至以自我为中心排斥异己那样强烈。"①气候变化的压力不期然为这种寻求共同而普遍性的东西的人类理性带来了强烈的动力,《巴黎气候协议》在历经波折以后,在《京都议定书》无疾而终的情况下,于 2015 年 12 月 12 日在巴黎得以通过,表明这种关爱地球的思想是共同的意愿。这个协议的签订也差可算是儒家在第三期发展过程中实现现代性转化的一个阶段性的成果。

最后引《中庸》做本章总结,以明章旨。

> 天地之道,可一言而尽也:其为物不贰,则其生物不测。天地之道:博也,厚也,高也,明也,悠也,久也。今夫天,斯昭昭之多,及其无穷也,日月星辰系焉,万物覆焉。今夫地,一撮土之多,及其广厚,载华岳而不重,振河海而不泄,万物载焉。今夫山,一卷石之多,及其广大,草木生之,禽兽居之,宝藏兴焉。今夫水,一勺之多,及其不测,鼋鼍、蛟龙、鱼鳖生焉,货财殖焉。诗云:"维天之命,於穆不已!"盖曰天之所以为天也。"於乎不显! 文王之德之纯!"盖曰文王之所以为文也,纯亦不已。②

---

① 　王中江:《近代中国思维方式演变的方式》,四川人民出版社 2008 年版,第 158 页。

② 　(宋)朱熹:《四书章句集注》,中华书局 2012 年版,第 35 页。

笔者不敢妄解此段,只敢终身诵之。或许明道先生所言可契圣心。明道曰:"言体天地之化,已剩一体字,只此便是天地之化,不可对此个别有天地。"[1]

第四节　赞化育、天地参

本书第一章以"公私辨"揭橥儒家的忧患意识,以"群己关系"来说明群己天三者之间的复杂性,以孟子"距杨墨"来说明伦理实践的实践性和包容性,在基础上以仁为本做"生意考"以破富与道之论题,最后以阳明子的"四民异业而同道"总括全章所论。本书第二章首先以孟子的性善论为基础做"圆善论"以提撕"富与道"二者,庶几逼近精神人文主义视域下以仁为本的"富与'天'道"的关系。本章第三节富与"地"道所讨论的是,在继续启蒙工程的全球语境下,基于儒家现代化转化而形成的精神人文主义理论如何回应生态环保问题,以彰显以仁为本的学说之于关爱地球的当代意义。下引《中庸》一节以总结本章所论的"富与天地之道":

> 唯天下至诚为能尽其性,能尽其性,则能尽人之性,能尽人之性,则能尽物之性,能尽物之性,则可以赞天地之化育,可以赞天地之化育,则可以与天地参矣!

荀子有"天生人成"的观点,天的价值必须通过具体的人来体现,由人来完成。这也许是"可以赞天地之化育"的教义所在。天无所不在,地无所不载,但不是无所不能,孟子所论的益掌火,大禹治

---

[1] 《二程集》卷二上,中华书局1981年版,第18页。

水,后稷躬耕,(《滕文公章句上》5·4)"周公兼夷狄,驱猛兽"
(《滕文公章句下》6·9)的四圣所为就是赞天地之化育的具体实
践。但是人对天要有敬畏之心,孟子引诗云:"畏天之威,于时保
之。"(《梁惠王章句下》2·3)此在本章第二节有所揭示。人参赞
天地之化育有其积极的一面,但是如果不能以天下至诚以尽其性,
则会带来巨大的负面作用。正如杜维明先生指出的,人不仅是演
化过程的结果,人也成为塑造演化过程的积极因素。但是,现在这
个积极的因素显化为负面的因素,也就是人的创造性变成了宇宙
大化中最大的破坏性,比如对自然界的矿物、植物、土壤、水源、空
气的破坏,完全没有展现与天地万物为一体的精神。如果人的破
坏性不消除,不能以天地万物为一体,那么人类就走向了一条自我
毁灭的不归路。但是,即使人毁灭了,天地万物的大化流行也不因
为人的毁灭就不再生生不息了,我们要对人类的存活和发展负责,
这是"仁以为己任"的儒家人文精神。① 这也是精神人文主义的忧
患关切之处。

　　当然本章"圆善论"以及"乐天与畏天"的讨论只是天地群己
框架之下的天之维度的一两个侧面而已,显然并不能毕其功于一
役而明晰"富与天道"的关系,必须依靠前后各章之间的相互发明
彼此,才能够使得总体逐渐变得清晰。

　　四民所同之道,即是仁道。根据本书精神人文主义的天地群
己框架,仁道上提即是天道则福德相即,下达即是群道谓义利之
辨,新开即是"地"道以关爱地球,体己则是己道能成己成物。所

---

① 参见杜维明:《诠释〈论语〉"克己复礼为仁"章方法的反思》,台湾"中央研究
　　院"中国文哲研究所 2015 年版,第 45 页。

谓"君子无终食之间违仁,造次必于是,颠沛必于是。"理解了这个
"道",进者则"富而可求也,虽执鞭之士,吾亦为之",退者则"饭疏
食饮水,曲肱而枕之,乐亦在其中矣。不义而富且贵,于我如浮
云。"正如子夏所理解的,"商闻之矣:死生有命,富贵在天。"(《颜
渊第十二》12·5)按《书》,富与寿都是五福之一,财富多寡与寿命
长短都是人的客观附属物。和寿命一样,富是一种客观的物质状
态,也是人生发展的一个客观的结果,无论是劳动所得,交易所得
还是继承所得,都没有善恶之分。从正面来讲,富之小者能够"富
润屋"(《大学》),"居移气,养移体"(《尽心章句上》13·36),富之
中者富人且富国,所谓"《诗》云:'哿矣富人,哀此茕独。'"(《梁惠
王章句下》2·5)富之大者"富天下","居天下之广居"(《尽心章
句上》13·36)。从反面来讲,富当然有其危害性。在个人,"富贵
不能淫"者难能少见;在民,"富岁,子弟多赖"(《告子章句上》
11·7);在公卿大夫,还有"君不乡道,不志于仁,而求富之,是富
桀也"的"为富不仁"者如阳虎和冉求之徒,因为"君不行仁政而富
之,皆弃于孔子者也。"(《离娄章句上》7·14)"尧舜之道,不以仁
政,不能平治天下。"(《离娄章句上》7·1)《诗》云:"谁能执热,逝
不以濯。"①(《离娄章句上》7·7)富就像烫手的热,若要执之,必
以濯凉手才可,此濯即是仁道亦是天道。孟子曰:

---

① 　孟子述孔子之言:"今也欲无敌于天下而不以仁,是由执热而不以濯也。《诗》
云:'谁能执热,逝不以濯。'"(《离娄章句上》7—7)赵岐注:"谁能执热而不以
水濯其手,喻为国谁能违仁而无敌也。"《毛诗》传云:"濯,所以救热也。"
〔(清)焦循:《孟子正义》,中华书局1987年版,第497页〕朱子注:逝,语辞也。
言谁能执持热物,而不以水自濯其手乎?笔者仍亲见今之农村乡间还有"以
濯执热"的灶台之举。

> 有天爵者,有人爵者。仁义忠信,乐善不倦,此天爵也;公卿大夫,此人爵也。古之人修其天爵,而人爵从之。今之人修其天爵,以要人爵;既得人爵,而弃其天爵,则惑之甚者也,终亦必亡而已矣。(《告子章句上》11·16)

"古之人修其天爵,而人爵从之。"此之谓"富贵在天",否则,"则惑之甚者也,终亦必亡而已矣。"但是,"由君子观之,则人之所以求富贵利达者,其妻妾不羞也,而不相泣者,几希矣。"(《离娄章句下》8·33)为此问题之解答,以下即讨论"富与'群'道"以明孟子之教。

第三章　富与"群"（一）

——义利之辨

第一节　义利同源与义利之辨

本节的目的是论述清楚利的两层含义：一是合于义的利；二是私利之利。由于前揭公私之辨的复杂性，可知私利之私也有其相对性。只有合于义的"私"才是适宜的，如此之"私"利才会是实现"义之和"的利。

一、义利同源

回到群经之首的《易》。开篇就是"乾：元，亨，利，贞。"

《正义》："《子夏传》云：'元，始也；亨，通也；利，和也；贞，正也。'"①

据此，利者，和也。利的前提是亨，亨者，通也。万物之始后，万物亨通，万物之间阴阳互补，互通有无，才能得利，利者，和也。利的结果，就是贞。贞者，正也。如此即得贞正。不通则无利，无利即不能和，无利则不得贞正，不得贞正则万物无始。有元则亨，有亨则利，有利则贞，有贞则又有元，所谓"贞下起元"，如此，"见

---

① 李学勤主编：《十三经注疏·周易正义》，北京大学出版社 1999 年版，第 1 页。

群龙无首,吉"。故紧接着这句爻辞之后:

> 《象》曰:大哉乾元!万物资始,乃统天。云行雨施,品物
> 流形。大明终始,六位时成,时乘六龙以御天。乾道变化,各
> 正性命,保合太和,乃利贞。首出庶物,万国咸宁。

在乾卦之文言中,对元亨利贞论述如下。

> 《文言》曰:元者,善之长也;亨者,嘉之会也;利者,义之
> 和也;贞者,事之干也。君子体仁足以长人,嘉会足以合礼,利
> 物足以和义,贞固足以干事。君子行此四德者,故曰:"乾:
> 元,亨,利,贞。"

根据《文言》亦可见,利者,和也。《文言》进一步阐释和的具体内
容,乃"义之和也"。在此,利和义成为一体两面,合二为一。《文
言》进一步解释如何"和义",乃"利物足以和义"。在此,利不是利
己,而是利物,只有利物,才能够和义。当然利的前提条件仍然没
有变,还是"亨",也就是通,《文言》进一步解释亨通的内容是"嘉
之会也",在此,生物之通,莫不嘉美,众美之会,会通然后才能物
各得宜,不相妨害。《集解》引何妥曰:

> 利者,裁成也,君子体此利以利物,足以和于五常之义。①

至此,利之前提条件是"亨",利的结果是"贞",利的内容是"义之
和也",利的作用是"物各得其宜",利的意义是"于物各得其宜,于
人合于五常之义",如何利?"裁成也,君子体此利也。"作为元亨

---

① 转引自黄寿祺、张善文:《周易译注》,上海古籍出版社 2012 年版,第 5 页。

利贞四德之三,利是一个收获的过程,是一个成己成物的过程,承上亨而启下贞,善莫大焉。故"利用安身,以崇德也。"九五曰"飞龙在天,利见大人"。此处见当为现,此时之利,以现"大人"。

> 夫"大人"者,"与天地合其德,与日月合其明,与四时合其序,与鬼神合其吉凶。先天而天弗违,后天而奉天时。天且弗违,而况于人乎？况于鬼神乎？"（《文言传》）

汤一介先生指出:

> "利者,义之和",这里所说的"利"是指"公利",也可以说是"公义"。"公利"是社会众多"利"之总和,最大的"利"应是"公利",它就是"公义"的总和,所以程颐说:"义与利,只是个公与私也"。①

玩程子和汤先生的话,是否可以理解为,在天为公与私,在人为义与利。与天地合其德的大人,才是利的代表,为无私之大公,为义和之大利。利者义之和也是孔门通义。试举一例以说明。

> 孟轲问:"牧民何先？"子思曰:"先利之。"曰:"君子之所以教民,亦仁义,固所以利之乎？"子思曰:"上不仁则下不得其所；上不义则下乐为乱也。此为不利大矣。故《易》曰:'利者,义之和也。'又曰:'利用安身,以崇德也。'此皆利之大者也。"②

---

① 汤一介:《儒家伦理与中国现代企业家精神》,《汤一介集》第五卷,中国人民大学出版社2014年版,第226—235页。
② 傅亚庶:《孔丛子校释》卷二,中华书局2011年版,第114页。

这里的孟轲是与孟子名字重复的一个人而不是孟子本人。① 子思明确了"仁义，固所以利也"的结论，其所引即是"《易》曰：利者，义之和也。"故"子曰：'圣人'作而万物睹。"圣人兴起，万物共由其道，各具其德，各得其宜。此乃天下之大利也！"本乎天者亲上，本乎地者亲下，则各从其类也。"此乃上治，此乃位乎天德，"乾始能以美利利天下，不言所利，大矣哉！"此乃"太和"。这是利之源头及其根本之所在。

二、义利之辨

先看看孔子论义与利。《论语·子罕第九》开篇是，"子罕言利与命与仁。"朱子在此只引了程子的注：

> 程子曰：计利则害义，命之理微，仁之道大，皆夫子所罕言也。②

据程子，利、命、仁都是孔子少言的，因为计利则害义，而"命之理微，仁之道大"。虽然对"与命与仁"的理解，后世注家众说纷纭③，但是对子罕言利的理解基本上都是与程子的理解一致的。

---

① 参见郭沂：《孟子车非孟子说——思孟关系考实》，《中国哲学史》2002 年第 3 期。

② （宋）朱熹：《四书章句集注》，中华书局 2012 年版，第 109 页。

③ 参见钱穆：《论语新解》，台湾联经出版公司 2002 年版，第 307—308 页。钱先生的翻译："先生平日少言利，只赞同命与仁。"钱先生注解："利者，人所欲，启争端，群道之坏每由此，故孔子罕言之。罕，稀少义。盖群道终不可不言利，而言利之风不可长，故少言之。与，赞与义。孔子所赞与者，命与仁。命，在外所不可知，在我所当然。命原于天，仁本于心。人能知命依仁，则群道自无不利。或说：利与命与仁，皆孔子所少言；此决不然。《论语》言仁最多，言命亦不少，并皆郑重言之，乌得谓少？ 或说：孔子少言利，必与命与仁并言之；然《论语》中不见其例，非本章正解。"

只举钱穆先生的注以补程子之说：

> 利者，人所欲，启争端，群道之坏每由此。故孔子罕言之。
> 罕，稀少义。盖群道终不可不言利，然言利之风不可长。①

钱先生前面所论"利者，人所欲，启争端，群道之坏每由此"与程子
"计利则害义"若合符节，但后面一句却是意思深长。何以"群道
终不可不言利"？说明言利是必要的，不可不言的，其原因是什
么？其作用和意义是什么？既然不可不言，那么如何才能言之有
道？既不可不言利，又说"言利之风不可长"。不得不言，又不可
多言。后文以孟子为据进行探讨。

　　义利之辨出现在《孟子》一书中的时候，已经有了更加丰富的
内容。《孟子》一书记载了孟子和时人的三次义利之辨。② 这三个
人分别是君主梁惠王、弟子陈代和学者宋牼。后人讨论的比较多
的一次是在《梁惠王章句上》，原文如下：

> 孟子见梁惠王。王曰："叟不远千里而来，亦将有以利吾
> 国乎？"孟子对曰："王何必曰利？亦有仁义而已矣。王曰：
> '何以利吾国？'大夫曰：'何以利吾家？'士庶人曰：'何以利吾
> 身？'上下交征利而国危矣。万乘之国弑其君者，必千乘之
> 家；千乘之国弑其君者，必百乘之家。万取千焉，千取百焉，不
> 为不多矣。苟为后义而先利，不夺不厌。未有仁而遗其亲者
> 也，未有义而后其君者也。王亦曰仁义而已，何必曰利？"

----

① 　钱穆：《论语新解》，台湾联经出版公司 2002 年版，第 307—308 页。
② 　本章参考了杨海文教授：《略论孟子的义利之辨与德福一致》，《中国哲学史》
　　1996 年第 1—2 期。

在孟子，利与仁义已经分道扬镳，不是《易》所阐述的"义之和也"，而是与义对立的一种利益诉求。朱子注曰：

> 王所谓利，盖富国强兵之类。

而孟子所提及的仁义，朱子注曰：

> 仁者，心之德，爱之理。义者，心之制，事之宜也。

利已经从原初的万物各得其宜的"义之和"蜕变为一种只对某一方有利的狭隘的诉求，比如王所谓的利，盖富国强兵之类也。义还是保留了原初的意义，"事之宜也"。但是朱子加了"心之制"三个字，从外部的"事"反躬于己之"心"，通过"心之制"才能成就"义"的内容，使得"事"得其宜。

综上三者，《易》曰：利者，义之和也；孔子"罕言利"；孟子曰："王何必曰利？亦有仁义而已矣"。利的语言意义出现了很大的演变。孔子"罕言利"，一者是"盖群道终不可不言利"，二者是"言利之风不可长，故少言之"。所以孔子还说："君子喻于义，小人喻于利。"但孔子不否认君子不喻利，不晓得利，也不否认小人不喻于义，不晓得义，只是各有其侧重，君子大可言利，只是"罕言"，小人也会言义，也许同样是"罕言"。到了孟子就是"何必曰利"，而非"罕言"。孟子以降，利与义成了一对矛盾。从孔子到孟子之间，悠忽百余年几代人，利的内涵意义发生了很大的变化。中间礼崩乐坏，沧海桑田，所谓大争之世，诸侯、大夫、士、庶人各谋其利，知霸不知有王，知利不知有义。先贤对此，发明甚多，兹不赘述。只举一个稍微复杂的例子。

按《史记·范雎蔡泽列传第十九》，蔡泽说范雎辞相保身时，说辞如下：

> "圣人曰：飞龙在天，利见大人。不义而富且贵，于我如浮云。"①

显然，当时的孔子已经优入圣域。蔡泽说范雎，事在秦昭王五十二年，即公元前255年，此去孟子（约公元前372—约公元前289）又过去约50年了。② 蔡泽说范雎，当然是为了谋取自己的利益，同时也是为了范雎的利益。但是太史公的记载却为后人留下了一些有益的线索。首先，孔子的话已经成为经典，蔡泽在此引用圣人的话，也说明孔子的教诲在当时的士人心中还是自有其价值的，成为大家共同的价值观，虽然并不见得被遵守。其次，《易》之"利者义之和"的"元亨利贞"之利和孔子的"不义而富且贵于我如浮云"的利之间是相通的。《易》是发端，从正面说，孔子是从反面说。换言之，《易》是综合地说"利"为"义之和"，孔子是分析地说"义而富且贵"，如果不义则不言利。再次，在孔子，利必定包含义、富、贵等诸要素，而义显然是孔子最看重的利之所以成为利的必要条件，否则，离掉义的利只有"富且贵"，则"于我如浮云"。由孔子这句话，自然就会理解到孔子的另外一句话，即"君子喻于义，小人喻于利"。在蔡泽，义利之辨成了说辞，圣人之教成了工具，最终范雎辞相归隐，保身长全，蔡泽拜相封君，如愿以偿。

　　一方面是大争之世的唯利是图，另一方面是孟子不得已而倡导"何必曰利"，此一传统到了董仲舒那里得到进一步的加强，成

① （汉）司马迁：《史记》卷七十九，中华书局1982年版，第2422页。
② 参见梁涛编：《孟子解读》，中国人民大学出版社2010年版，第1页。

为"正其谊(义)不谋其利,明其道不计其功"的慷慨,利已经被挤压到了为之不谋的一隅。虽然整个汉代社会重利轻义成为主要社会风气,但是汉代士大夫的重义轻利的楷模也是不绝于史书,特别是太学生清流的出现。孟子的浩然之气不绝于世,儒家第一期的发展到了汉代才算最终完成。孟子、董子为了救时弊而重义轻利是时代发展的需要,但是古今圣贤都没有彻底否定利。只是"以利为名,则有不利之患矣"①。程子曰:

> 君子未尝不欲利,但专以利为心则有害。惟仁义则不求利而未尝不利也。当是之时,天下之人唯利是求,而不复知有仁义。故孟子言仁义而不言利,所以拔本塞源而救其弊,此圣贤之心也。②

程子首先肯定了"君子未尝不欲利",这是非常有见识的,人生不欲利则成了空说。但是程子马上指出"但专以利为心则有害"。可见,利可欲也,不可专欲也。在方法论上,程子指出"惟仁义则不求利而未尝不利也",有了仁义之心,利自然而来,不待外求,不必强求,这些符合《易》中"利者义之和"的本来之意。但是孟子所处的历史时代,是"天下之人唯利是求,而不复知有仁义","故孟子言仁义而不言利",乃不得已也。正如当下的时代,天下之人唯利是图,而不知有仁义,所以做此文,虽不敢求拔本塞源,或许有些许救弊之功则足矣。义和则为利,义利本同源,见利必思义,其来尚矣。前圣后圣,若合符节。上引程子的话可以作为本节讨论之总结。

---

① (清)焦循:《孟子正义》,中华书局1987年版,第36页。
② (宋)朱熹:《四书章句集注》,中华书局2012年版,第202页。

第二节 君子喻于义,小人喻于利

一、从孔子到董仲舒

义利之辨是儒家的重要论域。陆象山在庐山白鹿洞书院应朱子之邀所讲的主题就是"君子喻于义,小人喻于利"。据记载,当时天气很冷,但是朱子听得背上出冷汗,甚至还有门弟子啜泣不已。陆子所讲的具体内容,已经无法看到,但是义利之辨的重要性也可见一斑。

我们再从孔子说起。子曰:"君子喻于义,小人喻于利。"[1]正如前文所提,这也许是最早的将义利放在一起来讲的文献。我们需要理解此处君子、小人所指。君子、小人在这里是按所处的社会地位不同而言而不是按照德性高低而言。先贤对此多有阐述,兹不赘述。对于拥有土地和俸禄财产的君子,"喻于义"是有其道德意义和伦理价值的。首先,君子应该集中自己的时间和精力来从事自己本分的工作。其次,君子不应该与民争利,需要让利于民。最后,君子已有自己所得的那一部分,而不应该获取其他的利。较显著的一个例子就是东汉·班固《汉书·董仲舒传》:

> 故公仪子相鲁,之其家见织帛,怒而出其妻,食于舍而茹葵,愠而拔其葵,曰:"吾已食禄,又夺园夫红女利乎! 古之贤人君子在列位者皆如是,是故下高其行而从其教,民化其廉而不贪鄙。"[2]

---

[1] (宋)朱熹:《四书章句集注》,中华书局 2012 年版,第 73 页。

[2] (汉)班固:《汉书》卷五十六,中华书局 1962 年版,第 2495—2528 页。

这是董仲舒给汉武帝的奏折中举的一个历史典故。公仪子事迹见于《史记》：

> 公仪休者，鲁博士也。以高弟为鲁相。奉法循理，无所变更，百官自正。使食禄者不得与下民争利，受大者不得取小。
>
> 客有遗相鱼者，相不受。客曰："闻君嗜鱼，遗君鱼，何故不受也？"相曰："以嗜鱼，故不受也。今为相，能自给鱼；今受鱼而免，谁复给我鱼者？吾故不受也。"
>
> 食茹而美，拔其园葵而弃之。见其家织布好，而疾出其家妇，燔其机，云"欲令农士工女安所雠其货乎"？①

公仪休就是公仪子。结合司马迁之传文和董子之策论，可以看出，二子去古未远，深得孔子之意。公仪子嗜鱼而不受鱼、食茹美而拔葵、家织好而燔机且出妻，做这三件事情的道理是一以贯之的。（虽然出妻的举动在两千七百多年以后很难被现代人所理解）这个道理就是"使食禄者不得与下民争利，受大者不得取小。"其目的是"下高其行而从其教，民化其廉而不贪鄙。"为了更深刻地理解此中意蕴，我们不厌其烦特全录董子全文如下：

> 1）夫天亦有所分予，予之齿者去其角，傅其翼者两其足，是所受大者不得取小也。古之所予禄者，不食于力，不动于末，是亦受大者不得取小，与天同意者也。夫已受大，又取小，天不能足，而况人乎！此民之所以嚣嚣苦不足也。
>
> 2）身宠而载高位，家温而食厚禄，因乘富贵之资力，以与

① （汉）司马迁：《史记》卷一百一十九，中华书局1982年版，第3101—3102页。

民争利于下,民安能如之哉! 是故众其奴婢,多其牛羊,广其田宅,博其产业,畜其积委,务此而亡已,以迫蹴民,民日削月浸,浸以大穷。富者奢侈羡溢,贫者穷急愁苦;穷急愁苦而不上救,则民不乐生;民不乐生,尚不避死,安能避罪! 此刑罚之所以蕃而奸邪不可胜者也。

3) 故受禄之家,食禄而已,不与民争业,然后利可均布,而民可家足。此上天之理,而亦太古之道,天子之所宜法以为制,大夫之所当循以为行也。

4) 故公仪子相鲁,之其家见织帛,怒而出其妻,食于舍而茹葵,愠而拔其葵,曰:"吾已食禄,又夺园夫红女利乎!"古之贤人君子在列位者皆如是,是故下高其行而从其教,民化其廉而不贪鄙。

5) 及至周室之衰,其卿大夫缓于谊而急于利,亡推让之风而有争田之讼。故诗人疾而刺之,曰:"节彼南山,惟石岩岩,赫赫师尹,民具尔瞻。"尔好谊,则民乡仁而俗善;尔好利,则民好邪而俗败。由是观之,天子大夫者,下民之所视效,远方之所四面而内望也。近者视而放之,远者望而效之,岂可以居贤人之位而为庶人行哉! 夫皇皇求财利常恐乏匮者,庶人之意也;皇求仁义常恐不能化民者,大夫之意也。《易》曰:"负且乘,致寇至。"乘车者君子之位也,负担者小人之事也,此言居君子之位而为庶人之行者,其患祸必至也。若居君子之位,当君子之行,则舍公仪休之相鲁,亡可为者矣。①

---

① （汉）班固:《汉书》卷五十六,中华书局 1962 年版,第 2495—2528 页。

兹将本引文粗分为五段进行理解。第一段，在董子，天生万物是"有物有则"，"予之齿者去其角，傅其翼者两其足"，这就是"天亦有所分予"，除非是想象中的中华图腾龙的形象，有齿有角，有翼还有四足，因此，从天道看人道，"夫已受大，又取小，天不能足，而况人乎！"如果受大者又取小，"此民之所以嚣嚣苦不足也。"朱子注"君子喻于义，小人喻于利"曰："义者，天理之所宜。利者，人情之所欲。"①朱注与董子的"天亦有分予"一以贯之。公仪子嗜鱼、美茹，当然也衣帛，此皆"人情之所欲"也，非公仪子不喜欢这些嗜好，而是在实践的过程中强调"喻于义"，从"天理之所宜"。

否则，就如董子在第二段所阐述的那样，如果君子不能够喻于义，"因乘富贵之资力，以与民争利于下，民安能如之哉"，如此，则"民不乐生，尚不避死，安能避罪！"

基于以上两点，在第三段，董子得出自己的结论，"故受禄之家，食禄而已，不与民争业，然后利可均布，而民可家足"。

第四段的内容即是本段一开始引用的公仪子的故事，董子用来举例证明其观点。

第五段，董子从历史的经验来理解义利之辨，前引《诗经》，后引《易》，以说明"尔好谊，则民乡仁而俗善；尔好利，则民好邪而俗败。"在董子，"夫皇皇求财利常恐乏匮者，庶人之意也；皇求仁义常恐不能化民者，大夫之意也"。这里的"庶人"与"大夫"差可比拟孔子所说的"小人"与"君子"。大夫皇求仁义，庶人皇求财利。这就是最早的义利之辨。董子因策论深得汉武帝赏识而出任江都相，在任内与易王的对答中，明确了"夫仁人者，正其谊（义）不谋

---

① （宋）朱熹：《四书章句集注》，中华书局2012年版，第73页。

其利,明其道不计其功"的义利观。

> 对既毕,天子以仲舒为江都相,事易王。易王,帝兄,素骄,好勇。仲舒以礼谊匡正,王敬重焉。久之,王问仲舒曰:"粤王勾践与大夫泄庸、种、蠡谋伐吴,遂灭之。孔子称殷有三仁,寡人亦以为粤有三仁。桓公决疑于管仲,寡人决疑于君。"仲舒对曰:"臣愚不足以奉大对。闻昔者鲁君问柳下惠:'吾欲伐齐,何如?'柳下惠曰:'不可。'归而有忧色,曰:'吾闻伐国不问仁人,此言何为至于我哉!'徒见问耳,且犹羞之,况设诈以伐吴乎? 由此言之,粤本无一仁。夫仁人者,正其谊不谋其利,明其道不计其功。是以仲尼之门,五尺之童羞称五伯,为其先诈力而后仁谊也。苟为诈而已,故不足称于大君子之门也。五伯比于他诸侯为贤,其比三王,犹武夫之与美玉也。"①

在董子的这个对答中,有三个层次的义利之辨。首先,三王之道是最高的道,也符合"利者义之和"的古义。其次,五伯比其他诸侯为贤,但是"其先诈力而后仁谊也",所以"其比三王,犹武夫之与美玉也","是以仲尼之门,五尺之童羞称五伯"。但是五伯的历史贡献是值得称许的,因为"后仁谊(义)也",孔子也表示了赞许,"微管仲,吾其被发左衽矣!"最后,"苟为诈而已"的越国三个大夫泄庸、种、蠡,"设诈以伐吴","由此言之,粤(越)本无一仁"。对这三个不同层面的历史事实进行剖析以后,董子得出"夫仁人者,正其谊不谋其利,明其道不计其功"的结论。这与孔孟的精神是血脉一致的。

---

① (汉)班固:《汉书》卷五十六,中华书局1962年版,第2523—2524页。

以上通过董仲舒来理解孔子的"君子喻于义,小人喻于利",也许更接近孔子本来对义利的态度。正如本章第一节《义利同源》所探讨的,儒家从来不否认利,而是在义与利之间实现当下的人伦本分。朱子说得好,正其谊,则利自在;明其道,则功自在。专去计较利害,定未必有利,未必有功。①朱子在此倒是说得明白晓畅。朱子又曰:"乾主义,坤便主利。"②如此深论义利之辨,大哉朱子。申朱子之意,坤上乾下则成就义利之和,演为《泰》卦,坤下乾上则变为义利之乖,演为《否》卦。至于陆象山在白鹿洞书院的演讲,后人已经不得见全文,不过以陆子"读孟子而自得之"的学养,遥契孔孟,虽不中必不远矣。

为了进一步理解孔子的话,在此借用韦伯的术语卡里斯玛。③在卡里斯玛支配原则下,君子必须证明自己的卡里斯玛资质。取得一定位置的君子,无论是世袭的还是后封的,都已经有了自己的身份认同和共同体中的权威,就具有本身的卡里斯玛。如果"喻于利"而不"喻于义",那么其本身的卡里斯玛就会衰竭。对于这

---

① 参见《朱子语类》卷三十七,中华书局 1986 年版,第 988 页。

② 《朱子语类》卷六十九,中华书局 1986 年版,第 1733 页。

③ "卡里斯玛"(Charisma)是指某种人格特质,某些人因具有这种特质而被认为是超凡的,具有超自然的、超人的、或至少是特殊的力量和品质。它们具有神圣或至少是表率的特性。某些人因具有这些特质而被称为"领袖"。(参见[德]马克斯·韦伯:《中国的宗教:儒教与道教》,康乐、简惠美译,广西师范大学出版社 2010 年版,第 64 页注 1)所谓"卡里斯玛支配",即是被支配者对能够证实其卡里斯玛禀赋的领袖产生一种完全效忠和献身的情感性归依下,所成立的支配类型。"如果领袖在很长一段时间中无法创造奇迹或成功;如果神或魔性或英雄性的力量似乎抛弃了领袖;最重要的,如果领袖无法继续使跟随者受益,他的卡里斯玛支配很可能因此丧失",此即韦伯此处"卡里斯玛支配的原则"之意涵。(参见[德]马克斯·韦伯:《历史与经济:支配的类型》,康乐、简惠美译,广西师范大学出版社 2010 年版,第 356 页"译注")

一点，董子与韦伯殊途同归。董子曰："及至周室之衰，其卿大夫
缓于谊而急于利，亡推让之风而有争田之讼。"在这种情况下，"尔
好谊，则民乡仁而俗善；尔好利，则民好邪而俗败。"董子还引了
《易》曰："负且乘，致寇至。"来说明这种品质的重要性："乘车者君
子之位也，负担者小人之事也，此言居君子之位而为庶人之行者，
其患祸必至也。"韦伯说得更加明白：

> 儒教伦理，就像其他任何官僚体制的伦理，拒斥官吏直接
> 或间接地进行营利的行当。这被认为是道德上的暧昧不明，
> 并且与其个人的身份地位不相符。①

在同一章，孔子还有一句话足以补充说明这一点：

> 子曰："放于利而行，多怨。"（《里仁第四》）

朱子的注解是：

> 孔氏曰："放，依也。多怨，谓多取怨。"程子曰："欲利于
> 己，必害于人，故多怨。"②

这一条与"君子喻于义"条足可互相发明。如果在上位者依利而
行，则必与下位者争利，损害了自己的卡里斯玛资质，导致"多
怨"。韦伯指出：

> 在中国，自历史时代起，氏族的世袭性卡里斯玛，至少在理

---

① ［德］马克斯·韦伯：《中国的宗教：儒教与道教》，康乐、简惠美译，广西师范大
学出版社 2010 年版，第 222 页。

② 朱熹：《四书章句集注》，中华书局 2012 年版，第 72 页。

论上,就是首要的(虽然获得成功的突然发迹者也不少)。

并特别说明"孔子也是个贵人,因为他出身于一个统治阶级的家族"。韦伯还认为:

> 在战国时代,同样的,最高的官位牢牢地掌握在特定的(高等的世袭性卡里斯玛之等级的)氏族手中。真正的"宫廷贵族"之兴起,是在秦始皇时代(始于公元前221年),与封建制度的崩溃同时。①
>
> 我们应该理解的是到了汉朝,俸禄秩序逐步完善,"这意味着封建制度的全面废除"。②
>
> 身份等级的差别,虽然原则上是维持着,但世袭卡里斯玛的精神却崩解了。③

韦伯的洞见对于理解孔子所处的封建时代颇有裨益。在这个时代背景下,对孔子的"君子喻于义,小人喻于利"的理解,本书以上的分析虽不中,亦不远。

《论语》中还有几章可以与此互相发明。

> 樊迟请学稼,子曰:"吾不如老农。"请学为圃,曰:"吾不如老圃。"樊迟出。子曰:"小人哉,樊须也! 上好礼,则民莫敢不

① ［德］马克斯·韦伯:《中国的宗教:儒教与道教》,康乐、简惠美译,广西师范大学出版社2010年版,第72页。
② ［德］马克斯·韦伯:《中国的宗教:儒教与道教》,康乐、简惠美译,广西师范大学出版社2010年版,第73页。
③ ［德］马克斯·韦伯:《中国的宗教:儒教与道教》,康乐、简惠美译,广西师范大学出版社2010年版,第73页。

敬;上好义,则民莫敢不服;上好信,则民莫敢不用情。夫如是,
则四方之民襁负其子而至矣,焉用稼?"(《子路第十三》)

按孔子,老农和老圃都有其专业知识,"吾不如"也,在"上"的君子
要"好礼""好义""好信"则"四方之民襁负其子而至矣"。孔子没
有贬低农圃之意,而是有重振周文之志,否则就是"立乎人之本
朝,而道不行,耻也。"(《万章章句下》10·5)。在礼崩乐坏的时
代,"仲尼祖述尧舜,宪章文武"(《中庸》),孜孜以求的是"天下大
同"。正如孟子所说:

> 然则治天下独可耕且为与? 有大人之事,有小人之事。
> 且一人之身,而百工之所为备。如必自为而后用之,是率天下
> 而路也。故曰:或劳心,或劳力;劳心者治人,劳力者治于人;
> 治于人者食人,治人者食于人:天下之通义也。(《滕文公章
> 句上》5·4)

孔孟所行是"大人之事"。但是这绝不意味着孔孟是精英主义者,
看不起"小人之事"。孔子本人就多能。据《论语》记载:

> 大宰问于子贡曰:"夫子圣者与? 何其多能也?"
> 子贡曰:"固天纵之将圣,又多能也。"
> 子闻之,曰:"大宰知我乎! 吾少也贱,故多能鄙事。君
> 子多乎哉? 不多也。"(《子罕第九》)

孔子本身是一个学以成人的范例。当孔子"少也贱"时,"故多能
鄙事"。理解孔子者莫若孟子,孟子曰:"孔子尝为委吏矣,曰'会
计当而已矣'。尝为乘田矣,曰'牛羊茁壮,长而已矣'。"(《万章

章句下》10·5)在人生发展的初期,"位卑而言高,罪也",反而应该是踏踏实实地做好自己的本职工作,所谓"小人喻于利"也,若为委吏,则"会计当而已矣",若为乘田,则牛羊茁壮成长而已矣。随着个人的成长和职位的不同,则"劳心者治人,劳力者治于人;治于人者食人,治人者食于人"。如果"劳心者""立乎人之本朝,而道不行,耻也"(《万章章句下》10·5)换言之,位高而道不行,耻也。况且,"治人者食于人",如果不能够做到"君子喻于义",则会被人抛弃,无食可得。《诗》曰:

> 于我乎,夏屋渠渠,今也每食无余。于嗟乎,不承权舆!
> (《诗经译注·国风·秦风·权舆》)

其斯之谓与?

当然孔子从来不会否认君子之利,也不会否认小人之义。

> 子夏为莒父宰,问政。子曰:"无欲速,无见小利。欲速则不达;见小利则大事不成。"(《子路第十三》)

按,孔子教导子夏无见小利,因为"见小利则大事不成"。对照孔子教导子夏要为君子儒勿为小人儒的关切之情,可知子夏之格局不足以传孔门之道也。

> 子张曰:"何谓惠而不费?"子曰:"因民之所利而利之,斯不亦惠而不费乎?择可劳而劳之,又谁怨?欲仁而得仁,又焉贪?君子无众寡,无大小,无敢慢,斯不亦泰而不骄乎?君子正其衣冠,尊其瞻视,俨然人望而畏之,斯不亦威而不猛乎?"(《尧曰第二十》)

孔子教导子张“因民之所利而利之”。孔子在这里很关心利而非罕言，因为民之所利合于义。

> 孔子曰：“君子有九思：视思明，听思聪，色思温，貌思恭，言思忠，事思敬，疑思问，忿思难，见得思义。”（《季氏第十六》）

上引最后一条，程子曰：“九思各专其一。”朱子注曰：“思义，则得不苟。”[1]只有在思义的怵惕下，才会所得不苟。换言之，如果见得而不思义，则会贪得无厌。在当今物欲横流的社会，得失是每天都有可能会遇到的选择，没有义字当头，不能“见利思义”，则苟且得之，乃至为得而不择手段。与“子路问成人”章比较发明，可知，如此苟且得利，则人无以成人而堕入禽兽之类而不自醒矣！故义利不可不严辨。下一小节即讨论“孟子严辨义利”。

二、孟子严辨义利

在孔子，义和利基本上限定在实然的层面进行讨论。义和利的主体都有明确所指，所以这句话也没有如后世误解的那样是反对商人获利的迂腐。把义和利从实然层面上升到价值层面进行讨论，在孟子处多有发明。到了孟子的时代，君子小人之分野已经不是靠爵位了。“君子从出身高贵的人转变为高尚的人”，而“孔子本人被当做君子典范”。[2] 根据许倬云先生的分析，在政治舞台上，公子阶层逐渐消失，世卿家族不断减少，大夫阶层在春秋末年所占比例达到高峰后也开始逐渐减少，非贵族出身的寒士则越来越活跃，从初期所占比例很少到后期占了60%强。[3] 对于这些新

---

[1]　（宋）朱熹：《四书章句集注》，中华书局2012年版，第174页。
[2]　［美］狄百瑞：《儒家的困境》，黄水婴译，北京大学出版社2010年版，第34页。
[3]　参见许倬云：《历史分光镜》，上海文艺出版社1998年版，第69—75页。

兴的利禄阶层,从管仲到张仪、公孙衍,孟子都予以了批判,因为这些新兴贵族据"君子"之位,不正其义而计其利,成为富桀之罪人。孟子曰:

> 五霸者,三王之罪人也;今之诸侯,五霸之罪人也;今之大夫,今之诸侯之罪人也。(《告子章句下》12・7)

他们成为罪人的原因就是因为:

> 鸡鸣而起,孳孳为善者,舜之徒也。鸡鸣而起,孳孳为利者,跖之徒也。欲知舜与跖之分,无他,利与善之间也。(《尽心章句上》13・25)

前文已浅揭孟子见梁惠王辨义利,孟子的结论是"上下交征利而国危矣"。根据以上分析,孟子的义利之辨的精神与"君子喻于义,小人喻于利"的教导是一致的。当然,孟子对孔子之道总能"十字打开"。在与弟子陈代的讨论中,孟子认为"且夫枉尺而直寻者,以利言也。如以利,则枉寻直尺而利,亦可为与?"其结论是不可"枉道而从彼",因为"枉己者,未有能直人者也"(《滕文公章句下》6・1)。在此,孟子否定了为了目的而在实现目的的手段上进行妥协的义利观。孟子能有如此不妥协之精神的原因是,紧接着与陈代的讨论这一章,孟子宣告其理想不是"得君行道",那是"枉道以从彼","以顺为正者,妾妇之道也"。孟子的理想是"行天下之大道","得志,与民由之,不得志,独行其道"。(《滕文公章句下》6・2)在文化中国,从此之后,世有不招之臣,代有饱学之士。在与学者宋牼的讨论中,孟子区分了"悦于利"和"悦于仁义"的不同。如果悦于利,"是君臣、父子、兄弟终去仁义,怀利以相接,然而不亡者,未之有也",如果悦于仁义,"是君臣、父子、兄弟去利,怀仁义以相接也。然而不王者,未之有也",其结论是"何必曰利?"

综合以上,对君主而言,何必曰利是因为"国不以利为利,以义为利",否则"上下交征利,国危矣"。对大丈夫而言,不"以利言",是因为不能"枉道而从彼",所谓"富贵不能淫,贫贱不能移,威武不能屈,此之谓大丈夫"。对于君臣、父子、兄弟之人伦而言,"悦于利"则"终去仁义,怀利以相接,然而不亡者,未之有也。"悦于仁义则"去利,怀仁义以相接也。然而不王者,未之有也。"按孟子,利善之间乃舜跖之分;利道之间为妾妇与大丈夫之异;利义之间是亡王之几;故义利之辨,不可不辨。利与善,区别在动机;利与道,区别在手段;利与义,区别在目的。三者各有侧重,其根本则是仁。有仁,则"鸡鸣而起,孳孳为善,舜之徒也。"有仁,则"居天下之广居,立天下之正位,行天下之大道",不"枉道而从彼",有仁,则"利者义之和"也;"然而不王者,未之有也。"

再引用《大学》所论与《论》《孟》互相发明之,以明义利之辨。

> 孟献子曰:"畜马乘不察于鸡豚,伐冰之家不畜牛羊,百乘之家不畜聚敛之臣,与其有聚敛之臣,宁有盗臣。"此谓国不以利为利,以义为利也。(《大学》)

朱子《四书》注曰:

> 君子宁亡己之财,而不忍伤民之力;故宁有盗臣,而不畜聚敛之臣。

这和孔子"君子喻于义"的精神是一脉相传的。在当今世界,"君子喻于义,小人喻于利"特别有其现实意义。华尔街的金融企业日进斗金,各种官僚体制都出现了腐败,虽然有很多原因,不过其中一个原因显然是没有重视并遵从孔子这句话的教导。这句话如果换成杜维明先生的说法就是,一个人如果掌握的资源越多,包括知识,财富和权力,如果地位越高,那么这个人就应该有更多的责任。所谓"位高则任重(noblesse oblige)"①。正如公仪子这样具有自觉意识的人就体现了这种责任感,他不与民争利,虽嗜鱼但不接受别人送来的鱼,处处考虑民众的利益,自觉守住自己君子的本分。从这个角度看,儒家的思想与柏拉图的思想异曲同工。"在他(柏拉图)看来,贵族掌权是为了服务他人,并且是为了将他人引向善的王国,这与利用他人促进自身利益的'暴君'式的人物形成了鲜明对照。柏拉图认为暴君是最不懂得个人利益的人。"②"放于利而行,多怨",就是"一场揭示社会从贵族统治走向堕落的舞台剧"。董仲舒对这个舞台剧有了细节的描述:

> 及至周室之衰,其卿大夫缓于谊而急于利,亡推让之风而有争田之讼。故诗人疾而刺之,曰:"节彼南山,惟石岩岩,赫赫师尹,民具尔瞻。"尔好谊,则民乡仁而俗善;尔好利,则民好邪而俗败。由是观之,天子大夫者,下民之所视效,远方之所四面而内望也。近者视而放之,远者望而效之,岂可以居贤人之位而为庶人行哉!

最后,还可以换一个角度,从韩非子"去富"来帮助理解孔孟的义

① [美]狄百瑞:《儒家的困境》,黄水婴译,北京大学出版社2010年版,第35页。
② [英]瑞斯特:《真正的伦理学——重申道德之基础》,向玉乔等译,中国人民大学出版社2012年版,第16页。

利之辨。韩非子说:

> 群臣之太富,君主之败也。有道之臣,不贵其家。有道之
> 君,不贵其臣。贵之富之,备将代之。晋之分也,齐之夺也,皆
> 以群臣之太富也。[①]

不过,韩非子的"去富"是为了防止权臣擅国,最终是为了君主集权。孔子所说的"君子喻于义,小人喻于利",是为了"国不以利为利,以义为利"(《大学》),因为"上下交征利而国危矣。"(《梁惠王章句上》1·1)儒法二家都有求富之道,管、韩求富是为了君王一人专制之利,孔、孟求富是为了万民福祉之利,二者之别,邈若山河。

---

①　屈会涛:《春秋时代的卿族政治》,博士学位论文,华东师范大学,2014 年。

第四章　富与"群"（二）

——取与之道

陈荣捷先生说："儒家由亲亲而仁民而爱物,孟子亦明谓与之聚之。"①取与之道对富与道的讨论很重要,取与有道则富而廉,取与无道则富而耻,乃至贫亦耻。廉者公溥,耻者私陋。公溥则富而好礼,贫而乐道,私陋则为富不仁,穷则斯滥。好礼则己立立人,不仁则伤天害理。何谓伤天? 掠夺自然,破坏环境,伤害地球也。何谓害理? 富而骄人,贫而怨人,贫富皆有病,最终害己害人,岂不悲哉。故取与有大道,本节试以孟子为中心论之。孟子曰:

> 可以取,可以无取,取伤廉;可以与,可以无与,与伤惠;可以死,可以无死,死伤勇。(《离娄章句下》8·23)

朱子的注:

> 先言可以者,略见而自许之辞也;后言可以无者,深查而自疑之辞也。过取固害于廉,然过与亦反害其惠,过死亦反害其勇,盖过犹不及之意也。林氏曰:"公西华受五秉之粟,是

① 陈荣捷编:《中国哲学文献汇编》,杨儒宾等译,江苏教育出版社 2006 年版,"自序"。

伤廉也；冉子与之，是伤惠也；子路之死于卫，是伤勇也。"①

在此章，孟子对取与之道进行了直接阐述。可以取则取，如果取伤害了廉洁，则可以无取。可以与则与，如果与伤害了恩惠，则可以无与。一方面，是取的时候要有廉洁操守；另一方面，是与的时候要有分寸尺度。所谓"君子爱财，取之有道"才是孔门真谛。儒家对于财富表现出一种坦诚的接受。陈焕章博士指出："对于接受财富，孟子提出了一般原则，孟子认为，'非其道，则一箪食不可受于人；如其道，则舜受尧之天下不以为泰。'"②

玩以上经注，孟子首先肯定取与皆可，只是"过犹不及"，过取则伤廉，过与则伤惠，取与之道，适可而止。朱子所注"后言可以无者，深查而自疑之辞也。"如果只是一味地取与，而无深查反思，则有可能"伤廉"或"伤惠"，只有深查，则自疑，才可以学会放弃，而不"过"。此处与曾子"君子一日三省吾身"之教一脉相传。在功名利禄之前，取与之道是考验个人品格的大道。有不该取而取者，如朱注引林之奇所曰公西华受五秉之粟，是伤廉也。也有不该与而与者，冉子与之五秉之粟，是伤惠也。子华（公西赤，字子华，又称公西华）受五秉之粟见于《论语》：

> 子华使于齐，冉子为其母请粟。子曰："与之釜。"请益。曰："与之庾。"冉子与之粟五秉。

孔子批评了冉子（冉有）：

① （宋）朱熹：《四书章句集注》，中华书局2012年版，第301页。
② 陈焕章：《孔门理财学》，韩华译，商务印书馆2015年版，第67页。

　　　　子曰:"赤之适齐也,乘肥马,衣轻裘。吾闻之也:君子周
急不继富。"①

孔子之教冉子,赤(公西华)此次出使齐国,乘的是又肥又壮的马,
穿的是又轻又暖的皮衣。并说,君子对于急于用钱的人会帮助他
补其不足,但是对于富裕的人,不会在他财富多余的情况下继续给
予。这就是成语"君子周急不继富"的出处。孔子是吝啬而不肯
与之人吗? 否也。试看同一章的记载:

　　　　原思为之宰,与之粟九百,辞。子曰:"毋! 以与尔邻里
乡党乎!"②

孔子与原思粟九百,原思辞而不受,孔子干脆地拒绝了原思的推
辞,"毋!",教导原思能够周济其邻里乡党。取与之道都牵涉到
利。取与之事,就是义利之事。按照第三章义利之辨,利者义之和
也,义利同源。孔子批评了冉子之过"与"又拒绝了原思之寡
"取",可与不可之间,程子感慨"盖亦莫非义也"③。君子周急不
继富是为了义。不辞其多,而受之坦然,也是为了义,因为可以分
诸邻里之贫者。张子曰:"于斯二者,可见圣人之用财矣。"④
　　原思(原宪,字子思,又称原思)是孔门里面有特色的人物。
《史记》记载:

　　　　孔子卒,原宪遂亡在草泽中。子贡相卫,而结驷连骑,排

---

① 　朱熹:《四书章句集注》,中华书局 2012 年版,第 85 页。
② 　朱熹:《四书章句集注》,中华书局 2012 年版,第 85 页。
③ 　朱熹:《四书章句集注》,中华书局 2012 年版,第 85 页。
④ 　朱熹:《四书章句集注》,中华书局 2012 年版,第 85 页。

藜藿,入穷阎,过谢原宪。宪摄敝衣冠见子贡。子贡耻之,曰:"夫子岂病乎?"原宪曰:"吾闻之,无财者谓之贫,学道而不能行者谓之病。若宪,贫也,非病也。"子贡惭,不怿而去,终身耻其言之过也。①

原宪(原思,字子思)在回答子贡的问题时,辨别了贫与病。"无财者谓之贫","学道而不能行者谓之病"。像他原宪这样路披藜藿,居处穷阎,身敝衣冠的状态只是无财而已,只是贫而已,而没有病。原思安贫乐道之高洁,使得以原思之贫为耻的子贡"不怿而去,终身耻其言之过",子贡不耻原思之贫,而耻其言之过,亦可谓知过能改,善莫大焉。原思的安贫乐道非心血来潮,而是孔门之教在其身上的体现。试看《史记》在此段之前对原思的记载:

> 子思问耻。孔子曰:"国有道,谷。国无道,谷,耻也。"
> 子思曰:"克伐怨欲不行焉,可以为仁乎?"孔子曰:"可以为难矣,仁则吾弗知也。"

《集解》载马融的解释是:克,好胜人也;伐,自伐其功;怨,忌也;欲,食欲也。②

同样的内容也载于《论语》,其记载略有差异,兹恭录如下:

> 宪问耻。子曰:"邦有道,谷;邦无道,谷,耻也。"
> "克、伐、怨、欲不行焉,可以为仁矣?"子曰:"可以为难矣,仁则吾不知也。"

---

① (汉)司马迁:《史记》卷六十七,中华书局1982年版,第2208页。
② 参见(汉)司马迁:《史记》卷六十七,中华书局1982年版,第2207—2208页。

二者的差异试论如下。第一,在《论语》中是宪问而不是子思问,也许是因为与孔子之孙子思子同名的缘故。第二,司马迁所记为"国有道",《论语》所记为"邦有道",应该是太史迁为了避汉高祖刘邦的名讳,这种情况在马王堆帛书的研究中屡有提及。第三,司马迁所记为"可以为仁乎?"《论语》所记为"可以为仁矣?"结尾的虚词有"乎""矣"之异。深玩词意,当以"乎"为当。宪疑而问,"乎"达其情,"矣"则失之于肯定,与情不符。不过,刘宝楠在《论语正义》中说:"《史记·弟子列传》'克伐'上有'子思曰'三字。'可以为仁矣','矣'与'乎'同义。"①此亦备一说。原思难能而可贵,孔子卒后,能遵孔子之教,奉行"邦无道,谷,耻也"的教诲,亡在草泽中。

但是儒家绝不是鼓励贫,而排斥富。贫富之间无可无不可。贫而乐道,富而好礼,二者都在于自己深造之、自得之。孟子对此有精辟论述:孟子曰:

> 君子深造之以道,欲其自得之也。自得之,则居之安;居之安,则资之深;资之深,则取之左右逢其原,故君子欲其自得之也。(《离娄章句下》8·14)

在此孟子未论及贫富,而是强调了自我人格主体的建立。一个君子只要人格主体得以建立,"十字打开"(象山语),"则取之左右逢其源",贫则"安贫乐道"而无"病",富则"富而好礼"也无"病",否则贫富二者皆有可能病。以此节为引,本章将紧扣孟子原文分以

① (清)刘宝楠:《论语正义》,《十三经清人注疏》,中华书局1990年版,第553页。

下几节来落实儒家的"取与之道":明分工,一也;通有无,二也;反
垄断,三也;行公益,四也。

第一节　明分工

一、原分工

孟子的分工理论在自觉的层面开启了华夏文明新的流风善
政。说其自觉,因为分工虽然古已有之,但是孟子在与农家的辩难
中明晰了分工的必要性和重要性。正如"在斯密看来,分工是导
致经济进步的唯一原因"①。说其新,是因为远古之时,"日出而
作,日落而息,凿井而饮,帝力于我何加哉。"没有分工,也没有交
换。但是人类社会就像一个活的有机体一样,起源于细胞,后来则
变成越来越庞大的有机组织。正如《书》曰:

> (舜)克明俊德,以亲九族。九族既睦,平章百姓。百姓
> 昭明,协和万邦。黎民于变时雍。②

从天地万物到男女父子③再到九族,从九族到百姓再到万邦,
人类社会逐渐形成为一个复杂的有机整体,分工是形成和发展人
类有机体的必要条件。孟子在自觉的层面将此"流风善政""十字

---

① ［美］约瑟夫·熊彼特:《经济分析史》第一卷,朱泱等译,商务印书馆1991年
版,第285页。

② (宋)蔡沈:《书经集传》卷一,世界书局民国二十五年(1936)版,第1页。

③ 《周易·序卦》:有天地然后有万物,有万物然后有男女,有男女然后有夫妇,
有夫妇然后有父子,有父子然后有君臣,有君臣然后有上下,有上下然后礼义
有所错。

打开"。《尚书》记载的羲和授时也许是明确记载的第一份工作。① 另《春秋穀梁传·成公元年》记载:

> 古者有四民:有士民,有商民,有农民,有工民。

《周书》曰:

> 农不出则乏其食,工不出则乏其事,商不出则三宝绝,虞不出则财匮少。②

检《周礼·考工记》:

> 坐而论道,谓之王公;作而行之,谓之士大夫;审曲面势,以饬五材,以辨民器,谓之百工;通四方之珍异以资之,谓之商旅;饬力以长地财,谓之农夫;治丝麻以成之,谓之妇功。

此三处都说明分工在文化中国之源远流长。分工在历史上也可以得到佐证,例如,著名的后母戊大方鼎的制作需要 300 人以上的精密协作。③ 孟子明分工,原文如下:

> 有为神农之言者许行,自楚之滕,踵门而告文公曰:"远方之人闻君行仁政,愿受一廛而为氓。"文公与之处,其徒数十人,皆衣褐,捆屦,织席以为食。陈良之徒陈相与其弟辛,负耒耜而自宋之滕,曰:闻君行圣人之政,是亦圣人也,愿为圣人

---

① 参见(宋)蔡沈:《书经集传》卷一,世界书局民国二十五年(1936)版,第 1 页。
② (汉)司马迁:《史记》卷一百二十九,中华书局 1982 年版,第 3255 页。
③ 参见北京大学历史系编:《商周考古》,新华书店 1979 年版,第 47 页。

氓。陈相见许行而大悦,尽弃其学而学焉。

陈相见孟子,道许行之言曰:"滕君,则诚贤君也;虽然,未闻道也。贤者与民并耕而食,饔飧而治。今也滕有仓廪府库,则是厉民而以自养也,恶得贤?"

孟子曰:"许子必种粟而后食乎?"

曰:"然。"

"许子必织布而后衣乎?"

曰:"否。许子衣褐。"

"许子冠乎?"

曰:"冠。"

曰:"奚冠?"

曰:"冠素。"

曰:"自织之与?"

曰:"否。以粟易之。"

曰:"许子奚为不自织?"

曰:"害于耕。"

曰:"许子以釜甑爨,以铁耕乎?"

曰:"然。"

"自为之与?"

曰:"否。以粟易之。"

"以粟易械器者,不为厉陶冶;陶冶亦以其械器易粟者,岂为厉农夫哉? 且许子何不为陶冶,舍皆取诸其宫中而用之? 何为纷纷然与百工交易? 何许子之不惮烦?"

曰:"百工之事,固不可耕且为也。"

"然则治天下独可耕且为与? 有大人之事,有小人之事。

且一人之身,而百工之所为备。如必自为而后用之,是率天下而路也。故曰:或劳心,或劳力;劳心者治人,劳力者治于人;治于人者食人,治人者食于人:天下之通义也。"

……

(陈相曰:)"从许子之道,则市贾(贾音价,下同)不二,国中无伪。虽使五尺之童适市,莫之或欺。布帛长短同,则贾相若;麻缕丝絮轻重同,则贾相若;五谷多寡同,则贾相若;屦大小同,则贾相若。"

曰:"夫物之不齐,物之情也;或相倍蓰,或相什伯,或相千万。子比而同之,是乱天下也。巨屦小屦同贾,人岂为之哉?从许子之道,相率而为伪者也,恶能治国家?"(《滕文公章句上》5·4)

这也许是《孟子》中最长的一段对话。为了尽量保持全貌,恭录如上。孟子的意思大概分梳如下。

二、群道需要分工

按孟子,独耕不能为。许子以粟易冠,以粟易釜甑而爨,以粟易铁而耕,总之,"以粟易械器者,不为厉陶冶;陶冶亦以其械器易粟者",因为"百工之事,固不可耕且为也。"不仅百工如此,孟子进一步指出,"然则治天下独可耕且为与?有大人之事,有小人之事。"何为大人之事?孟子举例说明之,所举从尧舜禹开始,包括益稷契皋陶。

当尧之时,天下犹未平,洪水横流,泛滥于天下。草木畅茂,禽兽繁殖,五谷不登,禽兽偪人。兽蹄鸟迹之道,交于中国。尧独忧之,举舜而敷治焉。舜使益掌火,益烈山泽而焚之,禽兽逃匿。禹疏九河,瀹济漯,而注诸海;决汝汉,排淮泗,而注之江,然后中国可得而食也。当是时也,禹八年于外,三过其门而不入,虽欲耕,得乎?

后稷教民稼穑。树艺五谷,五谷熟而民人育。人之有道也,饱食、暖衣、逸居而无教,则近于禽兽。圣人有忧之,使契为司徒,教以人伦:父子有亲,君臣有义,夫妇有别,长幼有序,朋友有信。放勋曰:"劳之来之,匡之直之,辅之翼之,使自得之,又从而振德之。"圣人之忧民如此,而暇耕乎?

尧以不得舜为己忧,舜以不得禹、皋陶为己忧。夫以百亩之不易为己忧者,农夫也。分人以财谓之惠,教人以善谓之忠,为天下得人者谓之仁。是故以天下与人易,为天下得人难。孔子曰:"大哉尧之为君!惟天为大,惟尧则之,荡荡乎民无能名焉!君哉舜也!巍巍乎有天下而不与焉!"尧舜之治天下,岂无所用其心哉?亦不用于耕耳。(《滕文公章句上》5·4)

按孟子,"当是时也,禹八年于外,三过其门而不入,虽欲耕,得乎?""圣人之忧民如此,而暇耕乎?""尧舜之治天下,岂无所用其心哉?亦不用于耕耳!"在此,孟子连用了三个与耕有关的结论,"虽欲耕,得乎?""暇耕乎?""不用于耕耳!"可见孟子在此所谓的大人之事首先是"中国可得而食也",然后是"五谷熟而民人育",在人之饱食,暖衣,逸居之后,则教以人伦,"从而振德之",最后是"为天下得人者谓之仁",使得文明能够延续传承下去。孟子的这种文明传承论在《孟子》全书中多次提到。勉强区分之,孟子有时候是从政统来讲:

孔子曰:"唐虞禅,夏后、殷、周继,其义一也。"(《万章章句上》9·6)

有时候是从学统来讲,在孟子距杨墨章,孟子曰:

> 昔者禹抑洪水,而天下平;周公兼夷狄,驱猛兽,而百姓宁;孔子成春秋,而乱臣贼子惧。诗云:"戎狄是膺,荆舒是惩,则莫我敢承。"无父无君,是周公所膺也。我亦欲正人心,息邪说,距诐行,放淫辞,以承三圣者。岂好辩哉? 予不得已也。能言距杨墨者,圣人之徒也。(《滕文公章句下》6·9)

有时候从道统来讲,孟子曰:

> 由尧舜至于汤,五百有余岁,若禹、皋陶,则见而知之;若汤,则闻而知之。由汤至于文王,五百有余岁,若伊尹、莱朱则见而知之;若文王,则闻而知之。由文王至于孔子,五百有余岁,若太公望、散宜生,则见而知之;若孔子,则闻而知之。由孔子而来至于今,百有余岁,去圣人之世,若此其未远也;近圣人之居,若此其甚也,然而无有乎尔,则亦无有乎尔。(《尽心章句下》:14·38)

按孟子,道学政三者实为一体之不同面向,随着社会的发展,三者逐渐有所分工,但也有重叠之处,这本身也说明了分工之发展趋势。正如孟子曰:"子之道,貉道也。万室之国,一人陶,则可乎?""陶以寡,且不可以为国,况无君子乎?"(《告子章句下》12·10)按孟子,无君子不可以为国。在孟子的时代,士的主体意识已经建立[1],孟子"以承三圣","居天下之广居,立天下之正位,行天下之大道"。居

---

[1] 参见杜维明:《孟子:士的自觉》,《杜维明文集》第一卷,武汉出版社 2002 年版,第 28—56 页。

其位而"不素餐兮","居仁由义,大人之事备矣!"(《尽心章句上》13·32)士作为当时的知识分子①,虽然不务农也不做工,也不经商,但是创造价值给群赋予了意义。所以孟子说"劳心者治人,劳力者治于人",这不是精英主义,更不是阶级划分,而是基于分工理论的各得其分。孟子正确地指出,如果陶器不够,人都不能够正常地生活,何况没有创造价值的士。孟子紧接着说"劳心者食于人,劳力者食人"。士是"食于人"的,自己不能够生产财富,需要人民的供养。因此士如果不能创造价值,给群带来意义,那么就会被人民抛弃,就没有了存在的价值。儒家的士就会"不如老农","不如老圃",甚至堕落为曲学阿世的公孙弘,或者媚上愚民的李光地。

综上,个人需求的多样性决定了分工的必要性,"独耕不能为"。最重要的一点还是分工也是群之建立和发展的需要。换言之,分工是文明共同体发端、建立和发展的需要。在一个群中,"有大人之事,有小人之事。"二者都不可或缺。正如涂尔干所说,分工并不仅仅限于经济领域。换言之,分工是社会秩序的基础。这也是孟子的立意所在。申言之,分工也不仅仅是人类社会制度的产物,而且具有生物学上的意义,任何有机体作为个体和群体都

---

① "知识分子"是 intellectual 一字的意译。改字源于俄文 intelligentsia(亦即英文 intellectual 所本),代表一种具有抗议精神和社会良知的学人。本书则以"知识"作为智慧与见识二词的缩形,以有文化思想的智慧和有政治社会的见识来规定知识分子。因而知识分子不必出于学术界,更不能限于学术界。事实上,一个饱学之士不一定有文化思想的智慧,一个专家学者也不一定有政治社会的见识,而一个没有进过大学的人,却可能具备了上述两个条件。因此,前两者都不能算是知识分子,而后者不能不算是知识分子。(参见[美]杜维明:《龙鹰之旅》,北京大学出版社 2013 年版,第 170 页注 1)

需要分工,比如蚂蚁、蜂群还有狩猎的猎狗。①

　　但是人不是蚂蚁蜜蜂或者猎狗,人具有自觉的精神价值,因此分工合作是人得以建立共同生活的群并形成有机团结的原因和基础。在此基础上,人不是原子型的个人,而是整个有机体的一部分。即使是网络时代的宅男宅女,他(她)也需要其他人提供的电力、网络和电脑、手机等设备,来维护自己的物质生活,来找到自己个人意识的精神寄托。分工产生了个人意识从而形成了有机团结,在有机团结之中共同归约出一种集体共同意识,此乃儒者化民成俗之意。涂尔干指出,"社会成员平均具有的信仰和感情的总和,构成了他们自身明确的生活体系,我们可以称之为集体意识或共同意识。"②这个集体意识或者共同意识,在儒家而言就是"道"。(孔)夫子怃然曰:"鸟兽不可与同群,吾非斯人之徒与而谁与? 天下有道,丘不与易也。"(《微子第十八》18·7)怃然者,怅然也,惜其不喻己意也(朱子注)。孔子希望建立共同的集体意识,当然不仅仅是通过权威或者法律,而是要通过自己的个体意识,所谓"先觉觉后觉"也。一方面,儒家反对隐者"天下无道则须隐"的言行,虽然这是个人意识的一种选择与归宿,孔子的意思恰恰是,"正因为天下无道故不能隐"③;另一方面,儒家也反对纯粹用法律进行压制和惩罚的"商鞅社会"或者一个"机械团体"。正如孔子曰:"道之以政,齐之以刑,民免而无耻;道之以德,齐之以礼,有耻

---

① 参见[法]埃米尔·涂尔干:《社会分工论》,渠东译,生活·读书·新知三联书店 2000 年版,第 1 页。

② [法]埃米尔·涂尔干:《社会分工论》,渠东译,生活·读书·新知三联书店 2000 年版,第 43 页。

③ 钱穆:《论语新解》,九州出版社 2011 年版,第 441 页。

且格。"(《为政第二》2·3)在一个"机械团体"中,集体意识通过法律乃至宗教来压制社会成员的自我意识,"如果一种行为触犯了强烈而明确的集体意识,那么这种行为就是犯罪"。在一个有机团结的群中,如果仅仅依靠法律的负面的压制作用,只会形成类似于通过军事征服而形成的罗马帝国,而不是靠文化认同而建立的"文化中国"。这或许可以解释神圣罗马帝国在崩溃以后既不神圣也不罗马更不帝国。反之,中国在大秦帝国崩溃后,求统一的文化诉求就如犹太人每年都想回到耶路撒冷一样强烈。因为文化中国已经是一个枝连气通的生生不绝的统一的有机体,任何器官(部分)的缺失都会给这个有机体带来遗憾、痛苦和折磨。

　　钱穆先生指出,孔子谓我自当与天下人同群①,"吾非斯人之徒与而谁与?"因为"鸟兽不可与同群。"按照孟子的理解,大人之事就是大人在群中承担的分工责任,是通过自己的个人意识来建立群道的集体共同意识。因为集体意识"他完全不同于个人意识,但是是通过个人来实现的。"②殉葬和缠足被得到赞美的时间也许比被诅咒的时间更长。吃狗肉对基督徒来说不可接受。各个不同的人类群在文明发展过程中形成了不同的集体意识。士或者知识分子的不断努力就是"通过维护一种充满活力的共同意识来维持社会的凝聚力"③,如此劳心者才能食于人。在与许子的讨论

---

① 参见钱穆:《论语新解》,九州出版社 2011 年版,第 441 页。

② [法]埃米尔·涂尔干:《社会分工论》,渠东译,生活·读书·新知三联书店 2000 年版,第 43 页。

③ [法]埃米尔·涂尔干:《社会分工论》,渠东译,生活·读书·新知三联书店 2000 年版,第 70 页。

中,就如何建立群道的集体共同意识,孟子曰:

> 吾闻用夏变夷者,未闻变于夷者也。陈良,楚产也。悦周
> 公、仲尼之道,北学于中国。北方之学者,未能或之先也。彼
> 所谓豪杰之士也。子之兄弟事之数十年,师死而遂倍之。昔
> 者孔子没,三年之外,门人治任将归,入揖于子贡,相向而哭,
> 皆失声,然后归。子贡反,筑室于场,独居三年,然后归。他
> 日,子夏、子张、子游以有若似圣人,欲以所事孔子事之,强曾
> 子。曾子曰:"不可。江汉以濯之,秋阳以暴之,皭皭乎不可
> 尚已。"今也南蛮鴃舌之人,非先王之道,子倍子之师而学之,
> 亦异于曾子矣。吾闻出于幽谷迁于乔木者,未闻下乔木而入
> 于幽谷者。鲁颂曰:"戎狄是膺,荆舒是惩。"周公方且膺之,
> 子是之学,亦为不善变矣。

按孟子,不同的有机群体之间的文明差距存在"夷夏之辨",人类
社会的进步是"用夏变夷"而不是夏"变于夷"。

三、分工与个人

首先,任何人不可能集百技于一身。孟子曰:"且一人之身,
而百工之所为备。如必自为而后用之,是率天下而路也。"作为个
体的己之有限性决定了分工的必然性。个体所在的区域也决定了
分工的必然性,或者说这是产生分工的原因。换一个角度理解,任
何个体在一个有机团结的群中都具有其应有的价值,找到其合适
的地位,所谓各得其分。在此仅举儒家对于残疾人的态度这一有
点极端的例子来说明之。任何对残障人士的轻视都不符合儒家的
精神传统。无论是听力残障还是肢体残障的人,都能够在有机的
群体中为团结提供价值。正如《礼记》所载:

喑、聋、跛、躄、断者、侏儒、百工，各以其器食之。（《礼
记·王制》之67）

反观有的文明传统，就没有这种对老弱病残的起码的尊重，更不必
奢求将这些人视为整个文明共同体的有机组成部分。涂尔干说：
有时候，法律竟然以某种方式怂恿和鼓励根据物竞天择的准则，将
体弱多病的婴儿处死，就连亚里士多德本人也觉得这是自然而然
的事情。① 儒家连残疾人在分工中的作用都予以重视并合理安排
之，遑论其他如渔樵耕读士农工商者。

其次，分工是自发的而不是自愿的。在这一点上，儒家和马克
思的观点是一致的。"只要分工还不是出于自愿，而是自然形成
的，那么人本身的活动对人来说就成为一种异己的、同他对立的力
量。"②但是在自然形成的分工之中，没有贵贱之分，而且在实践过
程中，个人通过自身的努力，可以提升自己，修身立己，为群道作出
更大的贡献。从这个意义来讲，孟子也许并不认为"人本身的活
动对人来说就是异己的与他对立的力量"，恰恰相反，孟子认为不
同的分工对于人的成长都是有益的，其理论基础是人人皆可为尧
舜的性善论。首先，孟子举了舜的例子。孟子曰：

子路，人告之以有过则喜。禹闻善言则拜。大舜有大焉，
善与人同。舍己从人，乐取于人以为善。耕、稼、陶、渔以至为
帝，无非取于人者。取诸人以为善，是与人为善者也。故君子
莫大乎与人为善。（《公孙丑章句上》3·8）

---

① 参见［法］埃米尔·涂尔干：《社会分工论》，渠东译，生活·读书·新知三联
书店2000年版，第228页注1。
② 《马克思恩格斯选集》第1卷，人民出版社2012年版，第165页。

舜显然从事了多种工作,包括耕、稼、陶、渔以至为帝,显然,各种职业都有善,舜本身更不以从事这种职业作为异己的与他对立的力量,而是"取诸人以为善,是与人为善者也"。作为异己的与他对立的力量的这种分工应该属于失范的分工或者强制的分工,这种分工异化了人本身并且破坏了有机团结。当然,这不是分工本身的问题。分工是为了产生团结,就像人体的各个器官是为了生命的存在一样。但是癌细胞却破坏了身体各部分之间的团结,而威胁、损害甚至摧毁了生命。这是失范的分工有可能带来的后果。如何使得分工从自发的状态变成自愿的状态,孟子对孔子的职业进行的评价帮助我们找到一些解决问题的办法。孟子曰:

> 孔子尝为委吏矣,曰"会计当而已矣"。尝为乘田矣,曰"牛羊茁壮,长而已矣"。位卑而言高,罪也;立乎人之本朝,而道不行,耻也(《万章章句下》10·5)

孔子为委吏,为乘田,都是各得其分,"位卑而言高,罪也",此为"小人之事"。当然,孟子也说,"立乎人之本朝,而道不行,耻也"。此为"大人之事"。最终,"各得其分"最为要紧。这与当今社会的工匠精神的建立颇有干系,将在"富与'己'道"一章予以进一步讨论。

再次,自发的分工最终需要实现的是个人的自愿。分工虽有不同,但人的意志却是自由的,人格主体的建立是自愿的。从这个角度讲个人通过分工以谋生,但是立志在己,成己也在己。孟子曰:

> 舜发于畎亩之中,傅说举于版筑之间,胶鬲举于鱼盐之

中,管夷吾举于士,孙叔敖举于海,百里奚举于市。故天将降
大任于是人也,必先苦其心志,劳其筋骨,饿其体肤,空乏其
身,行拂乱其所为,所以动心忍性,曾益其所不能。人恒过,然
后能改;困于心,衡于虑,而后作;征于色,发于声,而后喻。入
则无法家拂士,出则无敌国外患者,国恒亡。然后知生于忧患
而死于安乐也。(《告子章句下》12·15)

在此,孟子连举了六个例子,以说明个人所处的地位不一样,分工
也不一样,舜发于畎亩之中,即是前揭的耕稼陶渔,傅说是一个建
筑工人,胶鬲是一个盐商,管仲当过兵做过生意,后来举于士(士,
狱官也。赵岐注),孙叔敖兴修水利举于海,百里奚牧牛栖身于
市。但是这些圣贤"动心忍性,增益其所不能",最终都能己立立
人,兼济天下。

复次,分工与平等。

按孟子,分工虽有不同,但人是平等的,这种平等是人性本善
的平等,而不是社会地位的平等。分工使得"贤者在位,能者在
职。"(《公孙丑章句上》3·4)实际的分工不同以及社会地位的不
一样,与价值上的平等是不矛盾的。孟子答彭更章或可对此结论
有所帮助。

> 彭更问曰:"后车数十乘,从者数百人,以传食于诸侯,不
> 以泰乎?"
>
> 孟子曰:"非其道,则一箪食不可受于人;如其道,则舜受
> 尧之天下,不以为泰,子以为泰乎?"
>
> 曰:"否。士无事而食,不可也。"
>
> 曰:"子不通功易事,以羡补不足,则农有余粟,女有余

布;子如通之,则梓匠轮舆皆得食于子。于此有人焉,入则孝,出则悌,守先王之道,以待后之学者,而不得食于子。子何尊梓匠轮舆而轻为仁义者哉?"

曰:"梓匠轮舆,其志将以求食也;君子之为道也,其志亦将以求食与?"

曰:"子何以其志为哉? 其有功于子,可食而食之矣。且子食志乎? 食功乎?"

曰:"食志。"

曰:"有人于此,毁瓦画墁,其志将以求食也,则子食之乎?"

曰:"否。"

曰:"然则子非食志也,食功也。"(《滕文公章句下》6·4)

在此,孟子说明分工的区别在功不在志,在实际的效果而不是动机。[1] "于此有人焉,入则孝,出则悌,守先王之道,以待后之学者,而不得食于子。子何尊梓匠轮舆而轻为仁义者哉?"正如涂尔干指出的:

在我们看来,经济学家往往忽视了分工的另一张面孔。他们认为,分工的主要原因在于扩大生产。然而我们却认为,生产力的增加仅仅是分工的必然结果,或者说是分工现象的副作用。我们之所以朝着专业化方向发展,不是因为我们要

---

[1] 杜维明先生说:"从动机来分别士和工农在社会中起的作用和扮演的角色,似乎也有不贴切的地方。不过,孟子的自辩从服务阶层运作的逻辑和意义结构的实际效验两方面来考虑,都是有说服力的。"([美]杜维明:《孟子:士的自觉》,《杜维明文集》第五卷,武汉出版社 2002 年版,第 32 页注 2)

扩大生产,只是因为它为我们创造了新的生存条件。①

分工和专业化为我们创造了新的生存条件,无论是梓匠轮舆还是士农商虞。从为群体创造价值的方面来说,从事不同职业者彼此之间是平等的。因此,士"无事"而食与梓匠轮舆看起来不一样,实际是从不同的方面为群道作出了自己的贡献。而且贡献无大小高低之分,因为"通功易事,以羡补不足",虽然"有大人之事,有小人之事",其道一也。"尽管孟子作出了这样的区分,然而他并没有放弃精英领导和人人平等的原则转而选择社会或政治精英主义。孟子仅仅是想表明,在他那个时代,领袖和百姓之间的职能差异已经确立。"②或者进一步可以说,恰恰是由于分工,才产生了平等并使得平等得以可能。由于分工,个体之间必须互相依赖,互相信赖,从而形成有机团结,在这个有机团结的群中,无论是"大人"还是"小人",无论是劳心者还是劳力者,无论是食于人者还是食人者,都是这一有机整体不可或缺的一部分。换言之,正是由于不同的角色分工,才形成了这一有机整体而生生不息。社会至少不完全是个人之间交换产品的中介平台。因为除了经济,还有更多的因素出现在社会这个平台上。契约只是经济生活很小的一部分,而经济生活不意味着是人类生活的全部,人的生活至少还有个人爱好,或者家庭情感、集体意识等,有的人甚至还有某种崇高的宗教信仰或者诗情画意。

综上所述,孟子在与农家的辩难中提出的分工思想不仅有当时

---

① ［法］埃米尔·涂尔干:《社会分工论》,渠东译,生活·读书·新知三联书店2000年版,第232页。

② ［美］狄百瑞:《儒家的困境》,黄水婴译,北京大学出版社2010年版,第96页。

的历史意义,还有当代的现实价值。分工实现了个人价值,从而也体现了个人自由。分工使得个体之间互相依赖,从而保证了彼此的平等并在平等的基础上形成了信赖社群(fiduciary community)。在信赖社群的基础上,基于共同意识的有机团结获得了巨大的凝聚力,整个文化共同体比如文化中国不是基于法律权威或者宗教仪轨得以维系,而是在个体意识与集体意识取得动态平衡的基础上,不断地吸纳并整合外来的文明价值。因为对于一个现有的共同体而言,外在的他者,无论是谁,都是广泛意义下分工的一种承担者,如此分工就促进了社会的发展。作为一个生生不息的有机体,这一文化共同体就能够"苟日新,日日新",不断地使其成为"出于幽谷迁于乔木者",所谓"周虽旧邦,其命维新",而不是"下乔木而入于幽谷者",成为黍离之悲。

　　下一节即在此基础上,就"通功易事,以羡补不足",讨论孟子之"通有无"。

第二节　通有无

　　在上文中,孟子曰:"子不通功易事,以羡补不足,则农有余粟,女有余布;子如通之,则梓匠轮舆皆得食于子。"本来孟子是借此说明自己"守先王之道"之"功"以及此功之意义。不过,从另一个侧面也说明,只有交换才能带来价值。农虞工商四业相通,才能有货殖之利。通有无是儒家的基本原则之一。《易》《论》《学》《孟》《庸》在这一点上是血脉相通的。

　　先看《易》。首先,"《泰》,小往大来,吉亨。则是天地交,而万物通也。"(《泰·象传》)《序卦》又说,"泰者,通也。"否则就是

"否"卦,"大往小来,则是天地不交,而万物不通也。"(《否·象传》)通的原因是"易穷则变,变则通,通则久。"(《系辞》下)通的结果是"变而通之以尽利,鼓之舞之以尽神。"(《系辞》上)"通变之谓事,阴阳不测之谓神。"(《系辞》上)通的手段是"刳木为舟,剡木为楫,舟楫之利,以济不通,致远以利天下,盖取诸《涣》。"再看《中庸》。"通"字在《中庸》凡一见。"是以声名洋溢乎中国,施及蛮貊,舟车所至,人力所通,天之所覆,地之所载,日月所照,霜露所队(音坠),凡有血气者,莫不尊亲,故曰配天。"(第三十一章)此处,至、通、覆、载、照、队六字,正如朱子所注,"舟车所至以下,盖极言之"①。此处"通"字为实然义,为"致远以利天下""利涉大川"的《涣》卦义。考此句前文,"溥博渊泉,而时出之",朱子注曰:"溥博,周徧而广阔也。渊泉,静深而有本也。"②由静深之本到广阔如天,必上下通之,才能"以时发见于外也"(朱子注)。"时出之"乃孔门通义,"孔子,圣之时者也。"(《万章章句下》10·1)"变通者,趣时者也。"(《系辞》下)同时,这一"配天"的过程,就是一个推而行之的实践过程,"推而行之谓之通"。(《系辞》上)如此,"通"有实然之通,有意之通,有趣时之通,当然也是实践之通。为了夯实以上对《中庸》的理解,兹再引周子《通书》以佐证之。周子曰:

圣可学乎?曰:可。曰:有要乎?曰:有。请问焉。曰:一为要。一者,无欲也。无欲则静虚动直。静虚则明,明则通。动直则公,公则溥,明通公溥,庶矣乎?!③

①　(宋)朱熹:《四书章句集注》,中华书局2012年版,第39页。
②　(宋)朱熹:《四书章句集注》,中华书局2012年版,第39页。
③　《周敦颐集》,中华书局1990年版,第29—30页。

孔门圣学,以"仁"为本,以"通"为要。通则仁,不通则不仁,所谓"麻木不仁"。故"寂然不动,感而遂通"(《系辞》上),寂然不动,则"上天之载,无声无臭,至矣!"(《中庸》终句)感而遂通,则"发育万物,峻极于天"。(《中庸》第二十七章)

再看《大学》。"通"字在《大学》凡一见,而且没有思想意义。① 但是《大学》全文都有"通"之意义贯穿始终。王阳明的《拔本塞源论》深得其意。"若诚意之说,自是圣门教人用功第一义。"②格致诚正,修齐治平,通而为一。或"壹是皆以修身为本"(《大学》),或以格物为本如朱子,"而一旦豁然贯通焉,则众物之表里精粗无不到,而吾心之全体大用无不明矣"③。或以"止修"为本如李材。④ 总之,"《大学》一书,程、朱说'诚正',阳明说'致知',心斋说'格物',盱江(罗近溪)说'明明德',钊江(李见罗)说'修身',至此其无余蕴乎!"⑤

其要旨皆在通于圣人之心也。王阳明说:

> 天下之人心,其始亦非有异于圣人也,特其间于有我之私,隔于物欲之蔽,大者以小,通者以塞。⑥

---

① "违之俾不通",王文锦先生翻译为:使人家的功绩不能通达于君上。(参见王文锦:《礼记译解》,中华书局2001年版,第907页)

② 陈荣捷:《王阳明传习录详解集注》,台湾学生书局1984年版,第164页。

③ (宋)朱熹:《四书章句集注》,中华书局2012年版,第4页。

④ 黄宗羲:"文成而后,李先生又自出手眼,谆谆以'止修'二字压倒'良知',亦自谓考孔曾,俟后圣,抗颜师席,率天下而从之,与文成同。"[(清)黄宗羲:《明儒学案》,中华书局1986年版,第13页]

⑤ (清)黄宗羲:《明儒学案》,中华书局1986年版,第13页。

⑥ 陈荣捷:《王阳明传习录详解集注》,台湾学生书局1984年版,第195页。

故阳明子做"拔本塞源论"以明圣学。如果不能拔私之本、不能塞恶之源则本心不通，则如王阳明所说：

> 记诵之广，适以长其敖也；知识之多，适以行其恶也；闻见之博，适以肆其辨也；辞章之富，适以饰其伪也。①
>
> 所幸天理之在人心，终有所不可泯，而良知之明，万古一日，则其闻吾拔本塞源之论，必有恻然而悲，戚然而痛，愤然而起。沛然若决江河，而有所不可御者矣。非夫豪杰之士，无所待而兴起者，于谁与望乎？②

如此，《大学》之教，"在明明德"，在通本心。

本书将"通有无"翻译为"Marrying Supply and Demand"也是颇费周折。用 Marry 一词体现了阴阳互通之本意，用 Supply（供给）和 Demand（需求）表现了孟子"通功易事，以羡补不足"之意，也符合市场经济的供需理论。"通"是"天地群己"思想体系得以有生命力的血气之脉。绝地天通③以后重新使得天地相通就成为建设文化共同体的一个重大问题，如果不是首要问题的话。孟子所说君子"上下与天地同流"也许可以从这个角度来理解之。扬雄甚至直言："通天、地、人，曰儒。"④由于仁自身能够感而遂通，所以仁能够使得天地通，群己通，群地通，己地通，天群通，天己通，使得六通合而为一。天地群己的四个维度相互之间互通互感，互为

---

① 陈荣捷：《王阳明传习录详解集注》，台湾学生书局 1984 年版，第 198 页。
② 陈荣捷：《王阳明传习录详解集注》，台湾学生书局 1984 年版，第 198 页。
③ "绝地天通"见《国语·楚语》《周书·吕刑》。
④ 李守奎：《扬子法言译注·君子卷第十二》，黑龙江人民出版社 2003 年版，第 193 页。

因果,整个系统生生不息,而且变动不居。这也是本书讨论的复杂性和动态性所在。一言以蔽之,天地群己是一个以仁为枢纽的动态有机整体。作为枢纽的仁本身何以能为?孔子曰:"为仁由己"(《颜渊第十二》),因此,君子只有"从天之所予、民之所好和先圣之道所成的各种源头,引出丰富的文化资源,才能充分凸显既有群体基础、又有批判精神的自我意识"①。

以上讨论只是略明儒家明通之义,以承前文之明分工,启下文之通有无,为儒家的取与之道接上源头活水。根据以上的讨论,或许可以说儒家不仅通阴阳(《泰》卦为外坤内乾之相)以生生不息,通天地人以明明德,更通物之有无以建立一个国泰民安的社会。兹回到孟子,加深对通有无之论证。

首先,孟子是自由贸易的倡导者。"古之为市也,以其所有易其所无者,有司者治之耳。"(《公孙丑章句下》4·10)按孟子,古之为市的目的就是通有无,有司治之而不征商。孟子对此发明甚多,兹胪列原文如下:

1)孟子曰:"古之为关也,将以御暴;今之为关也,将以为暴。"(《尽心章句下》14·8)

2)"无曲防,无遏籴,无有封而不告。"(《告子章句下》12·7)

3)白圭曰:"丹之治水也愈于禹。"

孟子曰:"子过矣。禹之治水,水之道也,是故禹以四海为壑。今吾子以邻国为壑。水逆行谓之洚水,洚水者,洪水

---

① 《杜维明文集》第一卷,武汉出版社2002年版,第56页。

也,仁人之所恶也。吾子过矣。"(《告子章句下》12·11)

4)"尊贤使能,俊杰在位,则天下之士皆悦而愿立于其朝矣。市,廛而不征,法而不廛,则天下之商皆悦而愿藏于其市矣。关讥而不征,则天下之旅皆悦而愿出于其路矣。耕者助而不税,则天下之农皆悦而愿耕于其野矣。廛无夫里之布,则天下之民皆悦而愿为之氓矣。信能行此五者,则邻国之民仰之若父母矣。率其子弟,攻其父母,自生民以来,未有能济者也。如此,则无敌于天下。无敌于天下者,天吏也。然而不王者,未之有也。"(《公孙丑章句上》3·5)

按第一条所引,孟子批评了"今之为关也,将以为暴",有违古意,阻碍了市场流通。第二条所引,即是孟子引齐桓公五禁之第五禁,即不要到处筑堤,不要禁止邻国来采购粮食,不要有所封赏而不报告(盟主)。① 孟子在此所引应该是对齐桓公霸业的肯定,因为这一条盟约促进了市场流通,有利于民生,然而,"今之诸侯皆犯此五禁,故曰,今之诸侯,五霸之罪人也。"(12·7)第三条所引是白圭以邻为壑的例子,从反面说明曲防之害,孟子直言白圭错了。按孟子,禹治理水患,是顺乎水的本性而为,通四海以为壑,白圭以邻国为壑,导致洚水之害,此乃仁人之所恶也。从这一条讲,孟子不仅是自由贸易的倡导者,更是反对国家利益至上的,互惠互利原则才是孟子的国际关系准则之一。陈焕章博士认为,根据孔门的主张,国际贸易应绝对自由。而之所以如此,其原因在于孔门弟子的原则是世界大同主义,而且,其目标是使全世界均平,因此,他们以

---

① 参见杨伯峻:《孟子译注》,中华书局2010年版,第267页。

极端的形式提倡自由贸易学说也就不足为奇了。①

　　以上所引第四条比较复杂。孟子提了五点,涵盖人才政策、市场管理、流通环节、农业税、财产税等五个方面。孟子的主要意思还是提倡自由市场经济,反对政府征税。孟子提到,市,廛而不征;关,讥而不征;耕,助而不税;廛,无夫里之布。此四者,如果拿当时最重要的物资即粮食作为例子,从销售环节,流通环节到生产环节,孟子都不主张政府征税,而是倡导市场的自由流通。按孟子,能够实行这些政策的政府,就是人民的好政府,此即是王道。

　　其次,倡导自由市场流通,"以其所有易其所无",不仅是孟子之思想,也是儒者通义。兹胪列如下:

　　　1)氓之蚩蚩、抱布贸丝。(《诗·氓》)

　　　2)日中为市,致天下之民,聚天下之货,交易而退,各得其所,盖取诸《噬嗑》。(《系辞》下)

　　　3)是月也(仲秋之月),易关市,来商旅,纳货贿,以便民事。四方来集,远乡皆至,则财不匮,上无乏用,百事乃遂。凡举大事,毋逆大数,必顺其时,慎因其类。(《礼记·月令》)

所引第1)2)3)条,分别从《诗》《易》《礼》三经,皆可略窥贸、市、商之信息,通有无之意蕴。

　　　4)古者:公田,藉而不税。市,廛而不税。关,讥而不征。林麓川泽,以时入而不禁。夫圭田无征。用民之力,岁不过三日。田里不粥,墓地不请。(《礼记》《王制》)

---

① 　参见陈焕章:《孔门理财学》,韩华译,商务印书馆2015年版,第284页。

5)门闾毋闭,关市毋索。(《礼记·月令》)

6)王者之法:等赋、政事、财万物,所以养万民也。田野什一,关市几而不征,山林泽梁,以时禁发而不税。相地而衰政。理道之远近而致贡。通流财物粟米,无有滞留,使相归移也,四海之内若一家。故近者不隐其能,远者不疾其劳,无幽闲隐僻之国,莫不趋使而安乐之。夫是之为人师。是王者之法也。(《荀子·王制》)

7)关市几而不征,质律禁止而不偏,如是、则商贾莫不敦悫而无诈矣。(《荀子·王霸》)

8)轻田野之赋,平关市之征,省商贾之数,罕兴力役,无夺农时,如是则国富矣。夫是之谓以政裕民。(《荀子·富国》)

9)苛关市之征,以难其事。(《荀子·富国》)

从第4)到第9)条,辞气和意思与孟子如出一辙。可见,通有无、促流通,重市场都是孔门本有之教,富民富国富天下,是王道的必然之选。

最后,遏制商业而不通有无,其始作俑者是法家。试举《商君书》[1]一例即可说明问题:

1)使商无得籴,农无得粜。(《垦令》)

2)使民无得擅徙。(《垦令》)

3)重关市之赋,则农恶商,商有疑惰之心。农恶商,商疑惰,则草必垦矣。(《垦令》)

---

[1] 本书所引《商君书》据高亨:《商君书注译》,中华书局1974年版。以下只随文注篇名。

4）故其境内之民，皆化而好辩乐学，事商贾，为技艺，避农战，如此则亡国不远矣。（《农战》）

5）夫民之不可用也，见言谈游士事君之可以尊身也，商贾之可以富家也，技艺之足以糊口也。民见此三者之便且利也，则必避农；避农则民轻其居，轻其居则必不为上守战也。（《农战》）

6）市利尽归于农者，富。（《外内》）

所引第一条就是不允许最重要的物资粮食的买（籴）和卖（粜），其目的是使"农勉疾"，使"商怯而欲农"，不仅抑商，而且逼商为农。第二条是禁止民擅自迁徙，将民禁锢在土地上，"草必垦"，与奴隶无异。第三条是通过重税迫使"农恶商"。第四条和第五条，恰好说明商能使民富，民富则获得了有限的自由，这是法家所不能容忍的，因为这样民就逃避农战，"不为上守战也"。进一步分析可得，法家不仅抑商而污商，而且对于化民成俗的礼乐文教乃至养家糊口之技艺都一律反对，这与儒家化民成俗之礼乐教化完全反动，与"来百工则财用足"的孔子之教形同水火。法家是"市利尽归于农"而达到富的目的，不过所富是王而不是民。①

故曰欲农富其国者，境内之食必贵，而不农之征必多，市利之租必重，则民不得无田。无田，不得不易其食；食贵则田者利，田者利则事者众。（《商君书·外内篇》）

通过多征和重租，就可以迫使民不得无田，去商而事农，最终财富

① 见前文第四章第二节之第二小节《孟子严辨义利》结尾。

为王所有,民为王而战,此谓"耕战"。

以上从反面论证,通商重市以富民是儒家之教,重农抑商以富君是法家流毒,孔孟之教不明,法家流毒至今。而且,儒家不仅仅是倡导自由市场经济,而且反垄断。下节讨论的主题就是"反垄断"。

第三节 反垄断

1890 年美国政府颁布的《谢尔曼法》(Sherman Act),是世界上最早的反垄断法。第一个反垄断案件是针对洛克菲勒的,最终洛克菲勒的公司被拆分,但是洛克菲勒的个人财富却得到了意外的增长。美国电报电话公司(AT&T)遭遇的垄断诉讼和微软公司遭受的反垄断调查早为世人所知。《中华人民共和国反垄断法》已于 2007 年 8 月 30 日通过,自 2008 年 8 月 1 日起施行。

学界似乎有一种共识,中文"垄断"一词来源于《孟子》一书。对"垄断"的开揭和批判在"天地群己"的框架中应属"群"道的一个重要组成部分。孟子曰:

> 然。夫时子恶知其不可也?如使予欲富,辞十万而受万,是为欲富乎?季孙曰:"异哉子叔疑!使己为政,不用,则亦已矣,又使其子弟为卿。人亦孰不欲富贵?而独于富贵之中,有私龙断焉。"古之为市也,以其所有易其所无者,有司者治之耳。有贱丈夫焉,必求龙断而登之,以左右望而罔市利。人皆以为贱,故从而征之。征商,自此贱丈夫始矣。(《公孙丑章句下》4·10)

在这里,"龙断"即"垄断",行文除引文外皆写为"垄断",后仿此。

据学者考证,"垄断"又做"垅断""陇断""龙断"①:

> "垄断"在古汉语中又写作"陇断""龙断"。"陇断"一词
> 见于《列子》,其义当为"高丘隔绝";"龙断"的最早用意见于
> 《孟子》,其义已发展为"独立的高丘",并由典故引申而有"把
> 持和独占"之义,是垄断一词现代意义的来源。从三词在不
> 同的古典文献中的用例可见,明代以后"垄断"逐步取代"陇
> 断"和"龙断",其"把持和独占"之义被广泛使用。②

总之,在孟子之前的文献中,没有"垄断"一词。而且孟子所使用
的"垄断"一词的含义与现代商业的垄断的含义不说完全一样,也
有很大的类似。杨伯峻先生注曰:"(垄断)又可借做动词,网罗市
利之意。"③

再看朱子之注:

> 此孟子引季孙之语也。季孙,子叔疑,不知何时人。龙断,
> 岗垄之断而高也,义见下文。盖子叔疑者尝不用,而使其子弟
> 为卿。季孙讥其不得于此,而又欲求得于彼,如下文登龙断者
> 之为也。孟子引此以明道既不行,复受其禄,则无以异此矣。

> 孟子释龙断之说如此。治之,谓治其争讼。左右望者,欲
> 得此而又取彼也。罔:谓罔罗取之也。从而征之,谓人恶其专
> 利,故就征其税,后世缘此遂征商人也。④

---

① 许匡一:《关于垄断的研究》,《古汉语研究》1989 年第 3 期。
② 李艳:《浅议"垄断"的词义演变》,《扬州教育学院院报》2012 年第 2 期。
③ 杨伯峻:《孟子译注》,中华书局 2010 年版,第 96 页。
④ (宋)朱熹:《四书章句集注》,中华书局 2012 年版,第 250、251 页。

按朱子,"垄断"的含义是"不得于此,而又欲求得于彼",这是登垄断者之为。垄断的方法是"左右望者,欲得此而又取彼也",其手段是"网市利",其目的是朱子在此用的"专利"二字。其后果有二,一是人恶其专利,以"贱丈夫"之名对待这些垄断者;二是有司征其税,政府开始干预经济。段玉裁《说文解字注》云,"買,市也。从网、贝。孟(指孟子)曰登垄断而网市利,此引以证从网、贝之意也。(略)"①

按段氏,孟子之"网市利"即有在市场上进行买卖(繁体字買从网与贝)而获取利润的意思,按朱子,此利是"专利",综合二家之意,这样的理解也许不会太偏颇,即孟子在此批判的"垄断"行为是一种对市场的把持和对利润的独占。

对于这一段,理雅各(Legge)先生的翻译是这样的:

Mencius said, "Yes; but how should the officer Shi know that the thing could not be? Suppose that I wanted to be rich, having formerly declined 100,000 zhong, would my now accepting 10,000 be the conduct of one desiring riches?" Ji Sun said, "A strange man was Zi Shu Yi. He pushed himself into the service of government. His prince declining to employ him, he had to retire indeed, but he again schemed that his son or younger brother should be made a high officer. Who indeed is there of men but wishes for riches and honour? But he only, among the seekers of these, tried to monopolize the conspicuous

---

① (清)焦循:《孟子正义》,中华书局1987年版,第302页。

mound. "Of old time, the market-dealers exchanged the articles which they had for others which they had not, and simply had certain officers to keep order among them. It happened that there was a mean fellow, who made it a point to look out for a conspicuous mound, and get up upon it. Thence he looked right and left, to catch in his net the whole gain of the market. The people all thought his conduct mean, and therefore they proceeded to lay a tax upon his wares. The taxing of traders took its rise from this mean fellow.①

理雅各先生将"私垄断焉"翻译为"tried to monopolize the conspicuous mound"。这与现代商业用语中汉语的"垄断"和英语的"monopololize(monopoly)"之间在互相格义的基础上所形成的用法基本上是一致的,特别是"to catch in his net the whole gain of the market"与朱子的网市场之利而专之的意思也是一样的。

　　垄断最大的特点是"专利"(借朱子注)或者是 the whole gain of the market(理雅格的翻译)。孟子说"人亦孰不欲富贵?而独于富贵之中有私龙断焉。"古今之注,对这个私字的注释不多。赵岐注为"私登龙断"。② 这与后文"必求龙断而登之"文气不类,况且有"公登垄断"乎?因此,季孙所说的"有私垄断"在此是否可以理解为"有私而垄断"焉?子叔疑自己不被用而"又使其子弟为卿",

---

① 　James Legge:"The Chinese Classics", *The Works of Mencius*,台湾南天书局有限公司 1991 年版,第 227 页。

② 　李学勤主编:《十三经注疏·孟子注疏》,北京大学出版社 1999 年版,第120 页。

其原因是"有私",其行为是"垄断",杨伯峻先生在此句之后干脆加了一句"怎样叫做'垄断'呢?"①以启后面孟子关于垄断的解释。杨先生这样的理解可以支持把有私和垄断分开理解的正确性,而不是赵岐所注"私登垄断"的解释,如果按赵注,"有"字好像就没有了着落。故此,"有私"是原因,"垄断"是手段,"专利"是目的,"征商"是后果,"贱丈夫"之名是伦理代价。

当然,熊彼特提醒说:

> 严格意义上的垄断指的是某一单个卖者(个人或公司)所处的地位,他所面对的是(一)不以他自己的行动,(二)也不以与他竞争的其他物品的卖者的行动为转移的既定的需求表。——因而较宽泛地解释垄断这个词,只会带来混乱。②

这个"需求表"是刚性的,比如盐铁粟米等。按孟子,"古之为市也,以其所有易其所无者,有司者治之耳。"焦循《正义》曰:

> 《易》《系辞传》云:日中为市,致天下之民,退,各得其所,盖取诸《噬嗑》。交易,即以所有易所无。彼此各有所有,各有所无,一交易,而无者皆有,故各得其所。③

许行以粟易冠,以粟易釜甑,以粟易铁,都是"以其所有易其所无者","退,各得其所。"但是垄断使得"日中为市"达不到"各得其所"的目的,因为"贱丈夫""网市利"而"专利"。考《易传》与《孟

---

① 杨伯峻:《孟子译注》,中华书局 2010 年版,第 95 页。
② [美]约瑟夫·熊彼特:《经济分析史》第一卷,朱泱等译,商务印书馆 1991 年版,第 236 页注 1。
③ (清)焦循:《孟子正义》,中华书局 1987 年版,第 301 页。

子》,可以得出结论,儒家的态度是倡导通有无的市场经济而反对垄断的。这也是对上一节通有无的进一步发明。

但是坊间的错觉是儒家主张"抑商"。实际上,"抑商"的始作俑者是法家,变本加厉者是专制皇权,这二者都是儒家努力批判甚至是奋起反抗的。在孟子时代,中央集权制尚未建立,列强纷争,各国为了富国强军,对于商业和市场是鼓励的。各国都有"征商"的政府行为,但是政府还没有条件进行"垄断"。相反,由于列强之间综合国力的竞争,各国都采取了吸引商人,培育市场,发展商业的各种手段,各国政府还没有条件能够走到前台对商业进行垄断。即便是牧民如管子,也"通齐国之鱼盐于东莱,使关市几而不正,廛而不税,以为诸侯之利,诸侯称宽焉。"(《管子·小匡》)但是管子已经有了利用国家机器垄断市场的端倪,"盐铁抚轨,谷一廪十,君常操九。民衣食而繇下,安无怨咎。去其田赋,以租其山。"通过盐铁纳入政府经营的轨道,在"去其田赋"而民"安无怨咎"的情况下,还能增加政府的财政收入,所谓"君常操九"。不过管子虽然基本上是利用垄断来加强齐国政府的经济实力,但是还不敢赤裸裸地剥削人民,而是以去其田赋为交换条件。等到秦汉一统,中央专制政权建立以后,国家垄断就成了人民的噩梦。前有桑弘羊的盐铁专卖,中有隋唐的公廨本钱制的官营高利贷,后有明代的开中,清代的盐引,其实质都是政府通过垄断,牟取暴利。无论是中唐的理财能手刘晏还是宋代的改革家王安石,都看中了国家垄断的巨大好处,而将孟子的教导抛之脑后。

至于依附在明朝开中制上靠军粮和食盐发财的所谓晋商、徽商,更是国家垄断之下的寄生虫,何来商业伦理可言。至于清代靠票号起家的晋商和靠军费发家的胡雪岩,则比垄断更加恶劣,只是发了国难财而已，更谈不上任何商业精神。当然，自古皇权不下县，何况除了盐铁之专卖、米粟之漕运为政府垄断，至少有茶、丝、木、药等其他重要物资属于自由流通领域，"平情而论，历史中颇有勤政爱民的循吏，也有公买公卖的安良商贾，尤其是义举、善举的贡献，突出传统伦理道德的作用"①。

　　商是富国富民之本，正是看到了商能致富，中央专制政府才有了抑商动机。政府抑商是为了将市场的利益通过市场垄断变为政府的专利。由于重商才导致了抑商，重商是原因，抑商是结果。抑商的目的还是重商，不过此重商是为了专制政府自己的私利而已。如此长时间大规模的抑商至少从反面证明了商业的重要性，否则何必去抑。就像列文森被"文化大革命"反儒教引起的困惑是一样的，如果儒教是金字塔里的木乃伊，是博物馆的标本，怎会还有狂热批判儒家、全民反对儒教之必要和可能。抑商也是同样的道理。可悲的是儒家替专制皇权背负了抑商的罪名。稍检《盐铁论》就能看出儒生反抗国家垄断的思想。"今郡国有盐、铁、酒榷、均输，与民争利。""立盐、铁，始张利官以给之，非长策也。"②文学明确指出，实行盐铁官营，设置掌管财利的官吏来供给边防费用，这决不是长久之计。当然文学在批评大夫桑弘羊的辩论过程中，把政府垄断的商业行为当做一般的商业行为一概予以反对，没有区别政府通过商业牟利与民间通过商业致富之间的本质区别，其远不能遥契孔孟的富民之教，其近不得史迁的"上则富国，下则富家"的货殖意蕴，看到了"最下者与之争"的政府垄断所带来的弊

①　杨联陞：《原商贾》，见余英时：《中国近世宗教伦理与商人精神》，九州出版社2014年版，第11页。

②　王利器校注：《盐铁论校注》，中华书局1992年版，第3页。

端，而不知政府对农工商虞还有"善者因之，其次利道之，其次教诲之，其次整齐之"①的指导、促进和规范的作用，不能系统地理解《周书》所说"农不出则乏其食，工不出则乏其事，商不出则三宝绝，虞不出则财匮少"的古训，在反对政府垄断的过程中，过分重农抑商，使得儒家在后世背负了抑商的罪名。熊彼特指出：

> 各民族国家建立垄断组织或维持垄断局面，都有自己的特殊目的。其中一个目的前面已经提到过了，就是重建经济。另一个目的是给统治者本人带来收益。……很自然的，不管是用上述方法中的哪一种方法，为了上述目的中的哪一种目的来剥削人民，人民都会感到不满。②

抑商以重农的名义，不过借着汉儒的偏颇之论，持续了两千多年，至今未绝；垄断如鸦片，各个政权都嗜此成瘾。其上者是为了富国强兵如汉武帝，如宋神宗，或如熊彼特所说是"重建经济"；其下者只是为了一己之奢欲，一姓之繁荣，罄竹难书，或如熊彼特所说"给统治者本人带来收益"。但是，"很自然的，不管是用上述方法中的哪一种方法，为了上述目的中的哪一种目的来剥削人民，人民都会感到不满"。孟子曰：

> 尧舜，性之也；汤武，身之也；五霸，假之也。久假而不归，恶知其非有也。（《尽心章句上》13·30）

---

① （汉）司马迁：《史记》卷一百二十九，中华书局1982年版，第3253页。
② ［美］约瑟夫·熊彼特：《经济分析史》第一卷，朱泱等译，商务印书馆1991年版，第233—234页。

王霸之辨前贤所论颇多①,如果从垄断的角度来看,五霸尚能假仁义而行之,虽说是暂假暂归,管仲辅佐齐桓公治齐国是其例。到了皇权专制的时代,"五霸之罪人也",只剩下给统治阶级本人带来收益的垄断了,但是只要有一分天理在,则国祚不绝。正如胡宏所说:

> 天理绝而人欲消者,三代之兴王是也。假天理以济人欲者,五霸是也。以人欲行而暗与天理合者,自两汉以至于五代之兴王盛主是也。存一分之天理而居平世者,必不亡。行十分之人欲而当乱世者,必不存其昭然日月,断然如符契。②

儒家"非不知穷厄而不见用,悼痛天下之祸,犹慈母之伏死子也,知其不可如何,然恶已"③。孟子曰:"于不可已而已者,无所不已"(《尽心章句上》14·44),故在汉则有"九江祝生奋由、路之意,推史鱼之节,发愤懑,刺讥公卿,介然直而不挠,可谓不畏强御矣"④。在明清则有黄宗羲,他写道:

> 岂天地之大,于兆人万姓之中,独私其一人一姓乎!是故武王圣人也,孟子之言圣人之言也;后世之君,欲以如父如天之空名禁人之窥伺者,皆不便于其言,至废孟子而不立,非导源于小儒乎!⑤

孟子诚不我欺哉!

---

① 参见周淑萍:《两宋孟学研究》,博士学位论文,西北大学,2004年。
② 《胡宏集·与樊茂实书》,中华书局1987年版,第124页。
③ 王利器校注:《盐铁论校注》,中华书局1992年版,第605页。
④ 王利器校注:《盐铁论校注》,中华书局1992年版,第614页。
⑤ 黄宗羲:《明夷待访录·原君》,清光绪二十三年版铁香室丛刊。

第四节　行公益

取与之道必有"与"道，"与"道在当今以行公益为普遍。孟子"道性善"，由性善则有善行。① 故读《孟子》亦可为行公益之善行找到源头活水。

学界一般认为，在一个稳定的市场经济社会，通过市场行为而取得财富是第一次分配，个体(企业和个人)依法纳税和国家财政调控实现了财富的第二次分配，社会性的公益捐助是财富的第三次分配。质言之，第一次资源的分配是取财之道，第二次分配是仁政之道，第三次分配是公益之道。这三者都牵涉到平等与自由、公平与效率、权力与权利等诸多矛盾，中外古今先哲皆有深刻阐述。商学两界也应该早已形成共识，公益伦理是商业伦理的一个重要组成部分，在此不得不予以讨论。本节仅仅讨论孟子的公益伦理思想。

公益②很难用慈善来涵盖。用慈善来翻译 Philanthropy 或者 Charity 皆有很浓厚的基督教色彩③，汉语慈善一词本身有一种居

---

① 参见樊琪:《由性善到行善——孟子慈善思想探析》,《民族论坛》2013 年第 6 期。

② 从狭义上来说,"公益",是指以非政府的形式进行的,具有非营利性、非强制性、救助性和奉献性的一切公益活动的总和。公益事业产生和存在的一个最基本的依据在于社会弱者或弱势群体的存在。公益具有非政府性、非营利性、救助性、非强制性和社会性等特点。(参见戚小村:《公益伦理略论》,湖南师范大学博士学位论文,2006 年)

③ "慈善"一词在英文中有多种表达法。例如, "philanthropy",源于希腊文,表示"善心""博爱主义"之意; "charity",表示"博爱""宽容""慈善事业"等意思; "beneficence",表示"慈善""善行""捐款"等意思; "benevelence"表示"仁慈""善行""捐款"等意思。(参见戚小村:《公益伦理略论》,博士学位论文,湖南师范大学,2006 年)

高临下以强赐弱者的味道①。综合以上考虑,本书还是用公益行文比较好,在此可以理解为公共利益,既然是公共的,就不是一己一家一国之私。但是何为公共利益,学界还没有取得共识,只是有一些模糊的共同的看法,也应该是一个层层递进、层层突破的过程。在此只提一点,如果社群利益超过家族利益,国家利益超过社群和家族利益,国家利益也不能是公共利益的最高体现,所谓"Nothing is beyond American Interest"的美国利益至上论就会导致既狭隘更危险的民族主义。Robert Bellah 先生在第四届中美核心价值对话中指出,中美共同的民族主义将是未来中美面临的共同挑战。儒家教导的是一种差等的爱,由自己推到家庭,再到社群国家,直到天下,层层设定,层层突破,因此儒家的公益是一个动态的变化的概念,变动不居是其特点,合议遵道是判断的标准。行公益既是儒家教导的题中应有之义,但是又有其与其他轴心时代的思想教导不一样的特点。其根本还是一个仁字。

一、亲亲而仁民

本章一开始引陈荣捷先生的话为开篇。陈先生说:"儒家由亲亲而仁民而爱物,孟子亦明谓与之聚之。"②前面两节所论差可归为取道,本节则以"行公益"之名略论与道。孟子曰:

---

① 中国古代并无"慈善"一词, 它是伴随佛教的传人而逐渐流传开的。考诸文献,"慈善"一词在南北朝时就出现了。如《北史·崔光传》就有这样的字句:"光宽和慈善,不忤于物,进退浮沉,自得而已。"不过文中的"慈善"是夸赞崔光这个人性格宽厚和气的意思,与今人所言的"慈善"有所区别。(参见胡发贵:《试论儒家的慈善思想》,《南京工业大学学报》2009 年第 3 期)

② 陈荣捷编:《中国哲学文献汇编》,杨儒宾等译,江苏教育出版社 2006 年版,"自序"。

　　　　君子之于物也,爱之而弗仁;于民也,仁之而弗亲。亲亲
而仁民,仁民而爱物。(《尽心章句上》13·45)

在孟子,亲亲,仁民,爱物是一个由内往外推的过程。借用英文的
说法,Empathy 是发自内在的恻隐之心,感而遂通, Sympathy 是向
外表达的仁爱,感同身受。无论是由内到外还是由外到内,其根本
都是仁。爱之,是对于万物;仁之,是对于同类之民;亲之,是对于门
内之亲。此谓儒家的差等之爱。在《孟子》本章原文之后一章,孟子
曰:"仁者无不爱也,急亲贤之为务。"(《尽心章句上》13·46)本章
之前一章,孟子曰:"于所厚者薄,无所不薄也。"该厚则厚,该薄则
薄。如果所薄者厚,则"其进锐者,其退速"不可为也;如果所厚者
薄,则"于不可已而已者,无所不已"。如此厚薄相宜,才是所谓的
"人皆有所不忍,达之于其所忍,仁也;人皆有所不为,达之于其所
为,义也。"(《尽心章句下》14·31)何以谓不忍人之心? 孟子曰:

　　　　所以谓人皆有不忍人之心者,今人乍见孺子将入于井,皆
有怵惕恻隐之心。非所以内交于孺子之父母也,非所以要誉
于乡党朋友也,非恶其声而然也。由是观之,无恻隐之心,非
人也;无羞恶之心,非人也;无辞让之心,非人也;无是非之心,
非人也。恻隐之心,仁之端也;羞恶之心,义之端也;辞让之
心,礼之端也;是非之心,智之端也。人之有是四端也,犹其有
四体也。有是四端而自谓不能者,自贼者也;谓其君不能者,
贼其君者也。凡有四端于我者,知皆扩而充之矣,若火之始
然,泉之始达。苟能充之,足以保四海;苟不充之,不足以事父
母。(《公孙丑章句上》3·6)

按此，四端"苟能充之，足以保四海；苟不充之，不足以事父母。"孟子人性论为行公益奠定了基础。

孟子对如何行公益也多有所教。首先：

> 老吾老，以及人之老；幼吾幼，以及人之幼。天下可运于掌。诗云："刑于寡妻，至于兄弟，以御于家邦。"言举斯心加诸彼而已。故推恩足以保四海，不推恩无以保妻子。古之人所以大过人者无他焉，善推其所为而已矣。（《梁惠王章句上》1·7）

"老吾老"是门内之治，"以及人之老"是门外之治，"幼吾幼"是责任所在，"以及人之幼"是道德所在。诗云："刑于寡妻，至于兄弟，以御于家邦。"内外有别是儒家的特点。所谓"门内之治恩掩义，门外之治义断恩"①。但是这种内外又是一体的，都是"推恩"的实践过程和实际结果。如果不推恩，"无以保妻子"，如果推恩，则"足以保四海"。二者是一个连续的过程，没有一种断裂和跳跃。如果内外之分表现的是儒家的差等之爱，那么推恩之教则是儒家的仁者与万物一体的博爱。其精神来源就是"举斯心加诸彼而已"。内外也罢，推恩也罢，其伦理基础都是自己的"心"，而这个心就是孟子的"本心"，其表现之一端即"恻隐之心"。一个人没有放失之本心的自然之流行发用，就可以老人之老，幼人之幼。换言之，儒家的仁是由己及人，由内之外的自然发用，甚至不必拈出公益二字以做特别之说明。儒家的公益是立足于家庭的。儒家行公

---

① 陈乔见：《公私辨——历史衍化与现代诠释》，生活·读书·新知三联书店2013年版，第126页。

益是由己及人、由内向外进行"推恩"的结果，而不是依外救己、由外向内寻求"救赎"的动机，儒家没有"同胞意识宗教与现世间的紧张关系"①，因此儒家行公益没有裸捐这一说，但是拿出个人财富的一部分甚至全部给家族或者邻里乡党的决定也是符合孔孟之教的，毁家纾国者更是史不绝书。

当然，孟子的推恩也是有一定的灵活性的，而不是迂阔之教。首先要明白所处的时代和环境。试看原文：

> 禹、稷当平世，三过其门而不入，孔子贤之。颜子当乱世，居于陋巷。一箪食，一瓢饮。人不堪其忧，颜子不改其乐，孔子贤之。

> 孟子曰："禹、稷、颜回同道。禹思天下有溺者，由己溺之也；稷思天下有饥者，由己饥之也，是以如是其急也。禹、稷、颜子易地则皆然。今有同室之人斗者，救之，虽被发缨冠而救之，可也。乡邻有斗者，被发缨冠而往救之，则惑也，虽闭户可也。"（《离娄章句下》8·29）

行公益，有为有不为，孟子曰："人有不为也，而后可以有为。"（《离娄章句下》8·8）。禹、稷当平世，天下溺如己溺，天下饥如己饥，为天下而忙，乃至"三过其门而不入"。但是颜子"居于陋巷，一箪食，一瓢饮。"做公益取决于所处的时代和个人的经济地位。还有就是由近及远的原则，"今有同室之人斗者，救之，可也"，但是"乡

---

① ［德］马克斯·韦伯：《宗教社会学·宗教与世界》，康乐、简惠美译，广西师范大学出版社 2011 年版，第 458 页。另见该书第 456 页："教团的宗教意识（Gemeindereligiositaat）将这种古老的邻人经济伦理，转用到信仰的同胞关系上。从前是贵者与富人的义务，如今变成所有伦理性化宗教的根本命令。"

邻有斗者,虽闭户可也。"

再看孔子之教。

> 子曰:"弟子入则孝,出则弟,谨而信,泛爱众而亲仁。行
> 有余力,则以学文。"(《论语·学而第一》1·6)

儒家有"泛爱"的思想。泛爱的前提是"孝""弟"。孝悌于家庭之
内是基础,没有门内之爱,就无法推到门外之爱,门外之爱就没有
了根,成为虚说。分言之,如果不立足于孝悌之内而兼爱,儒家就
成了墨家。但这种泛爱,也是有原则的,其原则就是"亲仁",不亲
仁而泛爱就成了博爱,儒家就成了基督教。当然,如果只有门内的
孝悌之爱而没有门外的"泛爱众",只突出家庭门内的价值而将社
会的价值加以消解,儒家就成了"黑手党"。[1]

从最高理想来讲,儒家的泛爱不是兼爱,不是博爱,更不是一
家之私的黑手党,深言之,博施济众是孔门仁圣之求,单就这一点
而言,儒家与墨耶两家殊途同归,四海之内皆兄弟,[2]从而避免了
黑手党伦理。

> 子贡曰:"如有博施于民而能济众,何如? 可谓仁乎?"子
> 曰:"何事于仁,必也圣乎! 尧舜其犹病诸! 夫仁者,己欲立
> 而立人,己欲达而达人。夫,音扶。以己及人,仁者之心也。
> 于此观之,可以见天理之周流而无间矣。状仁之体,莫切于

---

① 杜维明:《人文精神与全球伦理》,《杜维明文集》第五卷,武汉出版社 2002 年
  版,第 514 页。

② 涂尔干有集体意识(Collectiveness Consciousness),付瑞德(H Fried)有 Tunism,
  以描述"同"的关系。(参见林端:《儒家伦理与法律文化》,中国政法大学出
  版社 2002 年版,第 11、41—42 页)

此。能近取譬,可谓仁之方也已。"(《雍也第六》6·28)

从伦理实践来说,能近取譬是孔门为仁之方,这一点使得儒家的泛爱具有可操作性,如果要爱人,那么当下即是,身边即是,不必"道在尔而求诸远,事在易而求之难。"而是"人人亲其亲、长其长而天下平"(《离娄章句上》7·11)。

> 孟子谓宋句践曰:"子好游乎? 吾语子游。人知之,亦嚣嚣;人不知,亦嚣嚣。"曰:"何如斯可以嚣嚣矣?"曰:"尊德乐义,则可以嚣嚣矣。故士穷不失义,达不离道。穷不失义,故士得己焉;达不离道,故民不失望焉。古之人,得志,泽加于民;不得志,修身见于世。穷则独善其身,达则兼善天下。"(《尽心章句上》13·9)

总之,仁者亲亲,亲亲而泛爱,泛爱而亲仁,以仁为根,由己及人,从内到外,都是仁者爱人的恻隐之心扩而充之的过程。基于此,儒家行公益得以可能,申言之,在儒家,行公益是一件"沛然莫之能御"的本心发用,天德流行,既不是对地狱的恐惧,也不需天堂的诱惑,既不索涅槃的功利,也不求来世的福报,而是当下即是,不假外物,将自己的不忍人之心化为公益之行。儒家这种没有利益诉求,不著相的公益之心,历史悠久。在《诗经》中可略窥一斑。

> 彼有不获稺,此有不敛穧,彼有遗秉,此有滞穗,伊寡妇之利。(《大田》)

深玩此诗,推己及人、博施济众是文化中国祖先的成德之教。不获稺、不敛穧、遗秉、滞穗,这四种洒落的粮食都留下来"伊寡妇之利"。让寡妇通过自己的劳动,获得一定的收获,是行公益的最高境界。这些遗秉、滞穗都是在生产劳动中自然而然产生的,没有任何施舍的意思,寡妇在田间地头可以辛勤捡拾这些粮食回家,积少成多,也是可观。孟子没有直接引用此句诗,不过孟子引用了同一首诗的前面一句"雨我公田,遂及我私"。显然孟子对《诗经·小雅·大田》这首诗是很熟悉的。

从《诗》教再回到孔子本人,孔子之志应该是行公益的典范。

> 子路曰:"愿闻子之志。"子曰:"老者安之,朋友信之,少者怀之。"(《公冶长第五》5·25)

在孔子,老者安于我之养,朋友信于我之交,少者怀于我之恩。真是"所过者化",达到人我一体之仁。[1]

儒门荀子也有同样的思想:

> 选贤良,举笃敬,兴孝弟,收孤寡,补贫穷。(《荀子·王制》)

孟子更将孔子之志进一步具体化:

> 死徙无出乡,乡田同井。出入相友,守望相助,疾病相扶持,则百姓亲睦。(《滕文公章句上》5·3)

出入相友,守望相助,疾病相扶持,每时每刻都在中国广大的城市社区和农村上演这些感人的事迹。同事出入相友,邻里守望相助,一家有难,八方支援,形成了具有特色的社区和乡里的互助公益。当然,孟子的推恩也是有一定的灵活性的,而不是迂阔之教,行公

---

[1]　参见钱穆:《论语新解》,九州出版社 2011 年版,第 125 页。

益取决于资源多寡、受益者的选择、推恩者的个人修身以及行者与受者之间的良好互动等多种因素。以下继续予以讨论。

二、公益与资源

行公益与资源的有限性之间总归是有张力的。行公益的度的把握,在孔门有许多教导。借用艾森斯塔德的一句用语,自由流动资源(free floating resources)①是行公益的基础。在这些资源当中,首先是政治资源,即要明白所处的时代和环境,前揭禹稷颜回同道而异行或可说明此点。

其次,行公益最容易理解的条件就是个人或者企业财富之多寡,甚至可以换言之,当财富积累到一定程度的时候,行公益是一种必然的选择。《大学》所教为:

> 孟献子曰:"畜马乘不察于鸡豚,伐冰之家不畜牛羊,百乘之家不畜聚敛之臣,与其有聚敛之臣,宁有盗臣。"此谓国不以利为利,以义为利也。

经文所指虽然是"国",但是古今中外许多的个人和企业的财富实力已经是富可敌国。古有子贡,今有众多福布斯富豪榜上的各类商贾。古今中外,资源的占有永远是不平等的。现在贫富不均已经是一种全球现象,至少包括愤怒的美国蓝领白人,失落的欧洲中产阶级,更不必提发展中国家的巨大贫富差异。行公益是实现财富的第三次分配,也是避免出现孟子痛斥的"厩有肥马,路有饿殍"那样"率兽以食人"的人间地狱。

---

① 参见[以]艾森斯塔得:《帝国的政治体系》,阎步克译,贵州人民出版社1992年版,第30页。艾氏所指包含人力、经济、政治和文化四个方面。本书仅借指政治和经济资源而言。

再次,行公益要立足于自身的条件而不能勉强,也不必勉强。换句话说,行公益要立足于企业所在的行业,发挥自身的优势。比如食品厂为社会提供食品,教育行业为社会提供免费的教育,等等。儒家不陈高义,但量力而行罢了。

> 子曰:"孰谓微生高直? 或乞醯焉,乞诸其邻而与之。"（《公冶长第五》5·22）

孔子委婉地批评了微生高"乞诸其邻而与之"的行为。行公益者所面对的任务超过了自己的能力和资源,那么勉强行之,也是孔子所不认可的。在《礼记》也有类似的教导。

> 见人弗能馆,不问其所舍。（《礼记·曲礼》）

值得注意的是,企业和企业所有者实际上是两个不同的法律主体。企业行公益不能以损害企业所有者的利益为原则。反之,企业所有者行公益,也不能以损害企业利益为原则。陶朱公三致其金,散掉的是自己的钱。至于"乞诸其邻而与之"的不自量力的行为更是有违孔门之教。

最后,受益方的选择。陈焕章先生指出,"愚蠢的慷慨与不明智的施舍都不为孟子所赞成"[1]。孟子原文:

> 非其义也,非其道也,一介不以与人,一介不以取诸人。（《万章章句上》9·7）

按孟子,取与有道,以义行之。行公益是要有一定的取舍的,而不

---

[1]　陈焕章:《孔门理财学》,韩华译,商务印书馆2015年版,第67页。

是"愚蠢的慷慨"。这有两个方面的原因：

首先，被施于者不值得获得帮助，"不明智的施舍"反而助长了好吃懒做的行为，败坏了社会风气，有限的社会资源被浪费。因此谨慎选择受益者是行公益的又一个要求。

> 孟子曰："自暴者，不可与有言也；自弃者，不可与有为也。言非礼义，谓之自暴也；吾身不能居仁由义，谓之自弃也。仁，人之安宅也；义，人之正路也。旷安宅而弗居，舍正路而不由，哀哉！"（《离娄章句上》7·10）

其次，受益者的选择除了内外有别外，还有先后之分。

> 老而无妻曰鳏。老而无夫曰寡。老而无子曰独。幼而无父曰孤。此四者，天下之穷民而无告者。文王发政施仁，必先斯四者。（《梁惠王章句下》2·5）

按孟子，鳏寡孤独，"此四者，天下之穷民而无告者"。需要帮助的人很多，但是"文王发施仁政，必先斯四者。"仁政我们将在第五章予以讨论，这是一个政府如何为社会提供福利保障的问题。作为一个现代社群，除了政府的仁政以外，社会组织特别是企业将会为公益发挥不可替代的非常重要的作用。企业行公益与政府施仁政在一定程度上可以等量齐观。有鉴于此，行公益的对象必有其先后。孟子指出，"必先斯四者"，是非常有见地的。此四者中，又以养老为最重。

> 孟子曰："伯夷辟纣，居北海之滨，闻文王作，兴曰：'盍归乎来！吾闻西伯善养老者。'太公辟纣，居东海之滨，闻文王作，兴曰：'盍归乎来！吾闻西伯善养老者。'二老者，天下之

大老也,而归之,是天下之父归之也。天下之父归之,其子焉
往? 诸侯有行文王之政者,七年之内,必为政于天下矣。"
(《离娄章句上》7·13)

在孟子,养老是仁政的重要基础,因为"天下之父归之,其子焉
往?"企业行公益也应该照此"必先鳏寡孤独,庶人之老,皆无冻
馁"①,再及其他公益事业。

在此不得不提到管子的九惠之教。

入国四旬,五行九惠之教。一曰老老、二曰慈幼、三曰恤
孤、四曰养疾、五曰合独、六曰问病、七曰通穷、八曰振困、九曰
接绝。(《管子·入国》)

管子也把养老列在九惠之首。管子的九惠之教在此就不具体展开
讨论。

对于行公益对象的选择原则,孔子也有发明:

原思为之宰,与之粟九百,辞。
子曰:"毋! 以与尔邻里乡党乎!"(《雍也第六》6·3)

这里可以看出,"以与尔邻里乡党"是孔子之教。朱子注曰:

言常禄不当辞,有余自可推之以周贫乏,盖邻、里、乡、党
有相周之义。②

---

① (宋)朱熹:《四书章句集注》,中华书局 2012 年版,第 288 页。
② (宋)朱熹:《四书章句集注》,中华书局 2012 年版,第 85 页。

《论语》此章足以发明孟子所说"非其义也,非其道也,一介不以与人,一介不以取诸人。"的意思。邻里乡党有相周之义,此义是行公益的基础。前揭君子周急不继富虽然在此是批判冉子,但是作为一个在行公益时候的选择推恩对象的原则应该不会有太多的反对意见。

儒家的行公益虽然有先后之分,但是由于由近及远的推恩之教,儒家公益不仅涵盖人事,也包括动物保护的教诲。

> 曰:"无伤也,是乃仁术也,见牛未见羊也。君子之于禽兽也,见其生,不忍见其死;闻其声,不忍食其肉。是以君子远庖厨也。"(《梁惠王章句上》1·7)

"君子之于禽兽也,见其生,不忍见其死;闻其声,不忍食其肉",儒者的不忍之心可以恩及禽兽。对于虐待动物的行为儒家是天然反对的。动物保护是儒家伦理中不可或缺的内容。要保护动物,不虐待动物,进而保护我们赖以生存的环境,儒家的生态伦理呼之欲出。儒家最大的公益是生态环保。对自然掠夺之后再来行公益其意义正如以刃与以梃杀人何以异。儒家的生态伦理在第三章第三节已经讨论。

从家门之内到家门之外,首先惠及的是邻里乡党,优先考虑的是鳏寡孤独,然后公益的范围逐渐扩大,从人事推恩到动物,儒家胸襟可谓宽广。这是从实行公益的个体的角度出发可以看出这样由内到外,先急后缓的过程。如果从整个社群的公益活动而言,则是无论贫富,人人都可以参与,最后形成蔚为壮观的信赖社群(fiduciary community)。

三、行公益与个人修身

行公益是一个由己及人的推恩过程,不是为了满足自己的私欲而行公益,所谓"行仁义"而非"由仁义行"。

> 孟子曰:"人之所以异于禽于兽者几希,庶民去之,君子存之。舜明于庶物,察于人伦,由仁义行,非行仁义也。"(《离娄章句下》8·19)

如果把行公益做成"行仁义",就有了私欲。许多企业为了市场广告效应,为了迎合当地的官员,为了企业家自己的虚荣心,大搞慈善秀,只是为了吸引市场的眼球,而不注重"义"和"道"所在。更有甚者,只是在当场表演,过后不履行承诺,行公益堕落成行骗。因此,行公益的人对自己的行为要有深刻的反省。

一方面,孟子曰:"言无实不祥。不祥之实,蔽贤者当之。"(《离娄章句下》8·17)另一方面,孟子曰:"大人者,言不必信,行不必果,惟义所在。"(《离娄章句下》8·11)承诺的必须做到,"言无实不祥",但是"言不必信,行不必果",因为"惟义所在"。孔子也有类似的教导:

> 子贡问曰:"何如斯可谓之士矣?"子曰:"行己有耻,使于四方,不辱君命,可谓士矣。"曰:"敢问其次。"曰:"宗族称孝焉,乡党称弟焉。"曰:"敢问其次。"曰:"言必信,行必果,硁硁然小人哉!抑亦可以为次矣。"(《子路第十三》13·20)

孔子将言必信、行必果的人称作小人。小人与大人相对而言,显然孔孟所教其揆一也。如何理解这里的孔孟之教,可从以下几个方面来略窥门径。

　　首先,在孔子,"宗族称孝,乡党称弟"是高于言信行果的,这是爱有差等原则。

　　其次,孟子曰:"大人者,不失其赤子之心者也。"(《离娄章句下》8·11)不失赤子之心的人才是大人,换言之,是没有放失其本心的人才是大人,按其本心而行也就是"由仁义行"而不是"行仁义",由仁义行就不必孜孜以求"言信必果"而堕入乡愿之流,成为德之贼,一切"惟义所在"。孔孟之教为伦理实践提出了更高的要求。要达到这个要求,就必须反躬于己。

　　　　孟子曰:"爱人不亲反其仁,治人不治反其智,礼人不答反其敬。行有不得者,皆反求诸己,其身正而天下归之。诗云:'永言配命,自求多福。'"(《离娄章句上》7·4)

行公益者要做到身体力行,而且是发自内心的。

　　　　孟子居邹,季任为任处守,以币交,受之而不报。处于平陆,储子为相,以币交,受之而不报。他日由邹之任,见季子;由平陆之齐,不见储子。屋庐子喜曰:"连得间矣。"
　　　　问曰:"夫子之任见季子,之齐不见储子,为其为相与?"
　　　　曰:"非也。书曰:'享多仪,仪不及物曰不享,惟不役志于享。'为其不成享也。"
　　　　屋庐子悦。或问之。屋庐子曰:"季子不得之邹,储子得之平陆。"(《告子章句下》12·5)

季任与储子都以币交孟子,但是孟子见季子(任)而不见储子。不是因为他们官职地位的不同,更不是因为币之多寡,而是因为"惟不役志于享"。季子为郡守不能往他国来见孟子,则以币交而礼意已备。储子为齐相,可以至齐之境内而不来见孟子,则虽以币交,而礼意不及其物也。[1] 孟子这章内容对于现在行公益者颇具启发意义。只是给予财物的支持而没有内心的投入以及身体力行,这种公益行为即便不是作秀,至少是一种诚心不足的表现。当然有可以到现场的也有不能去现场的,只要条件允许,行公益者的亲临现场,无论对公益本身,对受益者,还是推恩者本人的身心之教都是不无裨益的。在公益活动中身体力行的过程就是一个成己成人的过程。

四、推恩与报恩——公益主体之间的互动

首先,行公益是不忍人之心的推恩过程,既不是一个佛教布施的过程以求究竟涅槃,也不是基督教的慈善过程以求上帝救赎,因为推恩没有目的或功利,只是不忍人之心自身沛然不能已的推己及人的过程,受恩者没有高低贵贱贫富之分,也没有教内与教外之分,人己平等乃至人己一体是题中应有之义,此为推恩之精义。大家耳熟能详的"廉者不受嗟来之食"就是指如果行善者推恩不能够尊重受益者,其后果比不行善还要严重。孟子说:

> 一箪食,一豆羹,得之则生,弗得则死。呼尔而与之,行道之人弗受;蹴尔而与之,乞人不屑也。(《告子章句上》11·10)

其次,行公益是一个互动的行为过程。用杨联陞老师的话来讲,推恩者(施助方)和受恩者(受助方)都立足于"报"[2]的感情之上的。从报父恩到报乡党之恩,从彼此相报到报国、报天下再到报

---

① 参见(宋)朱熹:《四书章句集注》,中华书局 2012 年版,第 348 页。

② 参见杨联陞:《中国文化中"报"、"保"、"包"之意义》,贵州出版集团 2009年版。

万物,都是基于"报恩"的共同情感。从报恩的角度来说,推恩者和受恩者彼此也是平等的。推恩者的动力来自报恩,受恩者的尊严寄希望于未来之报恩。公益必须有施助方和受助方二者的平等互动才能取得良好的效果。施助者有报恩之心,才能"由仁义行"而不是"行仁义"。受助者有报恩之心,才能受之无愧,受之有道。"贫者不以货财为报。"但是贫者可以力为报。类似的,有知识的人可以知识回报社会,不一而足。《礼记·曲礼上》说,太上贵德,其次务施报。从这一点出发,并不是富者才可以行公益,而是人人皆可以行公益。以下再补充两段经文以说明"报"的渊源。

> 投我以木瓜,报之以琼瑶。(《诗经·卫风·木瓜》)
> 或曰:"以德报怨,何如?"子曰:"何以报德? 以直报怨,以德报德。"(《宪问第十四》)

最后,在儒家,行公益的受众能够参与到整个过程中,而不是一种被动的接受过程,使得受益者能够感受到自己劳动的付出。换言之,"推恩"立足于自身的特长,同时受恩者能够主动参与到推恩的过程,成为受恩者的同时自己本身也是一个公益的提供者。

> 喑、聋、跛、躃、断者、侏儒、百工,各以其器食之。(《礼记·王制》)

《王制》此章足显圣贤对残疾人的体贴关爱之心。以器食之,而不是以食食之,才是使得受恩者在维护尊严的前提下获得温饱的仁爱之路。

综上,行公益是孟子题中应有之义,其哲学基础是基于人的恻隐之心,其伦理基础是儒家的差等之爱,其实施对象有基于义和道的甄选，其实施方法是立足于推恩者自身，由内到外，先急后缓，其实施的态度是平等之爱的报恩而不是施舍；同时，受益者以报恩的心态积极参与显得尤为重要。推恩与报恩或许能够消解"同胞意识宗教与现世间的紧张关系"而成为精神人文主义的主要价值之一。

当然，儒家是践履之学，不是空头讲章，行公益亦如是。孔子就是一个身体力行者。原思辞粟一节已经证明孔子的公益之心，并鼓励原思"与尔邻里乡党"。《论语》还有一节可以补充说明：

> 朋友死，无所归，曰："于我殡。"朋友之馈，虽车马，非祭肉，不拜。（《乡党第十》10·15）

在此，孔子帮助朋友殓棺停枢于其家，因为"以义合"①。同时，孔子也是受益方，朋友馈赠，接受的理由是"朋友有通财之义"，②接受的原则是"虽车马，非祭肉，不拜"。

推恩者是否获取报酬，在儒家也有讨论。子贡赎人的故事也许可以说明这个伦理实践的复杂性。

> 鲁国之法，鲁人有赎臣妾于诸侯者，皆取金于府。子贡赎人于诸侯，而还其金。孔子闻之，曰："赐失之矣！夫圣人之举事也，可以移风易俗，而教导可以施于百姓，非独适身之行也。今鲁国富者寡而贫者众，赎人，受金则为不廉，则何以相赎乎？自今以后，鲁人不复赎人于诸侯。"③

---

① （宋）朱熹：《四书章句集注》，中华书局 2012 年版，第 122 页。
② （宋）朱熹：《四书章句集注》，中华书局 2012 年版，第 122 页。
③ （清）陈士珂辑：《孔子家语疏证》卷二，凤凰出版社 1987 年版，第 59 页。

鲁国之法,鲁人为人臣妾于诸侯、有能赎之者,取其金于府。子贡赎鲁人于诸侯,来而让不取其金。孔子曰:"赐失之矣。自今以往,鲁人不赎人矣。取其金则无损于行,不取其金则不复赎人矣。"子路拯溺者,其人拜之以牛,子路受之。孔子曰:"鲁人必拯溺者矣。"孔子见之以细,观化远也。①

子贡做好事不受金反而遭到了孔子的批评。由于子贡归还了赎人之金,导致后来赎人者,"受金则为不廉",子贡"独适身之行",改变或者破坏了民约乡俗,产生了不好的结果。《吕氏春秋》多记了一笔子路受牛的典故,以资对照。以古鉴今,移风易俗,教导可以施于百姓是最重要的,而不是只讲付出,不计酬劳。适当地收取酬劳,如此行公益,近则无损于行,远则化民成俗。

以上的分析为基于儒家思想的公益事业提供了一些理论资源,使得行公益者有了更深的理解和更自觉的意识,知其然亦知其所以然。当然,只有在实践的过程中,才能够体知孔孟所讲的良心之不忍,内外之张力,先后之必要,态度之微妙,能力之有限,对象之复杂,判断之模糊,过程之艰难,结果之出人意料。只有体知如此,才能笃行公益,才能成己成人;只有如此,心系苍生才不是一句空洞的口号,而是与自家身心性命融为一体。最后,行公益只是权法,儒家最高的理想是大同社会。兹引用孔子大同之教来结束本章。孔子曰:

大道之行也,天下为公。选贤与能,讲信修睦。故人不

---

① （秦）吕不韦编,许维遹集释:《吕氏春秋集释》卷六,中华书局2009年版,第418页。

独亲其亲,不独子其子,使老有所终,壮有所用,幼有所长,矜寡孤独废疾者,皆有所养。男有分,女有归。货恶其弃于地也,不必藏于己;力恶其不出于身也,不必为己。是故谋闭而不兴,盗窃乱贼而不作,故外户而不闭,是谓大同。（《礼记·礼运》）

第五章　富与"群"（三）

——仁政

本章将以《孟子》为视角,考察儒家的经济学思想及其现代意义。在第五章《取与之道》中已经讨论了孟子思想中有关明分工、通有无、反垄断的"取道"以及以行公益为代表的"与道"。任何商业伦理的形成都离不开特定的市场环境和政府的经济政策,讨论某一思想文化背景下的商业伦理,就必须讨论其经济思想。这也是为什么在天地群己的四个维度中,群道还应该包括一个重要的方面,就是现代学科意义上的经济学。举凡分工、市场、流通、垄断、税收、生产、成本和消费,以及国家调控和干预等都属于经济学的范畴。在本书《导言》中已经提及,熊彼特先生认为在轴心文明中,对经济进行了分析方面努力的也许只有在古代中国的古圣先贤。熊彼特说:

> 我们也许最能在古代中国找到这些痕迹。因为那是我们所知道的具有最古老文字文化的地方。在中国我们确实发现有一套处理当时农业、商业与财政问题的高度发展的公共行政制度。尚存的中国古典文献常论及这些问题,主要是从伦理观点论述,例如孔夫子(公元前551—478 年)和孟子(公元

前 372—228 年,其著作已在 1932 年由 L.A.里亚尔译成英文）
的教义都曾涉及这些问题。[①]

儒家的经济思想如果概括地讲就是"仁政"思想,这也是在儒家
传统中论辩阐发得比较多的一个领域。本章将着重讨论国家和
政府[②]在经济生活中的角色和作用。为了避免使用"社会经济
学"或者"政治经济学"[③]等可能引起的不必要的争论,本章将以
孟子的"仁政"思想为主线展开。陈荣捷先生指出:"他（孟子）
竭力主张'仁政'。事实上,他也是首位使用此一词语（仁政）
的人。"[④]

本章试图在前贤研究的基础上,集中阐发孟子的"仁政"思
想。根据陈荣捷先生的梳理,"仁政"之主旨与出处如下:

《梁惠王上》卷一之一、五、七（1·1,1·5,1·7）;《梁惠王下》
卷二之五、七（2·5,2·7）;《公孙丑上》卷三之五（3·5）;《滕文
公上》卷五之三（5·3）;《离娄上》卷七之一四（7·14）;《万章上》
卷九之五（9·5）。[⑤]

---

① ［美］约瑟夫·熊彼特:《经济分析史》第一卷,朱泱等译,商务印书馆 1991 年
版,第 86 页。

② "我们这里所讲的国家,是作为一种强制机构和社会服务机构意义上的国家,
而不是一个民族或地域的概念,是英文中'state'的意思,而不是'nation'或
'country'的意思。在这里,国家的概念与政府（government）的概念有相当的
重合。"（王一江:《民富论》,中信出版社 2010 年版,第 174 页）

③ ［美］约瑟夫·熊彼特:《经济分析史》第一卷,朱泱等译,商务印书馆 1991 年
版,第 41—42 页。

④ 陈荣捷编:《中国哲学文献汇编》,杨儒宾等译,江苏教育出版社 2006 年版,第
66 页。

⑤ 参见陈荣捷编:《中国哲学文献汇编》,杨儒宾等译,江苏教育出版社 2006 年
版,第 67 页。

第一节　言必称尧舜

一、夫仁政,必自经界始

孟子说,"夫仁政,必自经界始。"（滕文公章句上:5·3）如果经界不正,社会弱势群体的私有财产将无法得到保证,"恒产"将不恒久,而是随时有可能被剥夺,所谓"经界不正,井地不均,谷禄不平,是故暴君污吏必慢其经界。"①（滕文公章句上:5·3）有学者指出:"（孟子）的'恒产论'是中国历史上第一次明确提出的拥护私有财产制度的理论。它与希腊哲学家亚里士多德从'人类之天性'出发为私有财产制度辩护之主张异曲同工。"②孟子曰:

> 无恒产而有恒心者,惟士为能。若民,则无恒产,因无恒心。苟无恒心,放辟邪侈,无不为已。及陷于罪,然后从而刑之,是罔民也。焉有仁人在位罔民而可为也? 是故明君制民之产,必使仰足以事父母,俯足以畜妻子,乐岁终身饱,凶年免于死亡。然后驱而之善,故民之从之也轻。今也制民之产,仰不足以事父母,俯不足以畜妻子,乐岁终身苦,凶年不免于死亡。此惟救死而恐不赡,奚暇治礼义哉?（《梁惠王章句上》1·7）

还有类似的一段:

---

① 根据新的研究成果,春秋战国时期土地应该是国有制,正经界可以理解为国家将土地以授田的方式分给国民耕种。
② 杨荫楼、傅永聚等编:《儒家经济思想研究》之胡寄窗《孟轲的经济思想》,中华书局 2003 年版,第62—63 页。

　　滕文公问为国。孟子曰："民事不可缓也。《诗》云：'昼尔于茅，宵尔索绹；亟其乘屋，其始播百谷。'民之为道也，有恒产者有恒心，无恒产者无恒心。苟无恒心，放辟邪侈，无不为已。及陷于罪，然后从而刑之，是罔民也。焉有仁人在位罔民而可为也？是故贤君必恭俭礼下，取于民有制。阳虎曰：'为富不仁矣，为仁不富矣。'"（《滕文公章句上》5·3）

在以上两段，孟子强调"民之为道也，有恒产者有恒心，无恒产者无恒心"。如果没有基本的物质财富，那么，民就会"放辟邪侈，无不为已"。最近的例子是中国农村实行土地联产承包责任制以来，每一农户都有自己的生产责任田，有了基本的生活保障，这是中国过去三十余年社会稳定，取得工业化成功的一个巨大的基础。这与孟子时代在土地国有制之下对农民授田的"正经界"之"仁政"何其相似乃尔。印度、巴基斯坦等南亚国家，由于没有"正经界"的土地改革，第一是劳动力成本居高不下；第二是农村的赤贫触目惊心；第三是城市的贫民窟缺少最基本的生活条件，最终工业化的进程非常缓慢。

　　如何使民有恒产，安居乐业，孟子在见梁惠王和齐宣王都说了几乎同样的话。见梁惠王的时候，孟子说：

　　五亩之宅，树之以桑，五十者可以衣帛矣。鸡豚狗彘之畜，无失其时，七十者可以食肉矣。百亩之田，勿夺其时，数口之家可以无饥矣。谨庠序之教，申之以孝悌之义，颁白者不负戴于道路矣。七十者衣帛食肉，黎民不饥不寒，然而不王者，未之有也。（《梁惠王章句上》1·3）

见齐宣王的时候,孟子说:

> 　　五亩之宅,树之以桑,五十者可以衣帛矣。鸡豚狗彘之
> 畜,无失其时,七十者可以食肉矣。百亩之田,勿夺其时,八口
> 之家可以无饥矣。谨庠序之教,申之以孝悌之义,颁白者不负
> 戴于道路矣。老者衣帛食肉,黎民不饥不寒,然而不王者,未
> 之有也。(《梁惠王章句上》1·7)

两段引文字数几乎一样,仅差一字。两段意思也几乎是一样的。
不过见齐宣王这段看起来更加细化和深思熟虑。首先,前段只是
"数口之家",后段明确细化为"八口之家"。如果这个还不能说
明问题,那么前段说"七十者衣帛食肉"显然与"五十者可以衣
帛矣"稍有不浃洽之处,后段见齐宣王时改为"老者",就涵盖了
五十者到七十者的老年人口,显然更加准确。① 不管怎样,在孟
子心中,制民之恒产是其念兹在兹、烂熟于胸的既定想法,也希
望各个诸侯都能在本国予以实施。在当时的历史条件下,这是
可行的"仁政"。

　　第一是"五亩之宅"的居所;第二是"树之以桑"的穿衣来源;
第三是"鸡豚狗彘之畜"的肉类蛋白质的来源;第四当然是"百亩
之田"的主粮田;第五是"庠序之教"的地方学校的建设。2000 余
年以来,孟子提出的这个理想一直是先贤往圣追求的目标。即便
到了笔者生活的年代,"鸡豚狗彘之畜"仍然是一个主要的蛋白质
来源和经济收入的来源。如果猪栏不顺,经常死猪,则这个家庭当
年的生活就会非常之窘迫,倚柱而泣的悲戚之景象至今历历在目。

---

① 　也有人将五十、七十分别解释为五到十棵桑树,七到十只家畜。兹不取此说。

对于主粮生产,"勿夺其时"是孟子反复强调的。例如,如果过了立秋节气再插二晚水稻的秧苗,那么收获的水稻数量就会急剧减少,何况"力役之征"造成的田园荒芜。"庠序之教"在中国广大农村发挥了传承文明之火的不可替代的作用。在中国大陆就为改革开放以后的快速工业化培养了一大批受过基本教育的劳动者。①1949年以前,一两个私塾先生可以教授方圆十几里的数百人口发蒙认字,培养一大批能读会写的年轻人,而这一批人在后来的土改和农村基层政权的建立过程中起到了关键的作用。1949年以后,持续了近五十年的民办教师和赤脚医生的体制,使得中国广袤的农村有了基本的文化滋养和卫生条件,其效果是举世瞩目的。笔者当年念的小学是完全小学。所谓完全小学,就是一年级、二年级、三年级三个年级在一个教室上课,总共十几个学生,整个学校的所有科目也只有一个老师授课。所谓教室也是比较大的老宅的客厅而已。但是这样的一个完全小学,成了整个村子的文化中心,孩子们也得到了基本的教育,而且不用起早贪黑地赶山路,有时候甚至可以学到26个英文字母。最近十几年,农村还出现了"读书无用论",许多孩子十几岁就出门打工。笔者每年过年回家,村中赌博成风,"孝悌之义"已经申之极少,民风人心让人担忧。因此,孟子的思想在当代具有非常重要的现实意义。正如周辅成先生指出的:我们几千年文化的意义,都植根于农民生活之内心。如果有人问我们这民族文化之力量乃在何处,我就可毅然决然地答复,这

---

① 社会主义时期(1949—1978)给中国遗留下一个接受过良好基础教育的健康人口大国。众多的劳动力建造了道路、沟渠一类的乡村基础设施。人民公社向乡民传授基础制造的知识。见 Leslie Young,香港中文大学亚太商业协会执行董事兼金融学教授的讲义。

力量就在乡间广大的农民身上,正如赛珍珠女士告诉我们的。①

二、为富不仁与为仁不富

对于如何取于民有制,在仁与富之间达成一个动态的平衡,孟子有很多阐述。谢和耐指出:"鲁国学派的儒者非常正确地将法律与赋税视为对于作为旧制度基础的传统习俗的第一次冲击。"②首先关于赋税,孟子的论述胪列如下:

> 及陷于罪,然后从而刑之,是罔民也。焉有仁人在位罔民而可为也?是故贤君必恭俭礼下,取于民有制。阳虎曰:"为富不仁矣,为仁不富矣。"夏后氏五十而贡,殷人七十而助,周人百亩而彻,其实皆什一也。彻者,彻也;助者,藉也。龙子曰:"治地莫善于助,莫不善于贡。"贡者,校数岁之中以为常。乐岁,粒米狼戾,多取之而不为虐,则寡取之;凶年,粪其田而不足,则必取盈焉。为民父母,使民盻盻然,将终岁勤动,不得以养其父母,又称贷而益之,使老稚转乎沟壑,恶在其为民父母也?夫世禄,滕固行之矣。《诗》云:"雨我公田,遂及我私。"惟助为有公田。由此观之,虽周亦助也。(《滕文公章句上》5·3)

这一段是紧接着上一段"恒产论"而说的。孟子在这里列举了三种赋税收取的方法,分别是夏朝的"贡"法,商朝的"助"法和周朝的"彻"法。孟子还做了一些解释。"彻"是"通"的意思,"助"是"借"的意思。在《论语·颜渊第十二》篇中哀公问有若"年饥,用

---

① 参见周辅成:《周辅成文集》卷1,北京大学出版社2011年版,第143页。
② [法]谢和奈:《中国社会史》,黄建华、黄迅余译,江苏人民出版社2010年版,第51页。

不足,如之何?"有若对曰:"盍彻乎?"(《论语》12·9)朱子注曰:

> 彻,通也,均也。周制:一夫受田百亩,而与同沟共井之人
> 通力合作,计亩均收。大率民得其九,公取其一,故谓之彻。
> (四书集注)

孟子认为"其实皆什一也"。不过孟子借龙子的话,表明他还是支持"助"法,不支持"贡"法。"助者,藉也",就是借助、凭藉的意思,就是在丰年多收税,在荒年少收税。但是"贡"法是无论丰歉,都收取一样的税,这就导致老百姓在荒年举债度日,甚至"不得养其父母","使老稚转乎沟壑"。对于"彻"法,由于是"井田制"下的"同沟共井之人通力合作,计亩均收",所以政府的税收仅限于"公取其一",而不会与民争利。因此孟子认为周代实施的实际上也是商朝的"助"法。在此可以看出孟子提倡恢复"井田制"的历史依据和良苦用心。通过井田制的经界的划分,制度性地保障政府与人民之间的权利和义务,使得政府和人民成为一个利益共同体,不给政府收税的其他借口,既避免了"贡"法的不知变通,也不寄希望于"助"法之人为的轻重之道,实乃圣贤孤明先发。任何对孟子迂阔不见用甚至复古的说法都是没有了解孟子的良苦用心。在笔者少年时期,每亩要交公粮若干,这是义务粮即所谓的农业税,这是无偿上交的。每亩另外还要交"购粮"若干,当年(1992年前)是每百斤9.5元人民币的政府收购价。二者合称"公购粮"。"公购粮"交足以后,剩余的粮食才能以市场价出售给当地粮站。有一年为了凑足学费,家里的粮食几乎卖光了。到了来年青黄不接的时候,只好向亲友借粮食,否则断炊。悠悠2000余年,孟子的话言犹在耳。直到2006年1月1日彻底取消农业税,中国社会从

此才发生了彻底的改变。

在本段,还需要理解孟子所引的诗"雨我公田,遂及我私"。此诗出自《诗经·小雅·大田》篇。此篇和排在此诗前面的三首诗《甫田》《信南山》和《楚茨》都生动地描写了当时(西周)的农业生产情况,既有生产力的描写,也有生产关系的描写,当然也有祭祀礼乐的描写,为我们提供了当时社会现实的可靠史料。① 直至今日,"以其妇子,馌彼南亩"还是笔者少年的真实生活写照。"彼有不获稚,此有不敛穧,彼有遗秉,此有滞穗,伊寡妇之利。"也是现在中国农村的真实写照。此段我们已经在"取与之道"的行公益一节进行了讨论。孟子引这句诗,第一层意思用的是诗的本意,天雨无偏,先下到公田也下到私田。第二层意思当然是希望风调雨顺,年成丰收。第三层意思就是孟子的意思,无论丰歉,政府都只能收公田所产,而不及人民私田所收。朱子所注非常好,"彻,通也,均也"。丰则均丰,歉则均歉。第四层意思就是大多数的解释,农民先公后私,先耕作公田,再耕作私田;当然,此诗还可以深玩第五层意思,政府不能够染指私田所收,而私田丰收之余,也要"伊寡妇之利",就是对没有正常劳动力收入的家庭,应该分享丰收的成果。申言之,从天雨到政府,从政府到有田的农民,从有田的农民到以寡妇为代表的鳏寡孤独,社会财富从公到私,从上到下逐步实现了基本的公平分配,而且差序有致。这也"庖有肥肉,厩有肥马,民有饥色,野有饿莩,此率兽以食人"的人间地狱形成了强烈的对比。

行文至此,才触及阳虎说的话,"为富不仁矣,为仁不富矣。"朱子注曰:

---

① 参见程俊英:《〈诗经〉译注》,上海古籍出版社 2012 年版,第 237 页。

> 阳虎,阳货,鲁季氏家臣也。天理人欲,不容并立。虎之言此,恐为仁之害于富也;孟子引之,恐为富之害于仁也。君子小人,每相反而已矣。①

赵岐注曰:

> 富者好聚,仁者好施,施不得聚,道相反也。②

审赵注和朱注,聚道和施道是相反的,因为"施不得聚",同样聚则不能施。而"仁者好施,富者好聚",在这个意义上富和仁即是一种相反之道。那么孟子为什么要在此引用阳虎这句话呢?朱子的解释是,"孟子引之,恐为富之害于仁也"。其理论基础是"天理人欲,不容并立",其实践结果是"君子小人,每相反而已"。笔者尝试从以下五个方面来理解孟子在此引用的阳虎这句话。

第一,深玩上下文的意思,孟子认为"贤君必恭俭礼下,取于民有制"。这里恭俭是贤君的道德素养,礼下是对待人民的基本态度,取于民有制是治理人民的基本方针,"有制"可以理解为什一之制(按焦循),也可以理解为有节制,朱子说得很精审,"恭则能以礼接下,俭则能取民以制"。因此,孟子希望滕文公能够为仁而不是为富。

第二,可以凭依孔门一以贯之的思想来理解孟子引用这句话的深刻含义。兹胪列如下:

---

① (宋)朱熹:《四书章句集注》,中华书局 2012 年版,第 257 页。
② 李学勤主编:《十三经注疏·孟子注疏》,北京大学出版社 1999 年版,第 134 页。

　　季氏富于周公,而求也为之聚敛而附益之。子曰:"非吾徒也。小子鸣鼓而攻之,可也。"(《论语·先进第十一》11·16)

　　有若对曰:"百姓足,君孰与不足? 百姓不足,君孰与足?"(《论语·颜渊第十二》12·9)

　　子贡曰:"如有博施于民而能济众,何如? 可谓仁乎?"子曰:"何事于仁,必也圣乎! 尧舜其犹病诸! 夫仁者,己欲立而立人,己欲达而达人。能近取譬,可谓仁之方也已。"(《论语·雍也第六》6·28)

按以上圣贤之教,只有民之富,才能够最终保证国家(政府)的富,"百姓足,君孰与不足?"否则,"百姓不足,君孰与足?"前者是"仁则富",后者是"不仁亦不富"。因此孟子说"国不以利为利,以义为利也。"只要以义为利,那么富和仁就是一体的。只有在"上下交征利"的情况下,才是"为富不仁,为仁不富"。为富是为仁的手段,为仁才能最终为富,因为要民富才能国富。否则就不是孔门之徒,"小子鸣鼓而攻之,可也!"换言之,为仁不仅不是不富的原因,反而能解决"不富"的问题,为仁者才能为富,成为为富的前提和条件。不仅如此,"如有博施于民而济众",不仅是仁,则"必也圣乎!"

　　第三,当然,为仁并不是轻税或者不收税。儒家从来就不是只执一端的偏激学说。儒家不仅有"轻道",亦有"重道"。在国家层面的仁与富之间,孟子与白圭有一场著名的辩论,也可以与上一段互相发明。

　　白圭曰:"吾欲二十而取一,何如?"孟子曰:"子之道,貉道也。万室之国,一人陶,则可乎?"曰:"不可,器不足用也。"曰:"夫貉,五谷不生,惟黍生之。无城郭、宫室、宗庙、祭祀之礼,无诸侯币帛饔飧,无百官有司,故二十取一而足也。今居中国,去人伦,无君子,如之何其可也? 陶以寡,且不可以为国,况无君子乎? 欲轻之于尧舜之道者,大貉小貉也;欲重之于尧舜之道者,大桀小桀也。"(《告子章句下》12·10)

在这里,孟子明确反对二十分之一的税率,批判这是无法维持华夏文化共同体的"貉道"。孟子以陶器制作举例来引导白圭,"万室之国,一人陶,可乎?"一万户人口的国家,一个人做陶器显然是不够日常生活使用的。同样的,没有了祭祀交际之礼,就没有了人伦,没有了百官有司,也就没有了君子。在此,孟子进一步指出,如果比尧舜之道"轻",就是"大貉小貉",如果比尧舜之道"重",就是"大桀小桀"也。轻重在孟子这里成为一种高超的治理国家的手段。对此,谢和耐感慨道:"中国最出色的成就之一是在漫长的演变过程中,发展了复杂的政治组织形式,成为人类社会史上最完善者。"[1]

西方经济学家迟至 20 世纪 70 年代提出来的拉弗曲线(Laffer Curve)[2]可以帮助理解孟子仁政的轻重之道。

拉弗曲线当然有许多不足之处,但是基本的含义是当税率超过一定水平的时候,财政收入是要减少的(见图 5.2)。图 5.1 还

---

[1] [法]谢和奈:《中国社会史》,黄建华、黄迅余译,江苏人民出版社 2010 年版,第 27 页。

[2] 拉弗曲线并不是严肃的经济学家精心研究的结果,而是拉弗 1974 年为了说服当时福特总统的白宫助理切尼,使其明白只有通过减税才能让美国摆脱"滞胀"的困境,即兴在华盛顿一家餐馆的餐巾纸上画的一条抛物线,这就是著名的"拉弗曲线",所以被戏称为"餐桌曲线"。这个理论得到同来赴宴的《华尔街日报》副主编、综合经济分析公司总经理贾德·万尼斯基极大的赞赏,他利用记者身份在报纸上大肆宣传,很快"减税主张"便博得社会各界的认同,最终被里根政府所采纳,从此其影响遍及欧美大陆。

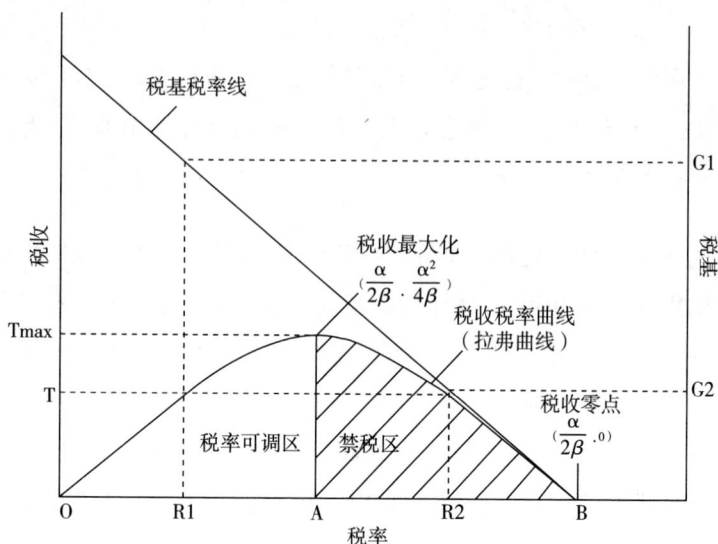

图 5.1　拉弗曲线(Laffer Curve)复杂版

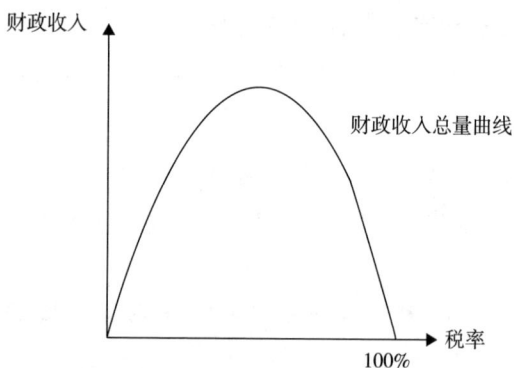

图 5.2　拉弗曲线(Laffer Curve)简单版

有一条直斜线,就是税基税率线,可以理解为当税率越低的时候,纳税的基数就会变大;当税率越高的时候,纳税的基数就会变小,直到为零。纳税基数的变化在晚周时代可以简约为民之数量,正如梁惠王悲叹："邻国之民不加少,寡人之民不加多,何也?"（《梁惠王章句上》1·3）孟子对以"五十步笑百步"。因为诸侯之间只有霸道,只是"大桀小桀"的区别而没有王道。当代经济学家认为：

> 国家是决定经济发展最重要的力量,它使用强制力,通过"三只手"来影响分配资源：无为之手、扶持之手和掠夺之手。
>
> 国家的本质两难：如果国家仅是无为之手,则越小越好；如果国家仅是扶持之手,则越大越好；如果国家仅是掠夺之手,则对它的限制越多越好。但国家同时有三只手,该如何设计国家制度,发挥国家在经济生活中的作用,就陷入两难的局面。[①]

在孟子,国家的存在只是一种手段而不是目的。该轻则轻,该重则重。正如谢和耐指出的：

> 通常都将政权视为压制与指挥的权力,而中国却将其看做是推动与维护秩序的要素,虽然这种观念并不排除运用武力与粗暴干涉。但强制又总是与品行矫正的观念相配合。若将道德的调节作用仅仅视为借口,看做是专制制度的遁词,则是错误的,而其实它表达了一种极为卓越的政治行动方式。[②]

第四,孟子不是简单地用税率的多寡来实现轻重之道,他还提

---

① 王一江:《民富论》,中信出版社 2010 年版,第 173、181 页。
② 谢和耐:《中国社会史》,黄建华、黄迅余译,江苏人民出版社 2010 年版,第28 页。

出了轻重之道的另外一方面,即对各税种进行平衡和按时征收的办法。试看原文:

> 孟子曰:"有布缕之征,粟米之征,力役之征。君子用其一,缓其二。用其二而民有殍,用其三而父子离。"(《尽心章句下》14·27)

朱子注曰:"布缕取之于夏,粟米取之于秋,力役取之于冬。"①第一个层面是取民要有度,尹淳在此注曰:"言民为邦本,取之无度,则其国危矣。"②第二个层面是取民要有时,如果夏征力役,则田地荒芜,如果春取粟米,则民有饿殍,如果冬取布缕,则民衣不蔽体。第三个层面的意思是,根据经济生活领域的不一样,谨慎地选择适当的税种。例如,中国在 2006 年全面取消农业税,则不会产生财政不足的貊道,因为工业化产生的税收足够支撑这个国家的发展。那么在制造业不景气的时候,则亦可"用其一,缓其二",使得相关行业得以快速健康的发展。现在正面的例子是对新能源产业和落后地区通过税收减免而进行一定的扶持。

第五,当然,孟子到底还是反对"为富不仁"的,因为"君不向道,不志于仁,而求富之,是富桀也"。就在与白圭这一辩论的上一段即是:

> 孟子曰:"今之事君者曰:'我能为君辟土地,充府库。'今之所谓良臣,古之所谓民贼也。君不乡道,不志于仁,而求富之,是富桀也。'我能为君约与国,战必克。'今之所谓良臣,

---

①　(宋)朱熹:《四书章句集注》,中华书局 2012 年版,第 379 页。

②　(宋)朱熹:《四书章句集注》,中华书局 2012 年版,第 379 页。

古之所谓民贼也。君不乡道,不志于仁,而求为之强战,是辅桀也。由今之道,无变今之俗,虽与之天下,不能一朝居也。"（《告子章句下》12·9）

民贼,伤害人民利益的人谓之民贼,是富桀辅桀,助纣为虐,而不是所谓良臣。国家富强而没有道与仁,则"不能一朝居也"。"春,用田赋。何以书? 讥。何讥尔? 讥始用田赋也。"[1]说明额外征收田赋也是孔子所不能同意的。孟子曰:

> 仁言不如仁声之入人深也,善政不如善教之得民也。善政,民畏之;善教,民爱之。善政得民财,善教得民心。（《尽心章句上》13·14）

按孟子,仁与富的矛盾仅仅通过善政还是不能全部解决的,只有善教是解决办法,"善教得人心",只有得民心者才能为仁而富,既富且仁,民才是根本。

三、不愆不忘,率由旧章

以上,讨论了正经界以保民恒产、轻税以促民之富、重税以保国家社稷、使用不同税种以调节市场。本节承接上节最后孟子所论"君不乡道,不志于仁,而求为之强战,是辅桀也。由今之道,无变今之俗,虽与之天下,不能一朝居也。"继续讨论如何实行仁政——仁政与法治。首先,孟子引诗明志:

> 《诗》云:"不愆不忘,率由旧章。"遵先王之法而过者,未

---

[1] （清）阮元校刻:《春秋公羊传注疏》卷二十八,中华书局 2009 年版,第5109 页。

之有也。圣人既竭目力焉,继之以规矩准绳,以为方员平直,
不可胜用也;既竭耳力焉,继之以六律、正五音,不可胜用也;
既竭心思焉,继之以不忍人之政,而仁覆天下矣。故曰为高必
因丘陵,为下必因川泽。为政不因先王之道,可谓智乎?
(《离娄章句上》7·1)

按孟子,"《诗》云:'不愆不忘,率由旧章'","遵先王之法而过者,
未之有也。"孟子的仁政能被执行的依据是"先王之道","为政不
因先王之道,可谓智乎?"

其次,实行仁政不能为了既得利益而找借口。执行"什一税"
这个祖宗之法,光有认识还不够,笃行之才是最要紧的。孟子
原文:

> 戴盈之曰:"什一,去关市之征,今兹未能,请轻之,以待
> 来年,然后已,何如?"
>
> 孟子说:"今有人日攘其邻之鸡者,或告之曰:'是非君子
> 之道。'曰:'请损之,月攘一鸡,以待来年,然后已。'如知其非
> 义,斯速已矣,何待来年?"(《滕文公章句下》6·8)

这就是著名的邻人攘鸡段。戴盈之是宋国大夫(赵岐注),他也意
识到实现什一税的好处,和免除对管卡和市场征收税费的必要性,
但是他认为今年办不到,"请轻之,以待来年",孟子即以攘鸡之喻
来说明戴盈之想法之非。值得注意的是孟子用攘而非偷或盗。
"有因而盗曰攘"(郑玄注),攘不是直接的偷盗,同理,税负的增加
也是有各种原因的,或"年用不足"如鲁哀公,或"辟土地、朝秦楚、
莅中国、抚四夷"如齐宣王,总有各种不同的借口,甚至"富强"也

是戕害民生的借口。总之,税费的增加都是政治共同体在形成的过程中慢慢演化而来,其增加类似于"有因而盗"之"攘",不是明火执仗,因此更有隐蔽性和欺骗性,其免除也就更加困难。在此我们不想用所谓的自然法、人为法或者神法来比附孟子的教导。①孟子或许是三者的综合体。儒家的礼既是神法,因为来自敬天法祖的仪轨,也是自然法,因为人性本善,有恻隐之心,当然也是人为法,"礼者,人之所履也"（荀子语）。孟子曰:

> 夫夷子,信以为人之亲其兄之子为若亲其邻之赤子乎?彼有取尔也。赤子匍匐将入井,非赤子之罪也。且天之生物也,使之一本,而夷子二本故也。盖上世尝有不葬其亲者。其亲死,则举而委之于壑。他日过之,狐狸食之,蝇蚋姑嘬之。其颡有泚,睨而不视。夫泚也,非为人泚,中心达于面目。盖归反虆梩而掩之。掩之诚是也,则孝子仁人之掩其亲,亦必有道矣。（《滕文公章句上》5·5）

在孟子,人有恻隐之心,"夫泚也,非为人泚,中心达于面目",因此葬礼是一种自然法,"掩之诚是也",但也是一种神法,因为"天之生物也,使之一本",后世增删,就成为一种人为法,"则孝子仁人之掩其亲,亦必有道矣",这个道就是综合了三种来源的葬礼仪轨。诸侯各国制定的法律显然是人为法。综合以上分析,孟子的"旧章"既有神法的特性,也有自然法的特性,当然还有人为法的特性。哈佛大学 Susan Weld（罗凤鸣）通过对出土楚简的法理学

---

① 法律多元主义（Legal Pluralism）。（参见林端:《儒家伦理与法律文化》,中国政法大学出版社 2002 年版,第 5 页）

的考察,认为系统的法律思想和法律制度在古代中国早已存在。①
在孟子,"遵先王之法而过者,未之有也",在位者要做的是"不愆
不忘,率由旧章"。这也是当时儒者共同的看法,兹引用《礼记·
王制》篇证之。

> 古者:公田,藉而不税。市,廛而不税。关,讥而不征。林
> 麓川泽,以时入而不禁。夫圭田无征。用民之力,岁不过三
> 日。田里不粥,墓地不请。

按《礼》经,"古者"以下列举了田、市、关、林、泽、圭、力、里、墓九种
情况的"旧章",显然后世没有被遵守。权力有膨胀的本性,权力
践踏法律的历史不断地在重复发生,法无法起到治理的作用而形
成法治社会,有权力者侵夺无权力者的权利,直至民不聊生。孟子
对此具有高度的自觉和警惕。

> 北宫锜问曰:"周室班爵禄也,如之何?"
> 孟子曰:"其详不可得闻也,诸侯恶其害己也,而皆去其
> 籍;然而轲也尝闻其略也。"(《万章章句下》10·2)

朱子注曰:"当时诸侯兼并僭窃,故恶周制妨害己之所为也。"②诸
侯"己之所为"是一种"违法"行为,法者,周室之籍也。为了诸侯
自己的"兼并僭窃",对周朝的制度深恶,而后皆去。参照前文讨
论孔子所讲"君子喻于义,小人喻于利"章的讨论,在位之君子不

---

① 参见丁四新:《"郭店楚简国际学术研讨会"综述》,《孔子研究》2000年第
　　2期。
② (宋)朱熹:《四书章句集注》,中华书局2012年版,第321页。

能"喻于义"，相反贪得无厌，恶周制而皆去其籍，导致整个社会秩序的混乱，正如后来董仲舒批判的，"及至周室之衰，其卿大夫缓于谊（义）而急于利，亡（无）推让之风而有争田之讼。"在孟子，周制是用来约束诸侯的，违反周制的是诸侯而不是民。换言之，法律治理即法治的对象是诸侯和各级政府，违反法律进而破坏法律的也是这帮诸侯和各级政府，所谓"王曰，'何以利吾国？'大夫曰，'何以利吾家？'土庶人曰，'何以利吾身？'上下交征利而国危矣。"的混乱政治，导致的是"率兽以食人"的秩序崩溃。因此，"黄宗羲在自己的著作中向王朝法律的合法性发起挑战，把王朝的法律称为'非法之法'"①。这与孟子的精神是一脉相承的。当代许多学者缺失的正是这种精神。

即便有了"先王之法"，如何才能被执行一直是一个大问题。儒家的仁政不是法家通过"以吏为师"针对庶民维护君主利益而执行下去的，也不是黄老道家所谓的以一为尊的"无为而治"，而是"知其不可而为之"的以法制君的担当，董仲舒天人感应之策即是显例。在儒家，仁政的实现不是自怨自艾的"得君行道"，也不是气魄承担的"觉民行道"。仁政的实现既有礼乐教化的建构一面，也有批判抗议的解构一面，换言之，儒家是"转世"而不是"为世所转"，其极端情况不仅仅是对现有政权的批判、抗议，而是驱除"独夫民贼"的革命思想，因为"民为贵，社稷次之，君为轻"（《尽心章句下》14·14）。如果民的利益不能得到保障，即便是贵为通天人、享祭祀的社稷也可以变置，何况区区诸侯天子。总之，

---

① ［美］狄百瑞：《儒家的困境》，黄水婴译，北京大学出版社2010年版，第67页。

儒家总是在不同的历史时代"以道自任"①。在孟子,民本身就是仁政的目的,民本身就是共同体的主体,只有"得乎丘民而为天子"(《尽心章句下》14·14),而不是天子编户齐民以牧民而为一己之私欲,用现代语言来说就是任何政党和政府都是"为人民服务"的"公仆"而不是主人。这才是实行仁政的目的和意义所在,这才是政权和国家之所以存在的根本。民不是法治的对象,在位者才是法治的对象,违法者就是孟子判定的"罪人"。孟子曰:

> 五霸者,三王之罪人也;今之诸侯,五霸之罪人也;今之大夫,今之诸侯之罪人也。(《告子章句下》12·7)

孟子批判了五霸诸侯和今之大夫之罪,而且将这三种人都判定为"罪人"。因为这三种人对"旧章"既愆且忘。孟子的"旧章"是有实际所指的。舜明人伦,禹好善言,汤执中立贤,文王视民如伤,周公思兼三王(《离娄章句下》8·19,20),"前圣后圣,其揆一也"(《离娄章句下》8·1),此乃"仲尼祖述尧舜,宪章文武"(《中庸》第30章)的大经大法,但是,"王者之迹熄而《诗》亡,《诗》亡然后《春秋》作"(《离娄章句下》8·21),孔子为了千秋经法,"成春秋而乱臣贼子惧。"(《滕文公章句下》6·9)乱臣贼子们"把历史的结果错当做历史的起点"②。到了孟子自己的时代,"予未得为孔子之徒也,予私淑诸人也。"(《离娄章句下》8·22),因此,作为仲尼之徒的孟子也"言必称尧舜"(《滕文公章句上》5·1),慨然"以道自任"。孟子不是"得君行道"的曲学阿世之辈。"《孟子》是最

---

① 程子语,见(宋)朱熹:《四书章句集注》,中华书局2012年版,第199页。

② 马克思语。

早表述作为人伦五常之一的君臣关系的原始资料,而且孟子本人则是使臣道具有先知功能的杰出代表。"①孟子曰:

> 予,天民之先觉者也;予将以斯道觉斯民也。非予觉之,而谁也?(《万章章句上》9·7)

第二节　"不行仁政而富之"
——从《管子》到《盐铁论》

一、《管子》——似是而非的轻重之道

王充说,管仲相齐,造《轻重》之篇。② 这里王充用"轻重"二字来涵摄《管子》全书也是有一定道理的。当然《管子》的立意没有孟子高,这将在后文予以探讨。杨联陞先生说:"有趣的是,我们发现,这里描述了这样一些经济管制政策,即对盐铁原本等重要资源实行垄断和征税以及通过干预——经常是任意地——商品和货币的供需来管制物价。这种管制称为'轻重',是一个在《管子》中多次出现的关键名词。"③

对管仲的回应在《孟子》有明确的记载。

> 公孙丑问曰:"夫子当路于齐,管仲、晏子之功,可复许乎?"

---

① [美]狄百瑞:《儒家的困境》,黄水婴译,北京大学出版社 2010 年版,第111 页。
② 参见(汉)王充:《论衡校释》卷二十九,中华书局 1990 年版,第1167 页。
③ 杨联陞:《中国古代的经济对话录:〈管子〉选译》,《汉学书评》,商务印书馆2016 年版,第297 页。

孟子曰："子诚齐人也,知管仲、晏子而已矣。或问乎曾西曰:'吾子与子路孰贤?'曾西蹵然曰:'吾先子之所畏也。'曰:'然则吾子与管仲孰贤?'曾西艴然不悦,曰:'尔何曾比予于管仲? 管仲得君,如彼其专也;行乎国政,如彼其久也;功烈,如彼其卑也。尔何曾比予于是?'"

曰："管仲,曾西之所不为也,而子为我愿之乎?"

曰："管仲以其君霸,晏子以其君显。管仲、晏子犹不足为与?"

曰："以齐王,由反手也。"(《公孙丑章句上》3·1)

孟子引用"曾西答或问"来回答公孙丑的问题。提到子路之时,曾西蹵然,"子路在四友,故曾子畏敬之。曾西不敢比。"①提到管仲之时,曾西艴然不悦,管仲得君专,行政久,而功烈卑,"谓不帅齐桓公行王道而行霸道,故言卑也。"②"尔何曾比予于是","重言何曾比我,耻见比之甚也。"③孟子对公孙丑之问的答案是,"曾西之所不为也,而子为我愿之乎?"但是公孙丑认为"管仲以其君霸,晏子以其君显。管仲、晏子犹不足为与?"孟子的回答是"以齐王,由反手也。"孟子认为管仲得齐王而行霸道易如反掌,故不愿为管仲之功。孟子的理想是王道不是霸道。公孙丑对此有了更深的困惑。

---

① (清)焦循:《孟子正义》,中华书局 1987 年版,第 174 页;李学勤主编:《十三经注疏·孟子注疏》,北京大学出版社 1999 年版,第 68 页。

② (清)焦循:《孟子正义》,中华书局 1987 年版,第 175 页;李学勤主编:《十三经注疏·孟子注疏》,北京大学出版社 1999 年版,第 68 页。

③ (清)焦循:《孟子正义》,中华书局 1987 年版,第 175 页;李学勤主编:《十三经注疏·孟子注疏》,北京大学出版社 1999 年版,第 68 页。

曰:"若是,则弟子之惑兹甚。且以文王之德,百年而后崩,犹未洽于天下;武王、周公继之,然后大行。今言王若易然,则文王不足法与?"

曰:"文王何可当也? 由汤至于武丁,贤圣之君六七作。天下归殷久矣,久则难变也。武丁朝诸侯有天下,犹运之掌也。纣之去武丁未久也,其故家遗俗,流风善政,犹有存者;又有微子、微仲、王子比干、箕子、胶鬲皆贤人也,相与辅相之,故久而后失之也。尺地莫非其有也,一民莫非其臣也,然而文王犹方百里起,是以难也。齐人有言曰:'虽有智慧,不如乘势;虽有镃基,不如待时。'今时则易然也。夏后、殷、周之盛,地未有过千里者也,而齐有其地矣;鸡鸣狗吠相闻,而达乎四境,而齐有其民矣。地不改辟矣,民不改聚矣,行仁政而王,莫之能御也。且王者之不作,未有疏于此时者也;民之憔悴于虐政,未有甚于此时者也。饥者易为食,渴者易为饮。孔子曰:'德之流行,速于置邮而传命。'当今之时,万乘之国行仁政,民之悦之,犹解倒悬也。故事半古之人,功必倍之,惟此时为然。"(《公孙丑章句上》3·1)

公孙丑看到了历史的事实,文王"犹未洽于天下",但是他没有看到殷商"其故家流俗,流风善政,犹有存者"的另一面,"然而文王犹方百里起,是以难也。""今时则易然也。""当今之时,万乘之国行仁政,民之悦之,犹解倒悬也。"如果以齐国现有的土地和人口规模,"行仁政而王,莫之能御也",必然能够达到事半功倍的效果。孟子和孔子一样,想成就的是尧舜事业而不是霸道。管仲的轻重之道是似是而非的仁政。其是,表现在减免赋税,促进商业发展,实现国家的富强;其非,表现在通过盐铁的国家垄断,在消费过程中掠夺人民的财富。管仲之政是为了一国政府的富有而不是人民的富有,是为了一国军事的强大,而不是天下的和平。管仲认为"予之为取者,政之宝也"(《牧民》),给予人民的最终目的是获取。在这个大的框架下,《管子》的许多说法和做法看起来非常符合儒家的原则,比如"四维不张,国乃灭亡"(《牧民》),"不欺其民,则下亲其上"(《牧民》),但是其目的是"牧民"而不是"贵民"。在管仲,民是手段而不是目的。只有把民当作目的而不是手段,才是儒家的原则。《管子》一书中也意识到"道之所言者一也,而用之者异","有闻道而好为家者,一家之人也;有闻道而好为乡者,一乡之人也;有闻道而好为国者,一国之人也;有闻道而好为天下者,天下之人也。"但是管仲是"有闻道而好为国者,一国之人也",而不是儒家那种由内往外、由近向远的层层推进又层层否定的为道,直至"万物皆备于我,反身而诚,乐莫大焉"的天德流行的层次。儒家也重视家,但是超越了家的利益,否则儒家就是"黑手党",儒家更爱国,但是儒家超越了国的利益,否则儒家就是狭隘的国家利益至上论者。与管仲类似,在美国各界,有一句话是"美国利益至上"(Nothing is beyond American interest),这种想法在许多美国政学商精英中根深蒂固,使得美国的民族主义思潮甚嚣尘上,为害不浅。管仲也是一个国家主义者,甚至更加恶劣的是,对于管仲而言,国也仅仅是手段而不是目的,国只是其实现霸道的手段和工具。换言之,管仲借齐国以实现自己和齐桓公共同的政治野心。孟子曰:

> 王者之迹熄,而诗亡,诗亡然后《春秋》作。晋之《乘》,楚

之《梼杌》,鲁之春秋,一也。其事则齐桓、晋文,其文则史。
孔子曰:"其义则丘窃取之矣。"(《离娄章句下》8·21)

《春秋》所作是因为《诗》亡,《诗》亡是因为"王者之迹熄"。《春秋》"其事则齐桓、晋文","其义则丘窃取之",因此"孔子成《春秋》而乱臣贼子惧。"这是一件与"昔者禹抑洪水,而天下平;周公兼夷狄,驱猛兽,而百姓宁"可以等量齐观的文明盛事。而孟子的自我期许就是,"我亦欲正人心,息邪说,距诐行,放淫辞,以承三圣者"。如此孟子,怎可与管仲比之,对于管仲之"卑功",孟子岂"可复许乎?!"

孔子对管仲也有评价,兹胪列《论语》所载如下:

1)子曰:"管仲之器小哉!"或曰:"管仲俭乎?"曰:"管氏有三归,官事不摄,焉得俭?""然则管仲知礼乎?"曰:"邦君树塞门,管氏亦树塞门。邦君为两君之好,有反坫,管氏亦有反坫。管氏而知礼,孰不知礼?"(《八佾第三》3·22)

2)或问子产。子曰:"惠人也。"问子西。曰:"彼哉!彼哉!"问管仲。曰:"人也。夺伯氏骈邑三百,饭疏食,没齿无怨言。"(《宪问第十四》14·10)

3)子路曰:"桓公杀公子纠,召忽死之,管仲不死。"曰:"未仁乎?"子曰:"桓公九合诸侯,不以兵车,管仲之力也。如其仁,如其仁。"(《宪问第十四》14·17)

4)子贡曰:"管仲非仁者与?桓公杀公子纠,不能死,又相之。"子曰:"管仲相桓公,霸诸侯,一匡天下,民到于今受其赐。微管仲,吾其被发左衽矣。岂若匹夫匹妇之为谅也,自经于沟渎,而莫之知也。"(《宪问第十四》14·18)

按上引可知,孔子本人与由、赐等孔门高弟对于管仲的看法就已经非常复杂乃至弟子们也有困惑。第一,孔子许管仲之仁,"如其仁,如其仁"。第二,孔子许管仲之功,"微管仲,吾其被发左衽矣。"第三,孔子许管仲之政才,子曰:"人也。夺伯氏骈邑三百,饭疏食,没齿无怨言。"第四,孔子批评管仲之器小,生活奢,不知礼。孔子不方人,"夫我则不暇",但是孔子却做《春秋》而褒贬人物。二者看似矛盾,实则孔子不方人,应该是不方时人,这是一种良好的德行,孔子褒贬人物,是因为"《春秋》,天子之事也"。否则就是"圣王不作,诸侯放恣,处士横议"。孔子对管仲的褒贬亦如是。管仲功之大是在夷夏之辨的框架下得到称许的,管仲功之卑是在王霸之辨的框架下进行批判的,管仲才之高是在德才之辨的框架下予以肯定的,朱子曰:"管仲之德,不胜其才。子产之才,不胜其德。然于圣人之学,则概乎其未有闻也。"因此孔子批评"管仲之器小哉",奢而不知礼。对此,孟子也有清醒的认识。首先孟子也批评子产之惠,"惠而不知为政"(《离娄章句下》8·2),由此亦可略窥孟子私淑孔子,血脉相传。其次,孟子曰:

> 以力假仁者霸,霸必有大国,以德行仁者王,王不待大。汤以七十里,文王以百里。以力服人者,非心服也,力不赡也;以德服人者,中心悦而诚服也,如七十子之服孔子也。诗云:"自西自东,自南自北,无思不服。"此之谓也。(《公孙丑章句上》3·3)

当然,"五霸,假之也。久假而不归,恶知其非有也。"(《尽心章句上》13·30)孔孟所志是尧舜事业,但是对五霸之功亦有同情之理解。至少在通有无这一点上,管孟是一致的。兹撷取《管子》所论以结束本节。

1)关几而不征,市廛而不税。(《管子·五辅》)

2)关者,诸侯之陬隧也。而外财之门户也。万人之道行也。明道以重告之。征于关者,勿征于市,征于市者,勿征于关。虚车勿索,徒负勿入,以来远人。(《管子·问》)

3)从诸侯欲通,吏从行者,令一人为负以车,若宿者,令人养其马,食其委。客与有司别契,至国入契。费义数而不当有罪。凡庶人欲通。乡吏不通七日,囚。出欲通,吏不通五日,囚。贵人子欲通,吏不通二日,囚。凡县吏进诸侯士而有善。观其能之大小以为之赏,有过无罪。(《管子·大匡》)

4)桓公曰:"鲁梁之于齐也,千谷也,蜂螫也,齿之有唇也。今吾欲下鲁梁,何行而可?"管子对曰:"鲁梁之民俗为绨,公服绨,令左右服之,民从而服之,公因令齐勿敢为,必仰于鲁梁,则是鲁梁释其农事而作绨矣。"(《管子·轻重戊》)

5)桓公问于管子曰:"楚者,山东之强国也,其人民习战斗之道,举兵伐之,恐力不能过,兵弊于楚,功不成于周,为之奈何?"管子对曰:"即以战斗之道与之矣。"公曰:"何谓也?"管子对曰:"公贵买其鹿。"(《管子·轻重戊》)

6)桓公问于管子曰:"吾欲制衡山之术,为之奈何?"管子对曰:"公其令人贵买衡山之械器而卖之,燕代必从公而买之,秦赵闻之,必与公争之,衡山之械器,必倍其贾,天下争之,衡山械器,必什倍以上。"

所引第一条和第二条,属于免关税促流通的重商措施,文字与孟子几乎一样。第三条是在国际竞争的环境下,管仲在齐国采取的招商政策。第四、第五、第六等三条是著名的商战故事,为许多学者津津乐道,这不是本书的重点,列此以明管子轻重之道的本质。

二、对《盐铁论》的反思——汉儒无孟子

桑弘羊可以说是管仲的复活,理政之才剧,敛财之功大,不相上下。采取政府垄断措施,富国而不富民是管桑二者的共同点。不过,管仲之政只是行于齐国,而桑弘羊之政却是行于"天下"。《盐铁论》①中记载了当时文学贤良与大夫御史之间的精彩辩论,可以略窥消息。兹将《盐铁论》中直接引用《孟子》的相关章节胪列如下:

> 1)文学曰:"孟子云:'不违农时,谷不可胜食。蚕麻以时,布帛不可胜衣也。斧斤以时,材木不可胜用。田渔以时,鱼肉不可胜食。'……当今世,非患禽兽不损,材木不胜,患僭侈之无穷也;非患无疞閞橘柚,患无狭庐糠糟也。"(《通有》)

> 2)大夫曰:"官尊者禄厚,本美者枝茂。故文王德而子孙封,周公相而伯禽富。水广者鱼大,父尊者子贵。传曰:'河、海润千里。'盛德及四海,况之妻子乎? 故夫贵于朝,妻贵于室,富曰苟美,古之道也。孟子曰:'王者与人同,而如彼者,居使然也。'居编户之列,而望卿相之子孙,是以跛夫之欲及楼季也,无钱而欲千金之宝,不亦虚望哉!"(《刺权》)

> 3)文学曰:"伊尹之干汤,知圣主也。百里之归秦,知明君也。二君之能知霸主,其册素形于己,非暗而以冥冥决事也。孔子曰:'名不正则言不顺,言不顺则事不成。'如何其苟

---

① 王利器校注:《盐铁论校注》,中华书局1992年版。

合而以成霸王也？君子执德秉义而行，故造次必于是，颠沛必于是。孟子曰：'居今之朝，不易其俗，而成千乘之势，不能一朝居也。'宁穷饥居于陋巷，安能变己而从俗化？亏义得尊，枉道取容，效死不为也。闻正道不行，释事而退，未闻枉道以求容也。"（《论儒》）

4）文学曰："虞不用百里奚之谋而灭，秦穆用之以至霸焉。夫不用贤则亡，而不削何可得乎？孟子适梁，惠王问利，答以仁义。趣舍不合，是以不用而去，怀宝而无语。故有粟不食，无益于饥；睹贤不用，无益于削。纣之时，内有微、箕二子，外有胶鬲、棘子，故其不能存。夫言而不用，谏而不听，虽贤，恶得有益于治也？"（《相刺》）

5）文学曰："言而不诚，期而不信，临难不勇，事君不忠，不孝之大者也。孟子曰：'今之世，今之大夫，皆罪人也。皆逢其意以顺其恶。'今子不忠不信，巧言以乱政，导谀以求合。若此者，不容于世。春秋曰：'士守一不移，循理不外援，共其职而已。'故卑位而言高者，罪也，言不及而言者，傲也。有诏公卿与斯议，而空战口也？"（《孝养》）

6）贤良曰："孟子曰：'野有饿莩，不知收也；狗彘食人食，不知检也；为民父母，民饥而死，则曰，非我也，岁也，何异乎以刃杀之，则曰，非我也，兵也？'方今之务，在除饥寒之患，罢盐、铁，退权利，分土地，趣本业，养桑麻，尽地力也。寡功节用，则民自富。如是，则水旱不能忧，凶年不能累也。"（《水旱》）

7）贤良曰："孟子曰：'尧、舜之道，非远人也，而人不思之耳。'《诗》云：'求之不得，寤寐思服。'有求如关雎，好德如河广，何不济不得之有？故高山仰止，景行行止，虽不能及，离道不远也。颜渊曰：'舜独何人也，回何人也？'夫思贤慕能，从善不休，则成、康之俗可致，而唐、虞之道可及。公卿未思也，先王之道，何远之有？"（《执务》）

8）贤良曰："古者，上取有量，自养有度，乐岁不盗，年饥则肆，用民之力，不过岁三日，籍敛，不过什一。君笃爱，臣尽力，上下交让，天下平。'浚发尔私'，上让下也。'遂及我私'，先公职也。孟子曰：'未有仁而遗其亲，义而后其君也。'君君臣臣，何为其无礼义乎？及周之末涂，德惠塞而嗜欲众，君奢侈而上求多，民困于下，怠于上公，是以有履亩之税，硕鼠之诗作也。"（《取下》）

9）文学曰："古之用师，非贪壤土之利，救民之患也。民思之，若旱之望雨，箪食壶浆，以逆王师。故忧人之患者，民一心而归之，汤、武是也。不爱民之死，力尽而溃叛者，秦王是也。孟子曰：'君不乡道，不由仁义，而为之强战，虽克必亡。'此中国所以扰乱，非蒙恬死而诸侯叛秦。"（《伐功》）

10）文学曰："孔子生于乱世，思尧、舜之道，东西南北，灼头濡足，庶几世主之悟。悠悠者皆是，君暗，大夫妒，孰合有媒？是以嫫母饰姿而矜夸，西子彷徨而无家。非不知穷厄而不见用，悼痛天下之祸，犹慈母之伏死子也，知其不可如何，然恶已。故适齐，景公欺之，适卫，灵公围，阳虎谤之，桓魋害之。夫欺害圣人者，愚惑也；伤毁圣人者，狂狡也。狡惑之人，非人也。夫何耻之有！孟子曰：'观近臣者以所为主，观远臣者以其所主。'使圣人伪容苟合，不论行择友，则何以为孔子也！"（《大论》）

以上辩论双方直接引用或者提到孟子其人其书其言的凡 10 见,不可谓不重要。据徐复观先生分析,"两方多次孔孟并称,说明汉初荀子的地位,已由孟子取而代之"①。在这十处中,文学引用了孟子六次,贤良引用了孟子三次,大夫(桑弘羊)引用了孟子一次。当然还有御史与大夫直呼孟轲其名凡四见,都是批判孟子"守旧术,不知世务"(《论儒》《相刺》各两见)的俗论,本书不予探讨。首先需要分清楚的是文学与贤良是有差别的,二者代表不同的人群。② 在《盐铁论·论儒》章,御史说,"文学祖述仲尼,称诵其德,以为自古及今,未之有也。……若此,儒者之安国尊君,未始有效也"。由此可知,在《盐铁论》中,文学特指儒者,他们"祖述仲尼,称诵其德"。孔门四科中自有文学一科,子曰"文学,子游,子夏",二子以传经见长。至汉武之时,文学应该特指儒生。贤良则不一定是儒生,"招举贤良、方正、文学之士,超迁官爵"(《刺复》),可见贤良、方正、文学之士三者稍有差别。文景汉宣之世有贤良方正、贤良文学等不同的称呼,晁错就是以贤良文学的身份被选用而进入朝廷的。武帝时,用丞相卫绾之言,罢贤良治申韩张苏之言者。③ 可知贤良至少在卫绾为丞相的时候,不全都是以儒家思想为认同的一帮读书人。贤良有时候包括文学,文学也是贤良,但是在《盐铁论》这一特定语境中,文学与贤良是不一样的。在此,文学是儒生,来自各郡县,贤良则选自三辅及太常,不一定是儒生,有

---

① 徐复观:《两汉思想史》第三卷,华东师范大学出版社 2001 年版,第 127 页。
② 参见曹杰:《〈盐铁论〉中贤良与文学思想主张之差异》,《阴山学刊》2006 年第 2 期。
③ 参见萧公权:《中国政治思想史》,辽宁教育出版社 1988 年版,第 265 页。

人说是"天下豪富民"①,徐复观先生倾向于把贤良和文学都当作知识分子看待,其持论相对公允。② 但是贤良显然比文学在辩论中表现出更加务实的精神。由"贤良、文学不明县官事"(《取下》)一句可知贤良、文学二者都是没有具体的管理职能的人。萧公权先生指出,"儒法二家之根本区别,在贵民与尊君之点"③。"孟子谓逃杨必归于儒。若以政治思想言,则逃韩之尊君专制而归于孟之贵民,亦势所难免也。"④汉儒从贾谊开始,重申孟子民本思想于申韩尊君思想横行天下百年之后,希望民唱而君和,而不是君治而民颂,更不是政府专制以牧民,这也是《盐铁论》中文学贤良在辩论时所持的根本立场。

徐复观先生对《盐铁论》有专文研究。

最大的成就就是归纳出贤良、文学一方与大夫、御史一方争论的原则性问题。贤良、文学一方有三条原则:一是主张兴教化,把政府办成一个大的教育机构,要达到"兴恶迁善而不自知"的目的;二是崇本退末,充实寂粟货财,保持农村淳朴的风俗和安定的社会秩序,这是经济上的大原则;三是反对朝廷的盐铁专卖,反对官营工商业,主张藏富于民。大夫、御史一方有四条原则:一是因应武帝开边政策的需要,继续推行战时的财政经济政策;二是本末俱利,实际是重商;三是强力控制政治和经济;四是继续推行盐铁专营和平准均输(政策)。⑤

---

① 王利器、王贞珉:《盐铁论译注》,吉林文史出版社1995年版,第1页。
② 参见徐复观:《两汉思想史》第三卷,华东师范大学出版社2001年版,第77页。
③ 萧公权:《中国政治思想史》,辽宁教育出版社1998年版,第268页。
④ 萧公权:《中国政治思想史》,辽宁教育出版社1998年版,第268页。
⑤ 李兴:《〈盐铁论〉的经济伦理思想研究》,博士学位论文,湖南师范大学,2008年。

本节试图在前辈学者研究的基础上,以孟子思想为原则,对
《盐铁论》中出现的这一国家经济政策的历史实践进行分析。所
引十节的第一节是《通有》,在经济学上是一个消费问题,有消费
需求就产生流通,由流通产生利润,从而既使得生产者获得财富,
也使得流通者获得财富,当然消费者获得相应的产品和服务。在
伦理上又是一个奢与俭的对立统一问题。按照孟子的思想来对比
分析双方的表达,可以认为辩论双方的立场都有符合孟子思想的
地方,也有违背孟子思想的地方。

第一,通有无是孟子所一直主张的,许行以粟易冠、易铁、易釜
甑说明了通有无的必然性,因为社会分工不同。当然孟子想说明
的是"有大人之事,有小人之事",但无论如何,通有无是社会发展
的必然结果。大夫所说"天地之利无不赡,而山海之货无不富也;
然百姓匮乏,财用不足,多寡不调,而天下财不散也。"大夫深得孟
子精神。

第二,孟子认为大屦小屦不同价。孟子曰:

> 夫物之不齐,物之情也;或相倍蓰,或相什伯,或相千万。
> 子比而同之,是乱天下也。巨屦小屦同贾,人岂为之哉? 从许
> 子之道,相率而为伪者也,恶能治国家?(《滕文公章句上》
> 5·4)。

因此,《通有》章大夫主张"故物丰者民衍,宅近市者家富"是符合
孟子教诲的。

第三,孟子认为贵贱不同,贫富不同,那么物质消费水平自然
不同。孟子安葬父母的不同葬礼规模可以证明这一点。

乐正子入见,曰:"君奚为不见孟轲也?"

曰:"或告寡人曰,'孟子之后丧逾前丧',是以不往见也。"

曰:"何哉君所谓逾者? 前以士,后以大夫;前以三鼎,而后以五鼎与?"

曰:"否。谓棺椁衣衾之美也。"

曰:"非所谓逾也,贫富不同也。"(《梁惠王章句下》2·16)

三鼎五鼎之不同,是因为贵贱不同,前以士,后以大夫;棺椁衣衾之美,是因为"贫富不同也"。从这个角度讲,大夫所说的"古者,宫室有度,舆服以庸;采椽茅茨,非先王之制也"也是对的。

第四,虽然以上有三同,但是大夫忘了孟子"古之人与民偕乐,故能乐也"的基本原则,昔者公刘好货,故居者有积仓,行者有裹粮也。大王好色,当是时也,内无怨女,外无旷夫。大夫在这个根本问题上没有仁者恻隐推恩之心,只有富己己乐之心。桑弘羊从不否认自己敛财之巨,而且洋洋得意。其以旷世之奇才而无恻隐推恩之心,身死族灭,也是必然。

第五,"文学"深得孟子恻隐之心,看到了"当今世,非患禽兽不损,材木不胜,患僭侈之无穷也;非患无苑囿橘柚,患无狭庐糠糟也"而产生的贫富差距、民不聊生的严重社会问题。贫富差距产生的过度的消费必然产生巨大的社会财富的浪费以及政治和道德问题。孟子怒斥:

曰:"庖有肥肉,厩有肥马,民有饥色,野有饿莩,此率兽而食人也。兽相食,且人恶之。为民父母,行政不免于率兽而食人。恶在其为民父母也? 仲尼曰:'始作俑者,其无后乎!'

为其象人而用之也。如之何其使斯民饥而死也?"（《梁惠王章句上》1·4）

从这一点讲,文学一方是深得孟子血脉,以民为本。

第六,论辩双方都在引用孔孟。在《通有》章,为了说明消费的必要性,大夫引用了孔子的话:"不可,大（太）俭极下",此《蟋蟀》所为作也。这里显然有断章取义之嫌。桑弘羊"毫不考虑到孔子'与其奢也宁俭'的基本主张,及他此处所引《礼记·杂记》中孔子这句话的真正意义。"①这说明双方引用都是为了各自论点和论证之需要。一般来说,大夫这边的引用多是出于"便宜性"的,文学这边的引用多是出于"原则性"的。但是"便宜性"的引用不见得没有豁显孔孟的真思想,"原则性"的引用不见得就能够继承孔孟的真血脉。历史就是如此地吊诡。因此任何简单地、标签式地对双方进行判断都是很危险的,也是大可不必的。前辈学人中有的用阶级分析来标示辩论双方之不同,有的用儒法思想来范围双方之所属,有的用重商抑商、崇本退末来总结双方之基本观点,不一而足,不见得皆是,亦不见得皆非。不必说桑弘羊也许根本不能代表法家,就是文学之流是否能代表真儒,也未可知。倒是和稀泥的丞相史对当时的情况总结得相对客观一些:

> 所以贵术儒者,贵其处谦推让,以道尽人。今辩讼愕愕然,无赤、赐之辞,而见鄙倍之色,非所闻也。大夫言过,而诸生亦如之,诸生不直谢大夫耳。②

---

① 徐复观:《两汉思想史》第三卷,华东师范大学出版社2001年版,第116页。
② 王利器校注:《盐铁论校注》,中华书局1992年版,第3页。

第七,综上,最重要的是"以道尽人",就是以孔孟之道富民富国也。盐铁专卖,均输物流,平准物价,都是手段,而手段本身没有对错。但是政府一旦操控了资源、生产和市场流通,那么即使中央政府的出发点是好的,执行层面必然是官而商,商而官,官商不分,掠夺民财,好一点的充实国库,差一点的损公肥私。作为政策的制定者和执行者,桑弘羊本人就大做买卖,从中渔利,所引第二章《刺权》中,桑弘羊就说"官尊者禄厚,本美者枝茂。"而且引用孟子"王者与人同,而如彼者,居使然也"来支持证明自己的观点。这一章原文如下:

> 孟子自范之齐,望见齐王之子。喟然叹曰:"居移气,养移体,大哉居乎! 夫非尽人之子与?"
>
> 孟子曰:"王子宫室、车马、衣服多与人同,而王子若彼者,其居使之然也;况居天下之广居者乎? 鲁君之宋,呼于垤泽之门。守者曰:'此非吾君也,何其声之似我君也?'此无他,居相似也。"(《尽心章句上》13·36)

孟子在此从两个层面说明他的思想。第一层面的意思是,"居移气,养移体,大哉居乎!"说明客观环境必然影响居者的音容笑貌。但是孟子在此主要是表达第二层面的意思,"况居天下之广居者乎?"此处朱子《集注》云:"广居,仁也。","按之《论语》'立于礼'、《孟子》'居仁由义'(13·33)、'仁,人之安宅也'(3·7又7·10)、'义,人路也'(11·11)诸语,《集注》所释,最能探得孟子本旨。"[1]桑弘羊显然未"探得孟子本旨",而流入物质享受的窠臼,

---

[1]　杨伯峻:《孟子译注》,中华书局 2010 年版,第 129—130 页。

不是饱于仁义，而是耽于享乐，只知其一，不知其二。而文学批评的是"无周公之德而有其富"之社会富贵阶层骄奢淫逸，"是以耕者释耒而不勤，百姓冰释而懈怠"，导致社会整体腐败糜烂。（《刺权》）

第八，《论儒·相刺》章所引孟子相对来说比较容易理解，文学儒生继承孔孟不忍之心，"忧百姓之祸而欲安其危也"。

第九，所引第五段出自《孝养》章。双方在讨论关于富与孝的关系问题。对于孝养其亲，双方都是一致的。但是对于孝的方式和富与孝的关系，双方发生了争执。起因是在前一章《论诽》章，丞相史认为贫穷不能尽孝，"故饭蔬粝者不可以言孝，妻子饥寒者不可以言慈，绪业不修者不可以言理。居斯世，行斯身，而有此三累者，斯亦足以默矣。"（《论诽》）考其言，不仅仅是"不可以言孝"，而且"斯亦足以默矣"，贫穷的儒生没有资格说话，更没有资格批评朝政，话虽然过了头，但是此前文学也说过"若子之为人吏，宜受上戮，子姑默矣！"（《论诽》）这样的狠话。辩论双方的情绪化，使得对言论自由和儒生的担当精神的讨论一下滑转到"富与孝"的讨论，让人啼笑皆非。

丞相史引用的话中有孟子的内容来说明问题，"八十曰耋，七十曰耄。耄，食非肉不饱，衣非帛不暖。故孝子曰甘毳以养口，轻暖以养体。曾子养曾皙，必有酒肉。"而文学强调的是"君子重其礼，小人贪其养。"双方都是对的，只是侧重点不一样，丞相史强调酒肉衣帛之养，文学强调"上孝养志，其次养色，其次养体"。丞相史认为"与其礼有馀而养不足，宁养有馀而礼不足。"文学认为"故富贵而无礼，不如贫贱之孝悌。"所争实在是无谓。上孝养志固然不错，养体也是必需的，不然孟子何必说"曾子养曾皙，必有酒肉"。但是丞相史有意无意地遗忘了最关键的一点不是有无酒肉,而是"必请所与"与"不请所与"的区别,前者养体亦养色,后者养体不养色。无论是养志,养色还是养体,只是赤子孝心之发用。《孟子》记载:

> 曾晳嗜羊枣,而曾子不忍食羊枣。
>
> 公孙丑问曰:"脍炙与羊枣孰美?"
>
> 孟子曰:"脍炙哉!"
>
> 公孙丑曰:"然则曾子何为食脍炙而不食羊枣?"
>
> 曰:"脍炙所同也,羊枣所独也。讳名不讳姓,姓所同也,名所独也。"(《尽心章句下》14·36)

曾子不忍食羊枣,在外是因为曾晳嗜羊枣,在内是因为自己"不忍",结果是曾子食脍炙而不食羊枣,即便脍炙比羊枣更美、更贵。孟子论孝养还是以不忍之心为立论之基,而不论物质多寡优劣。从这个角度说,文学无疑完全正确。但是孟子从不否认物质之孝养,从前揭孟子葬母一节可得之。坊间所说的"百善孝为先,论心不论迹,论迹则贫家无孝子",也是一样的道理。如果能够"富而好礼",毕竟在孝养其亲上可以锦上添花,不必一概否论。"三年无改于父之志"是孝,"父母唯其疾之忧"是孝,"色难"是孝,而以衣帛美屋养体也是孝,三者(养志、养色、养体)之间没有矛盾。双方此处谈孝,其根本不是孝养的方式问题,而是孝与责任的关系,所谓"忠孝不能两全"也。所争之根本还是下一章《刺议》章"文学"批评丞相史的话,"子非孔氏执经守道之儒,乃公卿面从之儒,非吾徒也。冉有为季氏宰而附益之,孔子曰:'小子鸣鼓而攻之,可也。'故辅桀者不为智,为桀敛者不为仁。"对此,"丞相史默然不对。"场面之生动如在昨日。

第十，《水旱》章所引孟子，是为了"水旱不能忧，凶年不能累也。"辩论双方的目的是一致的，但是方法手段是不一致的。贤良认为要"罢盐铁，退权利，分土地，趣本业，养桑麻，尽地力也。寡功节用，则民自富。"大夫认为"盐铁何害而罢。"二者无疑都是正确的。其关键是盐铁专营是为民服务，还是为中央政府服务，何况在盐铁专营中，官僚机构上下其手，从中盘剥，通过国家垄断与民争利。汉亡魏兴，权贵不绝。按《三国志》记载，名臣司马芝奏曰：

> 自黄初以来，听诸典农治生，各为部下之计，诚非国家大体所宜也。夫王者以海内为家，故传曰："百姓不足，君谁与足！"①

自由市场经济可以调节资源，藏富于民，但是也会带来贫富不均。国家垄断也可以调节资源，政府富强，但是可能比自由市场经济带来更加恶劣的后果。对此，主要经济学家都有阐释，兹不赘述。在当时的农耕社会，应对水旱之害，是政府的责任，但是不能因为水旱之害，而进行政府垄断。所谓常和变之间的对立统一。正如前文"义利之辨"章所揭之子曰："因民之所利而利之，斯不亦惠而不费乎？"以变救水旱之害，以常实富民之本，否则就是"五十步笑百步"，彼此不相伯仲。

以上撷取了部分与孟子相关的章节来分析《盐铁论》双方的观点和立场，可知孟子的思想对辩论双方都有很大的影响。大致而言，大夫一方引用孔孟之教只是为了政府垄断进行辩护，"文

---

①　（晋）陈寿：《三国志》卷十二，中华书局1982年版，第388页。

学"一方是为了富民。"在这一场伟大的辩论中,表面上的赢家是儒家,而实际的赢家却是帝王家族周围的后宫集团(包括宦官)。"①更加严重的问题是,以"文学"为代表的儒家不知富民有多条途径,不仅仅限于崇本抑末,由此,"文学"在此辩论中混淆了目的和手段,在批判政府垄断的时候,也抛弃了孟子通有无、明分工、富民乐民的王道,最终陷入了重农抑商的泥沼而不自知,为后世的发展带来了很大的负面影响。汉儒无孟子,悲夫!"自从孟子站出来捍卫大臣的尊严和独立性之后,那些自称具有圣人的权威、无所不知、无所不能的王侯们终于认识到,他们从此就别再指望自己的妄称能逃脱儒家的质疑了。"②汉儒虽然部分地继承了孟子的思想,也部分地实践了孟子的批判精神,但是对孟子富民之仁政,民为贵君为轻之王道已经不能完全传承并发挥之。进言之,汉儒之见,既不能揭示出皇权专制的危害性以继王道理想,也不明白利用厚生以富民的仁政以承民本思想,而是在皇权专制的窠臼之中斤斤计较于崇本抑末以活民的惠政,从政治到经济都是思想的倒退,窒息了社会的进步与发展。

最后本章引荀子所言以结束讨论,荀子曰:

> 成侯、嗣公聚敛计数之君也,未及取民也。子产取民者也,未及为政也。管仲为政者也,未及修礼也。故修礼者王,为政者强,取民者安,聚敛者亡。故王者富民,霸者富士,仅存之国富大夫,亡国富筐箧、实府库。筐箧已富,府库已实,而百姓贫:夫是之谓上溢而下漏。入不可以守,出不可以

---

① [美]狄百瑞:《儒家的困境》,黄水婴译,北京大学出版社2010年版,第49页。
② [美]狄百瑞:《儒家的困境》,黄水婴译,北京大学出版社2010年版,第47页。

战,则倾覆灭亡可立而待也。故我聚之以亡,敌得之以强。聚敛者,召寇、肥敌、亡国、危身之道也,故明君不蹈也。(《荀子·王制》)

荀子之教在当今依然振聋发聩。

第六章　富与"己"

——成己成物

本章进入天地群己框架下的最后一部分的讨论：富与"己"。如果说仁是精神人文主义思想体系之天地群己框架的枢纽和头脑，那么己是整个天地群己框架的基础。仁使得天地群己这一整体架构得以有机统一并生生不息，仁是存有之源和动力之源，换言之，仁体"即存有即活动"。孟子曰：仁也者，人也。为仁由己。仁与己互为原因和结果。无论天地之道还是群道，其实践者是人，子曰："人能弘道，非道弘人。"（《卫灵公第十五》15·28）

第一节　为己之学

一、己是天地群己的基础

如何讨论己？一个空洞的个人在儒家的话语体系中是没有意义的。儒家先有人禽之辨，一个脱离了禽兽自然之性的人才是一个真正的人。这时候，人除了口目耳鼻身意的自然属性之外，还有仁、义、礼、智、信的社会属性。只有具有社会属性的人才能够成为一个人。具有仁、义、礼、智、信的人在儒家称为"君子"。何为"君子"？《荀子》里面生动地记载了孔子与子路、子贡和颜回的对话。

子路入,子曰:"由！知者若何？仁者若何？"子路对曰："知者使人知己,仁者使人爱己。"子曰:"可谓士矣。"

子贡入,子曰:"赐！知者若何？仁者若何？"子贡对曰："知者知人,仁者爱人。"子曰:"可谓士君子矣。"

颜渊入,子曰:"回！知者若何？仁者若何？"颜渊对曰："知者自知,仁者自爱。"子曰:"可谓明君子矣。"(《王制》)

类似的记载见于《孔子家语·三恕》。[1]《孔子家语》的版本里面,对子路、子贡的评价都是"士",没有"士"与"士君子"的区别,对颜回的评价为"士君子",没有"明君子"的说法。不过孔子在这里都明确指出爱己的人才是真正的君子,爱别人的和让别人爱你的不足以成为真正的君子。这不是只有"爱己的私心"才能称得上是君子吗？通过以上私的起源一节分析,私是起源于本心之放失。只有自己努力去寻找回来放失的本心,才能够回归人心本来就具有的善,只有善才能够成就君子人格,甚至圣贤人格。只有爱自己的人才能够找回放失的本心,也就找回了整个世界,也就由己之私契合天道之公,臻至"天人合一"的廓然大公的状态。孟子举了一个生动的例子,如果一个人的无名指弯曲了,即使是远至秦楚,他也要去求医生治好,但是他的心没有了,却满不在乎,如此贵指贱心,岂不悲哉?

孟子曰:"今有无名之指[2],屈而不信,非疾痛害事也,如

---

[1] Ctext.org:《四部丛刊子部孔子家语十卷》之《三恕》,上海涵芬楼影印本之第309册,第96页。

[2] 无名之指:Legge 翻译为第四个指头,杜百胜翻译为第三个指头,因为杜不从大拇指算起,印度学者翻译为第二个指头,因为印度人从小拇指算起。(据杨联陞先生)

> 有能信之者,则不远秦楚之路,为指之不若人也。指不若人,
> 则知恶之;心不若人,则不知恶,此之谓不知类也。"(《告子章
> 句上》11·12)

因此,颜子的爱己,就是时刻惕励自省,勿助勿忘,以爱己之私成就自己本性之公。在这里,爱己之私是一种工夫,本性之公是其本体。从工夫入手直达本体。只有如此才能够回归本心,成就君子人格。当然这只是第一步,正如孟子说:

> 可欲之谓善,有诸己之谓信。充实之谓美,充实而有光辉
> 之谓大,大而化之之谓圣,圣而不可知之之谓神。乐正子,二
> 之中,四之下也。(《尽心章句下》14·25)

按此,做人不可躐等,一步一个脚印,才能够慢慢攀登上人性光辉的顶点。总之,爱己才能为己,为己才能成己,成己才能成人,才能成物。这是儒家为己之学的真谛。

以下从五个方面来证明,在天地群己的框架之中己的基础地位。

第一,孟子曰:

> 人之所不学而能者,其良能也;所不虑而知者,其良知也。
> 孩提之童,无不知爱其亲者;及其长也,无不知敬其兄也。亲
> 亲,仁也;敬长,义也。无他,达之天下也。(《尽心章句上》
> 13·15)

孟子在此提出了"良能"与"良知"的概念。"人之所不学而能者,其良能也;所不虑而知者,其良知也。"以此证明人人皆能亲亲敬

长。对于己与天地群之间的关系,可以借用王阳明的话来说明之。
王阳明说:

> 可知充塞天地之间,只有这个灵明,人只为形体自间隔
> 了。我的灵明,便是天、地、鬼、神的主宰。天没有我的灵明,
> 谁去仰他高? 地没有我的灵明,谁去俯他深? 鬼、神没有我的
> 灵明,谁去辩他吉、凶、灾、祥? 天、地、鬼、神、万物,离却我的
> 灵明,便没有天、地、鬼、神、万物了;我的灵明,离却天、地、鬼、
> 神、万物,亦没有我的灵明。如此,便是一气流通的,如何与他
> 间隔得?①

第二,孟子马上接着上节举了舜的例子以进一步证明其结论。

> 孟子曰:"舜之居深山之中,与木石居,与鹿豕游,其所以
> 异于深山之野人者几希。及其闻一善言,见一善行,若决江
> 河,沛然莫之能御也。"(《尽心章句上》12·16)

据此,己是群己关系的中心,因为有良能和良知,比如舜即使与木
石居,与鹿豕游,及其闻一善言,见一善行,若决江河,沛然莫之能
御也。

第三,何止舜,孟子还说:"待文王而后兴者,凡民也。若夫豪
杰之士,虽无文王犹兴。"这些"豪杰之士"都是文明的开创者,继
承者,传播者和发展者,"虽无文王犹兴"。

第四,孟子回顾总结了往圣的历史以总结文明发展的历史。

---

① 邓艾民:《传习录注疏》,上海古籍出版社2015年版,第277页。

> 孟子曰:"禹恶旨酒而好善言。汤执中,立贤无方。文王视民如伤,望道而未之见。武王不泄迩,不忘远。周公思兼三王,以施四事;其有不合者,仰而思之,夜以继日;幸而得之,坐以待旦。"(《离娄章句下》8·20)

第五,在所有的这些人中,从舜禹汤到文武周孔,包括伊尹伯夷柳下惠等人,孔子是集大成者,孟子曰:

> 宰我、子贡、有若智足以知圣人。污,不至阿其所好。宰我曰:"以予观于夫子,贤于尧舜远矣。"子贡曰:"见其礼而知其政,闻其乐而知其德。由百世之后,等百世之王,莫之能违也。自生民以来,未有夫子也。"有若曰:"岂惟民哉?麒麟之于走兽,凤凰之于飞鸟,太山之于丘垤,河海之于行潦,类也。圣人之于民,亦类也。出于其类,拔乎其萃,自生民以来,未有盛于孔子也。"(《公孙丑章句上》3·2)

而孟子自己,"乃所愿,则学孔子也。"(《公孙丑章句上》3·2)慨然以道自居,并宣言道:

> 霸者之民,驩虞如也;王者之民,皞皞如也。杀之而不怨,利之而不庸,民日迁善而不知为之者。夫君子所过者化,所存者神,上下与天地同流,岂曰小补之哉?(《尽心章句上》13·13)

以上五点层层推进,按孟子可知,君子就是文明的开创者,就是群己关系的建立者和维护者,"无恒产而有恒心者,惟士为能"。君子能够过化存神,与天地同流,只有君子才能化民成俗,"民日迁善而不知为之者"。孟子借伊尹之话来表达这种必要性和责任感,"天之生此民也,使先知觉后知,使先觉觉后觉也。予,天民之先觉者也;予将以斯道觉斯民也。非予觉之,而谁也?"(《万章章句上》9·7)因此在群己关系中,作为群的民是基础,作为己的君子是核心。群己关系一变而成为"君子与社群的关系"。只有尧舜禹汤文武伊尹孔孟这样的君子之己才能够建立文明共同体,传承文明,进一步,"天之生此民也,使先知觉后知,使先觉觉后觉也",君子能够也应当化民成俗,使得"王者之民,皞皞如也"。当然,孟子绝不是精英主义者,而是平等主义者,因为民如果只是被君子之风沐化,如果民作为个体的道德主体没有建立,由此推到极致,就是私圣为我有,即非真正能成其为圣,亦非真能树立圣贤与君子的道德主体,这违背了"人人皆可为尧舜"的儒家之教。[①]

二、自觉的士魂——"以道自任"与"得君行道"

首先,在前揭孟子与弟子公孙丑讨论管子(《公孙丑章句上》3·1)的这段对话中,孟子用曾西的话回答了公孙丑"夫子当路于齐,复许管晏之功"的问题,答案就是"曾西之所不为也,而子为我愿之乎?"即便"管仲得君如彼其专也,行乎国政如彼其久也",亦非孟子所愿。对于孟子来说,"以齐王,犹反手也。"而且,"当今之时,万乘之国行仁政,民之悦之,犹解倒悬也。故事半古之人,功必倍之,惟此时为然。"

在《孟子》一书的其他章节也可以发明孟子"以道自任"而不是"得君行道"的士的担当精神。兹胪列如下:

[①] 参见唐君毅、牟宗三、徐复观、张君劢等:《为中国文化敬告世界人生宣言》,见唐君毅:《中华人文与当今世界》,台湾学生书局1975年版,第903页。

　　　　公孙丑问曰:"夫子加齐之卿相,得行道焉,虽由此霸王,
　　不异矣。如此,则动心否乎?"孟子曰:"否;我四十不动心。"
　　(《公孙丑章句上》3·2)

在这段对话中,首先,孟子认为自己如果"得行道焉",成就霸业甚
至王道,这是不容置疑的,"不异矣"。这是一种充分的自信。但
这只是一种较低的诉求而已,因为孟子回答"否;我四十不动心"。
孟子的不动心是因为"我知言,我善养吾浩然之气"。(《公孙丑章
句上》3·2)知言,则知"蔽陷离穷"之害,"生于其心,害于其政;发
于其政,害于其事"。而孟子能够知言辟害,这只是孟子一个方
面。另一方面是"善养吾浩然之气",其人格典范就是孔子,孟子
"乃所愿,则学孔子也。"孔子何许人?"自有生民以来,未有孔子
也。"其同者是"得百里之地而君之,皆能以朝诸侯,有天下","行
一不义,杀一不辜,而得天下,皆不为也"。其异者是,其一,与伯
夷、伊尹"不同道",孔子是可仕则仕,可止则止,可久则久,可速则
速;其二,宰我曰:"以予观于夫子,贤于尧舜远矣。"子贡曰:"见其
礼而知其政,闻其乐而知其德,由百世之后,等百世之王,莫之能违
也。"(《公孙丑章句上》3·2)有若曰:"岂惟民哉?麒麟之于走
兽,凤凰之于飞鸟,太山之于丘垤,河海之于行潦,类也。圣人之于
民,亦类也。出乎其类,拔乎其萃,自生民以来,未有盛于孔子
也。"(《公孙丑章句上》3·2)

　　这就是孟子乃所愿则学的孔子,"贤尧舜远矣",何来孜孜以
求"得君行道"?孟子在此三子所论孔子之前,特意加了一句话:

　　　　宰我、子贡、有若,智足以知圣人,汙不至于阿其所好。
　　(《公孙丑章句上》3·2)

以说明三子所说不虚。按孟子,孔子是金声玉振集大成者,不是独奏也不是齐奏,而是伟大的合奏,在这个天人合一的合奏中,君王只是其中的一部分而已。在此做一个不恰当的比喻,在神圣罗马帝国的欧洲,如果没有教皇的加冕,君王是不合法的。类似的,儒家是建构价值传承文明的,包括政治价值和政治文明,其愿景是建设一个此岸的大同世界,君王只是一定的历史阶段具有一定价值的合奏乐之一部分而已,有时候甚至是很小的一部分。如果没有儒家的道统,政统也是不合法的,因为"民为贵"。在儒家,没有恺撒的世界和上帝的世界之分畛,没有士农工商之桎梏,无论是建筑工(傅说),还是小本经营的商贾(胶鬲)都是儒者的典范。因此,儒者当然可以仕,这只是儒者所有价值实践的一部分而已。同样的,儒者当然也可以做农民,耕读传家,当然也可以做商人,更可以做企业家,始条理者,终条理者,无非圣贤之事也。

不仅不是得君行道,而且还要以德抗位。原文如下:

> 曾子曰:"晋楚之富,不可及也;彼以其富,我以其仁;彼以其爵,我以吾义,吾何慊乎哉?"夫岂不义而曾子言之?是或一道也。

> 天下有达尊三:爵一,齿一,德一。朝廷莫如爵,乡党莫如齿,辅世长民莫如德。恶得有其一以慢其二哉?故将大有为之君,必有所不召之臣;欲有谋焉,则就之。其尊德乐道,不如是,不足与有为也。

> 故汤之于伊尹,学焉而后臣之,故不劳而王;桓公之于管仲,学焉而后臣之,故不劳而霸。

今天下地醜德齐,莫能相尚,无他,好臣其所教,而不好臣其所受教。

汤之于伊尹,桓公之于管仲,则不敢召。管仲且犹不可召,而况不为管仲者乎?(《公孙丑章句下》4·2)

春秋以降,既然狭义的在位的君子已经不能喻于义,那么君子一词就逐渐失去了其实指的拥有人爵土地在位之人的意思,而逐渐从道德价值来指君子,换言之,君子小人以道分而不以位分。① 君子在德不在位就逐渐成为社会的共识。而《孟子》一书就是士的辩解书(apologia),使得士而不是公侯大夫成为新时代认可的君子并具有自觉的时代担当,此庶几即为士君子之滥觞。有了士的自觉,才能以德抗位,在作为文明的传承者和社会价值的建构者的同时,成为一个对于政权的批判者。对于这些违法的行为,孟子予以了激烈的批判。因为"作于其心,害于其事;作于其事,害于其政。圣人复起,不易吾言矣。"而孟子就是要"我亦欲正人心,息邪说,距诐行,放淫辞,以承三圣者"(《滕文公章句下》6·9)。正人心又回到了成己成物的儒家为己之学上来。因此从仁政之实施到伦理之实践,归根结底还是人心之正,这在天地群己的框架中,又从群道讲到了己道。

综上,"以道自任"而不是"得君行道"是士的主体性建立的主要标志之一。这也是孟荀的一致想法。荀子曰:儒者在朝则美其政,在野则美其俗。申而言之,儒者在商则美其富,在工则美其技。

---

① 参见杜维明:《孟子:士的自觉》,《杜维明文集》第一卷,武汉出版社 2002 年版,第 28—30 页。当然"位"也从实指的爵位逐渐变为"立天下之正位"的士的客观价值。

从孟子始,无论朝代更迭,无论城头变幻大王旗,无论自己贫富贵贱,无论所处的角色为士农工商,"以道自任"的儒家从来没有放弃过自己的道统和学统,一直在孜孜努力构建一个由小康到大同世界的政统。"我们有理由相信,人民的福祉和苦难是压在儒家良知上的重担。"①而"所有的重担最后都落在君子的自我培养和自我改造上。"②

第二节　德礼之间

一、富与德——厚德载物

前文《圆善论》一节对德有浅论。德者,得也,万物所各具也。③ 万物各自具有的不同于其他类的属性即是德。在人而言,德就是本心所具之明德。《大学》有明明德之教。与德对应的一个词是道。《导言》章引朱子曰:"道训路,大概说人所共由之路。"④所以,道者,路也,万物所共由也。万物所共同遵循的原则或者道理就是"道"。在讲德之前需要讲明道。在讲道之前,需要讲明性。从孔子的性习对举到孟子的性命对扬从而奠定性善论的人性基础,中间经历了一个复杂的发展过程。前文对此屡有交代。中间最有代表性的论述分别是《性自命出》和《中庸》。"《中庸》虽然没有明确断定性善,但其天命、性、道、教之间的一贯关系却使其无论哪一者为善,都必然肯定性善。所以《中庸》实际上已经包含了性善的思

---

①　[美]狄百瑞:《儒家的困境》,黄水婴译,北京大学出版社 2010 年版,第 19 页。
②　[美]狄百瑞:《儒家的困境》,黄水婴译,北京大学出版社 2010 年版,第 23 页。
③　楼宇烈先生在课堂上经常讲这句话,见《素书》。
④　《朱子语类》卷六,中华书局 1986 年版,第 99 页。

想,而这种善又不仅仅是表现于现实生活中的或然之善,而是源于天命又显发于现实生活的本然、当然之善。"①所谓:"天命之谓性。"

朱子注:

> 命,犹令也。性,即理也。天以阴阳五行化生万物,气以成形,而理亦赋焉,犹命令也。于是人物之生,因各得其所赋之理,以为健顺五常之德,所谓性也。②

至于朱子的"性即理"一说,本书在此不予讨论,因为也有儒者说"心即理",对此之辨析不是本书的目的。由于用了理这个概念来赋予万物之性,朱子不得不又用气的概念来使万物成形,虽然有"理一分殊"为之救弊,最终还是理气两分,成了一个二元论。不管如何,由天所赋予而人和物得到的即是性。这个性是否具有"或健,或顺,或符合五常之德",在这个阶段讨论稍微早了一点。子思子在此还没有开始落到德之讨论。而是说:

> 率性之谓道。

朱子注:

> 率,循也。道,犹路也。人物各循其性之自然,则其日用事物之间,莫不各有当行之路,是则所谓道也。③

按朱子,所谓道就是"当行之路",是人和物所遵循的自然之性在

---

① 丁为祥:《从〈性自命出〉看儒家性善论的形成理路》,《孔子研究》2001 年第 3 期。
② (宋)朱熹:《四书章句集注》,中华书局 2012 年版,第 17 页。
③ (宋)朱熹:《四书章句集注》,中华书局 2012 年版,第 17 页。

"其日用事物之间"的本性之率。然本性所率之道或有过、不及之差,圣人忧之,故曰:

> 修道之谓教。

朱子注:

> 修,品节之也。性道虽同,而气禀或异,故不能无过不及之差,圣人因人物之所当行者而品节之,以为法于天下,则谓之教,若礼、乐、刑、政之属是也。盖人之所以为人,道之所以为道,圣人之所以为教,原其所自,无一不本于天而备于我。①

按朱子,人之为人,道之为道,圣之为教,原其所自,无一不本于天而备于我。在这里,本于天的是什么? 备于我的是什么? 试答之,天和人所共由的是道,天道即人道,人道即天道。教是品节偏离天道产生的过与不及的手段,使得人道不偏而中天道,而"中(去声)天下之正道",最终天道、人道合而为一,所谓"天人合一"是也。在这里,天道是本,是源,本立而道生,源深而流长。天生之后,人需要得到教才能成道,使得天道备于我,所谓"天生人成"。教是圣人之事,学是后人之事,学求圣人之教以得天道。故朱子紧接着上注,又强调如下:

> 学者知之,则其于学知所用力而自不能已矣! 故子思于此首发明之,读者所宜深体而默识也!②

---

① (宋)朱熹:《四书章句集注》,中华书局 2012 年版,第 17 页。
② (宋)朱熹:《四书章句集注》,中华书局 2012 年版,第 17 页。

朱子在此语重心长,要求读者深体之,默知之,然后才能"学知所用力而不能已矣!"①当然,风雨霜露,无非教也。这是天道之教,圣人能体天道,则能"为法于天下","则谓之教"。使天道备于我就是人得天道而成就人道,此人之所得即是人之德。得之以后,无时不在,《中庸》紧接着说:

> 道也者,不可须臾离也,可离非道也。

朱子注:

> 道者,日用事物当行之理,皆性之德而具于心,无物不有,无时不然,所以不可须臾离也。若其可离,则为外物而非道矣。

在这里道"皆性之德而具于心",成为具于心的性之德,"不可须臾离也","无物不有","无时不然"。如何才能保任此性之德,而符合"天下之正道"呢?《中庸》说:

> 是故君子戒慎乎其所不睹,恐惧乎其所不闻。

朱子注:

> 是以君子心存敬畏,虽不见闻,亦不敢忽,所以存天理之本然,而不使离于须臾之顷也。

这是朱子的存养之工夫。

---

① 《朱子语类》卷二十八,中华书局1986年版,第725页。

莫见乎隐，莫显乎微，故君子慎其独也。

朱子注：

> 隐，暗处也。微，细事也。独者，人所不知而己所独知之地也。言幽暗之中，细微之事，迹虽未形而几则已动，人虽不知而己独知之，则是天下之事无有着见明显而过于此者。是以君子既常戒惧，而于此尤加谨焉，所以遏人欲于将萌，而不使其滋长于隐微之中，以至离道之远也。

这是朱子的未发之功。君子如何存天理之本然？君子如何"遏人欲于将萌"？则有《大学》之教。"《大学》之书，古之大学所以教人之法也。"[1]"大学之道，在明明德"，此明德即是"人之所得乎天，而虚灵不昧，以具众理而应万事者也。"[2]此明德即是人被天所赋予的特殊之性，不同于禽兽草木。但是又有可能"为气禀所拘，人欲所蔽，则有时而昏"。人之性就像太阳一样，一体朗现，"未尝息也"，但是一旦被乌云遮蔽，就得不到体现，而表现出昏暗。这时候人性之光辉就得不到彰显，表现出的有可能是种种恶，甚至是"率兽以食人"。这是儒家论性的基本思考和根源性的感悟，当然也有一代代先贤往圣知识上的积累。知识、思考和感悟三者的交替深入，逐步形成文明的大潮，儒家在此一过程中尤为显著。本节想要解决的问题是财富与此明德的关系问题，简言之，富与德如何互相影响：在内，厚德载物以致富，在外，富而好礼以成德，一内一外，相生相克，其最终结果也许是德福相即。

---

① （宋）朱熹：《四书章句集注》，中华书局 2012 年版，第 1 页。
② （宋）朱熹：《四书章句集注》，中华书局 2012 年版，第 3 页。

如果说富而好礼是一个由内到外的成德过程,那么厚德载物就是一个由外向内的致富工夫。前者,富是因,德为果,以好礼为实践过程。后者,德为因,富为果,以修身为工夫路径。当然这种划分只是为了行文的方便。富与德之间互为因果,其中还纠缠着命的因素。参见《圆善论》一节。《易》曰:地势坤,君子以厚德载物。试论之如下。孟子曰:

> 有天爵者,有人爵者。仁义忠信,乐善不倦,此天爵也;公卿大夫,此人爵也。古之人修其天爵,而人爵从之。今之人修其天爵,以要人爵;既得人爵,而弃其天爵,则惑之甚者也,终亦必亡而已矣。(《告子章句上》11·16)

按孟子,有天爵者,仁义忠信,有人爵者,公卿大夫,前者可以指德,后者可以指富与贵(见前揭富贵辨),如此,天爵人爵之辨勉强可做德与富之论。按孟子,古之人,修其天爵,而人爵从之,换言之,修德,富就随之而来;今之人,修其天爵,以要人爵。在得人爵以后,而放弃了天爵,最终必亡。按孟子,如果无德(天爵)就会失去富贵(人爵),这是厚德载物的否定说法。《大学》曰:

> 德者本也,财者末也,外本内末,争民施夺。是故财聚则民散,财散则民聚。是故言悖而出者,亦悖而入;货悖而入者,亦悖而出。《康诰》曰:"唯命不于常!"道善则得之,不善则失之矣。

《大学》之教,以德为本,以财为末。无德者,即使一夜暴富,也不能持久,因为"'唯命不于常!'道善则得之,不善则失之矣。"

如何立德?这就开始涉及儒家的工夫论。徐复观先生说:

工夫一词,虽至宋儒而始显,但孔子的"克己"和一切"为仁之方",孟子的"存心""养性""集义""养气",老子的"致虚极、守静笃",庄子的由"堕肢体、黜聪明",以至坐忘皆是工夫的真实内容。①

通过工夫,人的精神性才能涵摄社会性,提撕自然性。② 儒家工夫论不是本书所能展开。前揭明道两忘之说可以略窥端倪。一言以蔽之,通过工夫,人才能"变化气质",把气质之性经过百死千难的切磋琢磨,变化出天命之性。儒家是学习的文明而不是传道的文明,马一浮先生在 1917 年拒绝北京大学之礼聘而不就教职时就回以"古闻来学,未闻往教"。这在轴心文明传统中是比较特殊的,举凡犹耶伊佛四教,都有传道的教义,更有严密的教仪乃至教宗无误论(Infallability)。儒家与之大异其趣,只有教典之丰富与尊贵这一点与他教大体相当。儒家以学为"即凡而圣"的不二法门。孔子曰:

> 十室之邑,必有忠信如丘者焉,不如丘之好学也。(《公冶长第五》5·27)

儒家之学是为己之学,子曰:

> 古之学者为己,今之学者为人。(《宪问第十四》14·25)

所学者何? 学以成人。学以成人也是 2018 年第 24 届世界哲学大

---

① 徐复观:《中国人性论史·先秦篇》,《徐复观文集》第三卷,湖北人民出版社 2002 年版,第 410 页。

② 参见杨儒宾:《论孟子的践形观》,《清华学报》(台湾)1990 年第 1 期。

会(WCP)的主题。孔孟所立即是成人之教。无论士农工商职业之不同,还是犹耶伊佛教义之各殊,成人是所有人能够接受的共同基础。

君子以一己之立德,而成君子之风,以化民成俗。否则,如孟子曰:"由君子观之,则人之所以求富贵利达者,其妻妾不羞也,而不相泣者,几希矣。"如此"货悖而入者,亦悖而出"。一个社会如果没有君子之德风,则"富岁,子弟多赖。凶岁,子弟多暴。"正如荀子所言:

> 乱世之征:其服组(奢华),其容妇(妖艳),其俗淫,其志利(唯利是图),其行杂,声乐险(邪恶怪僻),其文章匿而采,其养生无度,其送死瘠墨,贱礼义而贵勇力,贫则为盗,富则为贼。治世反是也。(《荀子·乐论》)

如果富之教之,则王者之民也。据《礼记·经解》记载:

> 孔子曰:"入其国其教可知也!其为人也,温柔敦厚,诗教也;疏通知远,书教也;广博易良,乐教也;恭俭庄敬,礼教也;洁静精微,易教也;属辞比事,春秋教也。故《诗》之失,愚;《书》之失,诬;《乐》之失,奢;《易》之失,贼;《礼》之失,烦;《春秋》之失,乱。"

孟子曰:

> 霸者之民,驩虞如也;王者之民,皞皞如也。杀之而不怨,利之而不庸,民日迁善而不知为之者。夫君子所过者化,所存者神,上下与天地同流,岂曰小补之哉?

当然,厚德载物并不是贬低富的地位。太史公感慨道:

> 故曰:"仓廪实而知礼节,衣食足而知荣辱。"礼生于有而废于无。故君子富,好行其德;小人富,以适其力。渊深而鱼生之,山深而兽往之,人富而仁义附焉。①

孟子也认为富贵是人人所追求的,而富贵不能淫却只有大丈夫才能做到。

> 孟子曰:"附之以韩魏之家,如其自视欿然,则过人远矣!"(《尽心章句上》13·11)

按孟子,舜就是一个"如其自视欿然"的"素贫贱行乎贫贱,素富贵行乎富贵"的道德典范。孟子曰:

> 舜之饭糗茹草也。若将终身焉。及其为天子也,被袗衣,鼓琴,二女果,若固有之。(《尽心章句下》14·6)

正如韦伯所说,"富有本身所具有的危险性对虔诚的个人与对修道院都是一样的。"②对此,儒家之教为,厚德载物以得之,德本财末以辨之,富而好礼以行之。还有重要的一方面是如何领悟"时与中"的妙义,对此可参见本书第三章第一节的"圆善论"。

二、富贵辨

陈焕章先生指出:

---

① (汉)司马迁:《史记》卷一百二十九,中华书局1982年版,第3255页。
② [德]马克斯·韦伯:《中国的宗教:儒教与道教》,康乐、简惠美译,广西师范大学出版社2010年版,第323页。

美德高于财富,这是孔子的原则,而且也成为中国人的民族精神。亚当·斯密指出从属于尊重的四项因素为:

1)个人品质的优势——力量、美貌、身体敏捷、智慧与美德、审慎、公正、坚韧、思想适度;

2)年龄的优势;

3)财富的优势;

4)出身的优势。

而孟子仅仅列举了三项适合于尊重者,孟子用德一词概括了个人品质,用爵一词兼具财富与出身两项因素,将年龄作为一独立因素。①

孟子曰:

> 曰:"岂谓是与? 曾子曰:'晋楚之富,不可及也。彼以其富,我以吾仁;彼以其爵,我以吾义,吾何慊乎哉?'夫岂不义而曾子言之? 是或一道也。天下有达尊三:爵一,齿一,德一。朝廷莫如爵,乡党莫如齿,辅世长民莫如德。恶得有其一,以慢其二哉? 故将大有为之君,必有所不召之臣。欲有谋焉,则就之。其尊德乐道,不如是不足与有为也。"(《公孙丑章句下》4·2)。

如果考虑到封建采邑所得之土地是当时财富的主要来源,则"人爵"(孟子语)差可与富相等。孟子引曾子曰:"晋楚之富,不可及也。彼以其富,我以吾仁;彼以其爵,我以吾义,吾何慊乎哉?"由

---

① 陈焕章:《孔门理财学》,韩华译,商务印书馆 2015 年版,第 171 页。

此可知,"晋楚之富以其爵"这种论断也许不会大错。因此孟子"用爵一词兼具财富与出身两项因素"是符合当时的实际情况的。韦伯甚至说:

> 因为,从中国人看来(这点倒是很可理解),受过教育的统治阶层本来就应该是最富有的阶层。不过为了众民的满足,最终的目的仍是使财富达到最普遍的分配。①

审曾、孟之教,参陈焕章与韦伯之见,会发现一个很有趣的问题,即财富与出生在文化中国的话语体系里没有被鲜明地区分开来。在先秦的封建社会,一个人的出身贵贱大体决定了一个人的财富多寡,孔子"少也贱,故多能鄙事",子贡为商,最为饶益,也是"赐不受命"而为之。在秦汉一统以后的皇权专制的社会,"受过教育的统治阶层本来就应该是最富有的阶层",或有良田广宅如东汉豪族、魏晋门阀,或进而有奴婢部曲如隋唐关陇新贵,或得意于"书中自有黄金屋"的科举新贵,宋元明清,禄蠹不绝。真所谓"古人欲达勤诵经,今世图官免治生。"②如此一来,贵富不分,出身与财富成为一体之两面,在不自觉中,社会各阶层以贵为富而不自知,反而乐贵而鄙富,因为富在贵中,鄙富而贱商,因为经商所致之富不如富在其中之贵。此一点或可是文化中国心灵积习中没有被点破之处。回顾前文所论,如果说法家重耕战为抑商之始,皇权或求富强或饱私欲是抑商之流,汉儒反垄断却堕入崇本抑末的窠臼有违孔孟富民之教而不知,是抑商之推波与助澜,那么,富贵不分、贵

---

① 〔德〕马克斯·韦伯:《中国的宗教:儒教与道教》,康乐、简惠美译,广西师范大学出版社 2010 年版,第 208 页。
② (晋)葛洪:《抱朴子校笺》卷十五,中华书局 1991 年版,第 393 页。

贵贱富、重仕轻商乃是全民抑商之汹涌暗流。我们现在只有回到孔孟之教的源头活水，只有明辨富与贵以激浊扬清，或可富贵可辨，富而好礼可期。

三、富而好礼

《礼记》曰：

> 夫礼者所以定亲疏，决嫌疑，别同异，明是非也。（《曲礼上》）

《中庸》曰：

> 礼仪三百，威仪三千，待其人然后行。

审以上经文可知，礼既复杂更重要，前文"不愆不忘，率由旧章"节揭示了礼在文化中国的传统中还涵摄有法的意义。"'礼'是结合了外在形式和内在精神的一种美德"。[①] 富而好礼必也是一个非常复杂艰苦的过程。狄百瑞先生感慨：

> 还有什么能从工业时代崩溃的情感和被破坏的环境中挽回一些东西，使得人类重新"以礼"立身处世，恢复天、地、人之间的恰当关系？也许儒家思想的困境也是现代世界面临的困境。[②]

接着狄百瑞先生的问题意识，本节回溯论孟庸的源头活水以尝试纾此既是儒家思想也是现代世界面临的困境。

《论语》记载了孔子与子贡师弟之间的答问如下：

---

① ［美］狄百瑞：《儒家的困境》，黄水婴译，北京大学出版社2010年版，第40页。
② ［美］狄百瑞：《儒家的困境》，黄水婴译，北京大学出版社2010年版，第53页。

子贡曰:"贫而无谄,富而无骄,何如?"

子曰:"可也。未若贫而乐,富而好礼者也。"

子贡曰:"诗云:'如切如磋,如琢如磨。'其斯之谓与?"

子曰:"赐也,始可与言诗已矣! 告诸往而知来者。"(《学而第一》1·15)

针对子贡所问"贫而无谄,富而无骄,何如?"孔子的回答是"可也。"朱子注曰:"凡曰可者,仅可而有所未尽之辞也。"孔子首先肯定了无谄无骄的做人层次,这样做人至少可以自守。但是孔子希望的是"贫而乐,富而好礼"这一更高的做人层次,如此则不仅可以自守,还可以超出贫富之外。子贡引《诗》云"如切如磋,如琢如磨"以表达自己对师教的理解,深得孔子称许。举凡骨、象、玉、石等美质之材都要经过切、磋、琢、磨的过程,才能成器为用。人之成人,也是一个切磋琢磨的过程,如此则不断精进,贫而无谄进至贫而乐道,富而无骄进至富而好礼。不仅贫富如此,贫富只是学以成人的过程中碰到的部分情况而已,不管人伦日用之道,还是身心性命之学,都需要精益求精。富而好礼是一个由内到外的过程,礼之为用,以仁为本。韦伯曾经指出:

如前文所述,我们可以想见,(儒教)与所有基督教派公认一致的看法形成尖锐的对比:物质的富裕在伦理上并不被认为是一个首要的诱惑之源(不过当然也承认有种种的诱惑)。财富实际上被看做是足以提升道德的最重要的手段。①

---

① 〔德〕马克斯·韦伯:《中国的宗教:儒教与道教》,康乐、简惠美译,广西师范大学出版社 2010 年版,第 206—207 页。

在这里韦伯特别以黑体字标注出"物质的"一词。如果接着韦伯讲，财富是如何提升道德的？"富而好礼"的讨论或许是一个好的切入点。以下着重讨论富而好礼的几种伦理实践。

首先，富润己身以成礼。上节所引陈焕章先生之文已经论及孟子以爵、齿、德为天下之三达尊，"恶得有其一，以慢其二哉？"可见孟子没有贵德贱爵，或者没有贵德贱富。孟子曰：

> 孟子自范之齐，望见齐王之子。喟然叹曰："居移气，养移体，大哉居乎！夫非尽人之子与？"
>
> 孟子曰："王子宫室、车马、衣服多与人同，而王子若彼者，其居使之然也；况居天下之广居者乎？鲁君之宋，呼于垤泽之门。守者曰：'此非吾君也，何其声之似我君也？'此无他，居相似也。"（《尽心章句上》13·36）

按孟子，"居移气，养移体，大哉居乎！"居与养可以帮助变化气质。"王子宫室、车马、衣服多与人同，而王子若彼者，其居使之然也。"无论古今中外，无论任何人群，房屋之居，车马之行，衣服之华，饮食之养，都是民生之本，此亦圣人所忧，孔孟所念。当然，最终"居天下之广居"是孟子最终的目的。"广居，仁也"，朱子"集注所释，最能探得孟子本旨。"①居移气，养移体，居天下之广居则是"诗云：'既醉以酒，既饱以德。'言饱乎仁义也。"（《告子章句上》11·17）这与《大学》里面所提到的"富润屋，德润身"有异曲同工之妙。

> 《大学》曰：富润屋，德润身，心广体胖，故君子必诚其意。

---

① 杨伯峻：《孟子译注》，中华书局 2010 年版，第 129—130 页。

朱子注：

> 言富则能润屋矣，德则能润身矣，故心无愧怍，则广大宽平，而体常舒泰，德之润身者然也。盖善之实于中而形于外者如此，故又言此以结之。①

按朱子，"善之实于中而形于外者也"，孟子曰：

> 君子所性，仁义礼智根于心。其生色也，睟然见于面，盎于背，施于四体，四体不言而喻。（《尽心章句上》13·21）

综上，曾子曰"心广体胖"，孟子曰"睟面盎背，施于四体"，其要一也，"饱于仁义"也。仁义之德能润身，富能润屋，由于居养之功，富也能润身，因为"居移气，养移体"。客观存在的身体，作为物质基础的同时，也是一种有限的客观约束。正如杜维明先生所指出的，"有血肉的人必会受到生老病死的打击，具体存在的人必能感到衣食住行的威胁。""尽管如此，我们仍然坚信，普遍真理的具体呈现必须依赖自启自发的见证者。而且，惟有通过有血有肉的具体验证，儒家心性之学的普遍价值才能重新活现于当世。"②在儒家圣贤中，很多依赖自启自发呈现普遍真理的具体的见证者。曾子就是很著名的一位。曾子易箦时候的感慨体现了对身体的复杂的认识。

> 曾子有疾，门弟子曰："'启予足！启予手！'《诗》云'战

① （宋）朱熹：《四书章句集注》，中华书局2012年版，第8页。
② 《杜维明文集》第一卷，武汉出版社2002年版，第167—168页。

战兢兢,如临深渊,如履薄冰。'而今而后,吾知免夫! 小子!"
(《泰伯第八》8·3)

这种战战兢兢的切身感受,是一种对身体的敬畏之情;"而今而后,吾知免夫"的喟叹,在表现了对死亡的参透之外,更体现了曾子对自己身体这个客观约束的最终的自我转化。从此,"我"与天地万物化为一体,有限的、有血有肉的身体升华转化为无限的"於穆不已"的道体。

身体是由"於穆不已"的天所生,是具体的活生生的有血有肉有欲有情的存在。这个存在是人之成为人的物质基础。如何对待身体是儒家的一个重大的课题。"从比较宗教学的立场上,身体在儒家思想里确有崇高的地位。"[1]《孝经》里有"身体发肤,受之父母,不敢毁伤,孝之始"的圣人之教,有"立身行道,扬名于后世,以显父母,孝之终也"的圣人之期许。对于"孝"这个观念,"有人甚至用现代语言来表达,认为这是把生物性的密码和最高的哲学密码融会在一起的思维方式,也就是儒家所体现出来的一个很独特的思维方式。"[2]孟子对身体的重视是不言而喻的。除上文"不言而喻"之说,尚有"孟子见梁襄王,出,语人曰:'望之不似人君,就之而不见所畏焉。'"(《梁惠王章句上》1·6)孟子本人的身体语言也是很丰富的。孟子去齐,宿于昼。有欲为王留行者,坐而言。不应,隐几而卧。(《公孙丑章句下》4·11)

其次,按孟子,富除了能润身以成礼,富还可以孝亲以成礼。以下胪列孟子原文:

---

① 《杜维明文集》第五卷,武汉出版社 2002 年版,第 330 页。
② 《杜维明文集》第一卷,武汉出版社 2002 年版, 第 332 页。

孟子自齐葬于鲁,反于齐,止于嬴。充虞请曰:"前日不知虞之不肖,使虞敦匠事。严,虞不敢请。今愿窃有请也,木若以美然。"

曰:"古者棺椁无度,中古棺七寸,椁称之。自天子达于庶人,非直为观美也,然后尽于人心。不得,不可以为悦;无财,不可以为悦。得之为有财,古之人皆用之,吾何为独不然?且比化者,无使土亲肤,于人心独无恔乎?吾闻之君子:不以天下俭其亲。"(《公孙丑章句下》4·7)

乐正子入见,曰:"君奚为不见孟轲也?"

(鲁公)曰:"或告寡人曰,'孟子之后丧逾前丧',是以不往见也。"

(乐正子)曰:"何哉君所谓逾者? 前以士,后以大夫;前以三鼎,而后以五鼎与?"

曰:"否。谓棺椁衣衾之美也。"

(乐正子)曰:"非所谓逾也,贫富不同也。"(《梁惠王章句下》2·16)

葬礼是礼的重要组成部分之一。所引第一段,"不以天下俭其亲",只有这样,才算尽了孝子之心。如果不得位而葬其亲,不悦。如果无财而葬其亲,也是"不可以为悦"。这在所引第二段"后丧逾前丧"有更明确的讨论。"前以士,后以大夫",故"前以三鼎,后以五鼎"。至于棺椁衣衾之美,则是因为"贫富不同也"。行文到此,必须赶紧补充一句孔子之教以明孟子为礼不以奢。孔子曰:

礼,与其奢也,宁俭;丧,与其易也,宁戚。(《八佾第三》3·4)

如此才是好礼,因为孔子曰:

> 奢则不逊,俭则固。与其不逊也,宁固。①(《述而第七》
> 7·35)

在孟子,"非礼之礼,非义之义,大人弗为。"孟子曰:"万钟则不辨
礼义而受之,万钟于我何加焉?"孟子曰:"可以取,可以无取,取,
伤廉;可以与,可以无与,与,伤惠;可以死,可以无死,死,伤勇。"
按孟子,贫富贵贱不同,而礼也不同,各得其分,"非所谓踰也,贫
富不同也",而且,"无财不可以为悦"。故,富可以孝亲以成礼。

再次,当然儒者之富,还可以亲亲以成礼。兹引舜封象章来说明。

> 孟子曰:"仁人之于弟也,不藏怒焉,不宿怨焉,亲爱之而
> 已矣。亲之欲其贵也,爱之欲其富也。封之有庳,富贵之也。
> 身为天子,弟为匹夫,可谓亲爱之乎?"(《万章章句上》9·3)

这一章比较复杂。不过,仁人"亲之欲其贵也,爱之欲其富也"是
孟子所倡导的。至于舜封象本身,"不可否认,以今天的视角观
之,舜使弟富贵的做法有以公图私之嫌,但如前所言,在封建宗法
制中,象之富贵是其应得之权益。总之,孟子的思想实际蕴涵有
'家'与'国'、'公'与'私'两分的原则,绝无所谓'家国不分'或
'公私不分'一说。"②

以上按《孟子》,从润身、孝亲、亲亲三个方面讨论了富而好
礼。孔子本人对待富的言行可以为我们树立富而好礼之典范。兹

---

① 朱熹:《四书章句集注》,中华书局 2012 年版,第 102 页。
② 陈乔见:《公私辨》,生活·读书·新知三联书店 2013 年版,第 267 页。

胪列如下：

> 吾闻之也，君子周急不继富。(《雍也第六》6·3)
>
> 原思为之宰，与之粟九百，辞。子曰："毋！以与尔邻里乡党乎！"(《雍也第六》6·3)

前揭孔子批评弟子冉求，因为冉求以私意多给了另外一个弟子公西赤粟米，按孔子，富而好礼不是继富之有余而是周急之不足，有所为有所不为。第二条与第一条合载一处。说明孔子认为"盖邻、里、乡、党有相周之义"，以成乡党之礼。不仅如此，朋友之间也有通财之义。孔子对于五伦之一朋友一伦的处理办法，可以成朋友之礼。

> 朋友死，无所归。曰："于我殡。"朋友之馈，虽车马，非祭肉，不拜。(《乡党第十》10·15)

以上讨论了五种成礼的情形，润身、孝亲、亲亲、相周乡党、通财朋友，从个人到家庭，从家庭到群都有涉及。富而好礼是一个人实践自己人伦责任的过程。正如杜维明先生所说，一个人掌握的资源越多，他的社会责任就越大。富而好礼的反面就是富而不知礼甚至富而犯礼，其反面例子是管仲，如下条所载。

> 子曰："管仲之器小哉！"或曰："管仲俭乎？"曰："管氏有三归，官事不摄，焉得俭？""然则管仲知礼乎？"曰："邦君树塞门，管氏亦树塞门；邦君为两君之好，有反坫，管氏亦有反坫。管氏而知礼，孰不知礼？"(《八佾第三》3·22)

孔子曰"管仲之器小哉！"故程子曰"奢而犯礼，其器之小可知。盖器大,则自知礼而无此失矣。"①因此,孔子曰:"礼,与其奢也,宁俭。"富而好礼的难度之一是奢俭适度以合礼。因此,孔子对卫公子荆意多称许。

> 子谓卫公子荆,"善居室。始有,曰:'苟合矣。'少有,曰:'苟完矣。'富有,曰:'苟美矣。'"(《子路第十三》13·8)

公子荆苟合、苟完、苟美之三叹都表明其"自始至终拥有非常快乐的心态。"陈焕章先生指出,"对富者之消费,其消费原则为满足于既有财富。财富不能使富者快乐,但满足于拥有的财富,可以使其快乐。"②物质繁荣后的精神迷思是现代性困境的典型表现,是超民族的。③ 知足常乐才能富而好礼,否则何以能好? 正如孟子所担忧的:"富岁,子弟多赖。"正如孔子对子贡所问"富而无骄"所答是"可也"。朱子曰:凡曰可者,仅可而有所未尽之辞也。(朱子注)只能是"知自守,而未能超出贫富之外也。"(朱子注)否则,即便是自守也是很难的。子贡的弟子田子方为魏文侯师时,公子击也就是后来的魏武侯路遇他而对他下车行礼,田子方不以为礼。子击怒曰:"富贵者骄人乎? 贫贱者骄人乎?"子方曰:

> 亦贫贱者骄人耳,富贵者安敢骄人? 国君而骄人则失其国,大夫而骄人则失其家。(《资治通鉴·周纪一》)④

---

① (宋)朱熹:《四书章句集注》,中华书局2012年版,第67页。
② 陈焕章:《孔门理财学》,韩华译,商务印书馆2015年版,第168页。
③ 参见邹涛:《美国华人商文学——跨文化研究》,博士学位论文,四川大学,2007年。
④ 孙震:《儒家思想的现代使命——永远发展的智慧》,台湾台大出版中心2016年版,第48—49页。

顺着田子方的话理解,富贵者骄人则失其富,故富贵者安敢骄人。因此富而不骄只能"知自守也",只是"仅可而有所未尽之辞也"。

最后值得一提的是,人文精神是富而好礼的思想基础:

> 厩焚。子退朝,曰:"伤人乎?"不问马。(《乡党第十》10·12)

孔子最关心的是"伤人乎",不问马。与财富(马在孔子的时代是很重要的财富之一)相比,人永远是最重要的,这种人文精神是富而好礼的根源所在。"孔子使人远远高贵于财富。"①《大学》曰:"生财有大道,生之者众,食之者寡,为之者疾,用之者舒,则财恒足矣。仁者以财发身,不仁者以身发财。"人高贵于财富,是因为仁,只有"仁者才能以财发身",反之,"不仁者以身发财"。财富没有好坏善恶之分,孔门一直强调富己富民富国富天下之重要,这是此岸世界的主要伦理责任。但是仁是根本。子曰:

> 人而不仁,如礼何? 人而不仁,如乐何?(《八佾第三》3·3)

只有在仁的意义世界(杜维明先生语),礼才有其意义,不然礼就是繁文缛节,礼以仁为基础而后于仁。子夏对此颇有所得。

> 子夏问曰:"'巧笑倩兮,美目盼兮,素以为绚兮。'何谓也?"子曰:"绘事后素。"曰:"礼后乎?"子曰:"起予者商也!

---

① 陈焕章:《孔门理财学》,韩华译,商务印书馆2015年版,第171页。

始可与言诗已矣。"(《八佾第三》3·8)

富而好礼也是"绘事后素"的过程,否则"人而不仁,如礼何?"从这个角度来说,富而好礼即是富而好仁。深言之,富而好礼即是"克己复礼为仁"。孔孟如此,亚当·斯密何尝不是这样。亚当·斯密说:节制私欲,心怀仁慈,成就人性的至善。(To restrain our selfish and to indulge our benevolent affections constitute the perfection of human nature)①杜维明先生说:

> 所以,斯密从来不是一个经济学家,而是一个道德学家,所以他特别注重同情,注重感性,注重人与人之间一种和平交往。所以他的看不到的手虽然创造了国家财富,但其目的不是突出个人私利,而是突出人的同情,因为有了同情,才会有和谐。这也是苏格兰启蒙学者对于人的发展,对于经济,对于道德的一种基本的理解和基本的诉求,甚至,这当中当然可以有辩论,经济从深层的意义而言,是与一个人的道德实践、社会的和谐有密切关系的,而不是为了社会创造财富而使得社会秩序、社会凝聚力完全瓦解。②

从杜先生所讲,也许可以更加深刻地理解富而好礼不仅仅是一个人的道德实践和家庭幸福,乡党称贤,朋友称义,而是有维护社会秩序、增强社会凝聚力的大作用。如果孔子对公子荆的赞许是一种知足常乐的层次,那么孟子则将之提升到了性命对扬的层次。

---

① 参见孙震:《儒家思想的现代使命——永远发展的智慧》,台湾台大出版中心2016 年版,第 215 页。
② 杜维明:《多向度的"仁"——现代儒商的文化认同》,《船山学刊》2017 年第 3 期。

孟子曰：

> 孟子曰："说大人，则藐之，勿视其巍巍然。堂高数仞，榱
> 题数尺，我得志弗为也；食前方丈，侍妾数百人，我得志弗为
> 也；般乐饮酒，驱骋田猎，后车千乘，我得志弗为也。在彼者，
> 皆我所不为也；在我者，皆古之制也，吾何畏彼哉？"（《尽心章
> 句下》14·34）

"在彼者，皆我所不为也"，不是对财富的拒斥而是人性自由的实现。

如果说从"富岁，子弟多赖"到"富而无骄"，财富能够被妥善
地守住而已的话，那么到了公子荆知足常乐的层次，财富就能够被
合理地进行消费和享受；到了子贡富而好礼的层次，财富就可以作
为重要的资源被用于礼乐教化；到了"说大人，则藐之"的层次，人
终于实现了对财富的超越，使得高贵的人性在物质面前获得了彻
底的自由。正如在《富与天地》章所引孟子之言："耳目之官不思，
而蔽于物，物交物，则引之而已矣。"（《告子章句上》11·15）人如
果能够先立乎其大，则人就能役物而不为物所役，不仅能够富而好
礼，亦能贫而乐道，真所谓"素富贵行乎富贵，素贫贱行乎贫贱"
矣！子曰：

> 贤哉，回也！一箪食，一瓢饮，在陋巷。人不堪其忧，回也
> 不改其乐。贤哉，回也！（《雍也第六》6·9）

这是孔子对颜回贫而乐道的感叹。夫子自道何尝不是如此。子曰：

> 饭疏食饮水，曲肱而枕之，乐亦在其中矣。不义而富且
> 贵，于我如浮云。（《述而篇第七》7·15）

宋人求孔颜之乐,曾点气象,其要在乐道,贫而乐道尤其难能可贵。
《中庸》曰:

> 君子素其位而行,不愿乎其外。(朱子注:素,犹见在也。
> 言君子但因见在所居之位而为其所当为,无慕乎其外之心
> 也。)素富贵,行乎富贵;素贫贱,行乎贫贱;素夷狄,行乎夷
> 狄;素患难,行乎患难;君子无入而不自得焉。在上位不陵下,
> 在下位不援上,正己而不求于人则无怨。上不怨天,下不
> 尤人。

如果说,富而好礼是一种责任,那么贫而乐道就是一种自由。
责任也罢,自由也罢,都是人类共同体的具有普遍性的价值,二者
相辅相成。实现这两种价值的精神资源都是仁。实现富而好礼之
责任的同时何尝不是也得到了自由,不仅是自己超越了财富本身,
"仁者以财发身",而且"己达达人",帮助更多的人实现了更多的
自由。韦伯所说的"铁笼"(stahlhartes Gehaeuse,坚硬如铁的罩
子,而不是英文翻译的 Iron Cage)①在这种富而好礼的实践过程中
就有可能被彻底冲破——而不是打碎,工业化之后的人就能够携

---

① [德]马克斯·韦伯:《新教伦理与资本主义》第五章《禁欲主义与资本主义精
　　神》,阎克文译,世纪出版集团2010年版,第274页。注115(见第346页):经
　　由帕森斯对德文"stahlhartes Gehaeuse"的翻译,"铁笼"这个短语已在社会学
　　中获得了近乎神话般的地位。韦伯曾在"德国的国会与政府"一文中用若干
　　段落详细阐述了它的含义,此文由《经济与社会》的编者从韦伯的政治论文集
　　中选出并收入了这部综合分析的专著(见 pp.1400-1403),另外,他的"自由主
　　义民主在沙皇俄国的前景"一文也有阐述(见 Weber: Selections in Translation,
　　ed. By W. G. Runciman [Cambridge, UK: Cambridge University Press, 1978],
　　pp.157-158)。类似的德文词语在这些段落的英译中均为"外壳"(housing)、
　　"奴役之壳"(Shell of bondage)或"罩子"(Casing)。

现代文明之价值与传统伦理重新会师拥抱,从而实现更大的自由。芬格莱特(Fingarette)教授关于儒家的礼之洞见可以对"富而好礼"的理解有画龙点睛之效。他说:"当我们把一个人看做公共礼仪的参与者而不是作为个人主义的私我(individual ego)时,这个人就如祭祀的礼器那样,向我们呈现出一种崭新而神圣的美丽。"①

在贫而乐道的自由中所乐之道未尝不是一种责任。宋儒寻孔颜之乐以求道,是否可以理解为在贫而乐道中实现士的道统坚守,所谓"君子素其位而行,不愿乎其外"。孟子曰:

> 广土众民,君子欲之,所乐不存焉。中天下而立,定四海之民,君子乐之,所性不存焉。君子所性,虽大行不加焉,虽穷居不损焉,分定故也。君子所性,仁义礼智根于心。其生色也,睟然见于面,盎于背,施于四体,四体不言而喻。(《尽心章句上》13·21)

孔颜之乐被孟子十字打开,其下有所欲,其上有所性,"上下与天地同流"。从此,士不必处庙堂之高,也不必求寺观之幽,更不必分士农工商,无富贵之淫却富而好礼,无贫贱之耻而安贫乐道,"素富贵,行乎富贵;素贫贱,行乎贫贱;素夷狄,行乎夷狄;素患难,行乎患难;君子无入而不自得焉!""造次必于是,颠沛必于是!"

---

① [美]芬格莱特:《孔子——即凡而圣》,彭国翔、张华译,江苏人民出版社 2010年版,第67页。

第三节 "富之教之"
——工匠精神与士魂商才

本书在讨论了富与贵、富与德、富与礼之后，那么富与教则不得不论。富与教之间存在一个巨大的张力。无富而教只是空说，富而无教只会出现"率兽以食人"的社会，先富后教才是王道。本节所论从两个方面入手，一是"君子不器与工匠精神"，二是"士魂商才"。

一、富与教（一）——君子不器与工匠精神

子曰："君子不器。"（《为政第二》2·12）韦伯提到"君子不器"时说：

> 对儒教徒而言，专家是无法被抬高到真正正面的地位的，无论其社会的功用如何。决定性的因素在于"有教养的人"（君子）不是个"器具"；也就是说，在他的适应世界与自我完成里，他自己本身就是个目的，而非任何客观目的的一个手段。
>
> ……
>
> 儒教伦理的此一核心，拒斥了职业的专门化、近代的专家官僚体制与专门的训练；尤其是排斥了在经济上以追求利得为目的的训练。①

---

① ［德］马克斯·韦伯：《中国的宗教：儒教与道教》，康乐、简惠美译，广西师范大学出版社 2010 年版，第 323 页。

韦伯从学以成人的角度来理解孔子之教无疑有其洞见。

> 子路问成人。子曰："若臧武仲之知，公绰之不欲，卞庄子之勇，冉求之艺，文之以礼乐，亦可以为成人矣。"曰："今之成人者何必然？见利思义，见危授命，久要不忘平生之言，亦可以为成人矣。"（《宪问第十四》14·13）

此处，知、廉（不欲）、勇、艺乃所谓质也，礼乐乃文也，"文之以礼乐，亦可以为成人矣"。故子曰：质胜文则野，文胜质则史，文质彬彬，然后君子。（《雍也第六》6·16）此或可帮助理解"君子不器"的成人之教。

但是从伦理实践来讲，韦伯失之偏颇，也许韦伯只知其一不知其二。按孔子的心愿，如果不能文质彬彬，退而求其次，则"见利思义，见危授命，久要不忘平生之言"，"此虽孔子降格言之，然学者千万莫看轻此一等，正当从此下功夫，此乃做一完人之起码条件"。"盖必有材能见之于事功"①，此乃成器，甚至可以成大器。试以子贡所问发明孔子成人之教。

> 子贡问曰："赐也何如？"子曰："女器也。"曰："何器也？"曰："瑚琏也。"（《公冶长第五》5·3）

孔子明确称许子贡为器，而且是瑚琏之器，器之贵重而华美者，宗庙享之。孔子希望弟子是瑚琏之器，而不是不可雕的朽木之器。此为一。其二，

---

① 钱穆：《论语新解》，九州出版社 2011 年版，第 337 页。

　　　　子曰:"南人有言曰:'人而无恒,不可以作巫医。'善夫!
不恒其德,或承之羞。"(《子路第十三》13·22)

孔子强调了恒的重要性。不仅要为器,而且要持之以恒,否则"不
恒其德,或承之羞。"当然由器臻于道是孔子的教育理想,但是道
不可得,众高弟各得圣人一偏。孔子自己将陈蔡从游的弟子分为
四科,子曰:

　　　　德行:颜渊,闵子骞,冉伯牛,仲弓。言语:宰我,子贡。政
事:冉有,季路。文学:子游,子夏。(《先进第十一》11·2)

可见,君子不器而臻于道是孔子的教育理想,但是各得其才是其教
育实践,"才不才,亦各言其子也",才不才,亦各得其教也。正因
为如此,孔子才能够说出"有教无类"的心声,这在轴心时代是绝
无仅有的。① 孟子说得更加细密。

　　　　孟子曰:"君子之所以教者五:有如时雨化之者,有成德
者,有达财者,有答问者,有私淑艾者。此五者,君子之所以教
也。"(《尽心章句上》13·40)

在孟子,"成德者"差可算是"君子不器","达财者"或者是能尽其
才之器。孟子之教,一方面如馆人所方,"夫予(或子)之设科也,
往者不追,来者不拒。"另一方面是孟夫子自道"得天下英才而教
育之,三乐也"。可知,孔孟设教都是有教无类,但是同时也渴求

────────────

①　举凡古印度、古希伯来、古雅典、古罗马等文化传统中,教育是贵族的垄断资
　　源。即便是今天的印度社会,犹存遗迹。

英才而教育之。正如孟子所言,"孔子岂不欲中道哉?不可必得,故思其次也。"知孟子者,孔子也。此为其三。

孔门不仅有教无类,因材施教,而且有因材致用之教。兹举季康子问夫子一节:

> 季康子问:"仲由可使从政也与?"子曰:"由也果,于从政乎何有?"曰:"赐也可使从政也与?"曰:"赐也达,于从政乎何有?"曰:"求也可使从政也与?"曰:"求也艺,与从政乎何有?"(《雍也第六》6·6)

按孔子,由之果,赐之达,求之艺,盖才不同也,然而皆"与从政乎何有?"可谓道器一体,道在器中,从而可以因材致用。此其四。

从以上四点分析可知,不能因为"君子不器"的成人之教而否定专家之学,来汩没工匠精神,因为孔门还有瑚琏之器、游艺之恒、四科之分、达财之教、有教无类与因材致用。不过韦伯下面的观察是不大错误的:

> "君子不器"这个根本的理念,意指人的自身就是目的,而不只是作为某一特殊有用之目的的手段。在完整教育之下,儒教的"君子",或如德沃夏克(Dvorak)翻译下的"贵人"(fuerstlicher Mann),所赞同的是一种教养的身份理想,而与以社会为取向的柏拉图式理想恰巧相反。
>
> 柏拉图的理想奠立于城邦的沃土之上,并且以人能只因精通一艺而实现自我的信念为出发点。儒教的理想与禁欲的基督新教的职业概念之间,甚至存在着更强烈的紧张性。
>
> 奠基于通才或自我完成上的儒教美德,比起因某一方面

的贯通而得来的富裕,要来得崇高。……因此,"高等"的人遂唯此地位是求,而非营利。①

顺着韦伯的话讲下去,"君子不器"的成人之教恰恰是精通一艺的人文基础,这是儒家比柏拉图高明之处。君子不器可求或不可得,求之在外;成人之德可求亦可得,求之在内,求之在我,得之也在我,前圣后贤念兹在兹。子夏曰:

> 贤贤易色,事父母能竭其力,事君能致其身,与朋友交言而有信。虽曰未学,吾必谓之学矣。

子夏所言的孝忠信是对"君子不器"从另外一个角度予以了发挥,"虽曰未学,吾必谓之学矣"。未学也是一种学,因为所学者是孝忠信,"子以四教:文、行、忠、信"(《述而第七》7·24),程子曰:忠信,本也。(朱子注)这是成人的基础,也是君子不器的题中应有之义,更是职业精神的基础。孟子也有类似的发挥。孟子曰:"劳心者治人,劳力者治于人",士农工商、虞渔猎陶,各有分工。舜为之,与人为善;伊尹为之,先觉觉后觉;仲尼为之,会计当,为乘田,牛羊长。在儒家,人各有分,或身背一技之长,或精通一艺之能,游之在外,用之在物,专心致志,其要在仁。

> 孟子曰:"矢人岂不仁于函人哉? 矢人唯恐不伤人,函人唯恐伤人。巫匠亦然,故术不可不慎也。孔子曰:'里仁为美。择不处仁,焉得智?'夫仁,天之尊爵也,人之安宅也。莫

---

① 〔德〕马克斯·韦伯:《中国的宗教:儒教与道教》,康乐、简惠美译,广西师范大学出版社 2010 年版,第 225 页。

之御而不仁,是不智也。不仁、不智、无礼、无义,人役也。人役而耻为役,由弓人而耻为弓,矢人而耻为矢也。如耻之,莫如为仁。仁者如射,射者正己而后发。发而不中,不怨胜己者,反求诸己而已矣。"(《公孙丑章句上》3·7)

孟子认为"术不可不慎也"。职业的选择各不相同,任何职业的根本都是仁。仁是天之尊爵也,人之安宅也。没有仁义礼智者,人役也,人的专业知识和技巧就会被人用来奴役人本身而不是被人利用之以厚生,如此主客颠倒岂不是人的一大悲剧。工业革命以来的人为物所役之悲剧不断,纳粹娴熟的杀人技术,人工智能正在面临的伦理困境,都使得孟子之教颇具时代的现实意义。

对于现在流行的所谓工匠精神,儒家无疑有其思想源泉,而不仅仅是说儒家思想与当代的工匠精神具有亲和性(affinity),众所周知,孟子是"专心致志"这个成语的版权所有者。孟子曰:

> 无或乎王之不智也,虽有天下易生之物也,一日暴之,十日寒之。未有能生者也。吾见亦罕矣,吾退而寒之者至矣。吾如有萌焉何哉!今夫弈之为数,小数也;不专心致志,则不得也。弈秋,通国之善弈者也。使弈秋诲二人弈,其一人专心致志,惟弈秋之为听。一人虽听之,一心以为有鸿鹄将至,思援弓缴而射之,虽与之俱学,弗若之矣。为是其智弗若与?曰:非然也。(《告子章句上》)

重建专心致志的工匠精神是实现儒家商业伦理的关键所在。大家耳熟能详的德国制造和日本制造都是工匠精神的一种物质性的品牌性的代表。工匠精神不是一蹴而就的。在1871年德国统一以前,"Made in Germany"德国制造是英国等国强加给德国制造的耻辱性的标签,表示质量低劣。同样在 20 世纪 60 年代,日本制造也是品低质次的一种标签。但是,德国迎头赶上,到了 20 世纪初期,经过两代人的努力,德国制造成为高大上的产品形象。经过一代人的努力,日本制造成为精小巧的工业标杆。如此考察,工匠精神不是本来就有的,而是如孟子所说"盈科而进",逐步形成的。

　　但是工匠精神绝对不是无源之水,而是其来有自。杜维明先生在评价秋山利辉的工匠精神时就提到良知的重要性。① 秋山的工匠精神体现出了德性—技术—天命三个层次。第一是体现为"德性"的问题,学做人的问题。这一点就是"君子不器"之教的理念所在。第二是"匠",就是高超的技术,这一点是通过专心致志、人而有恒做到的工匠精神。第三是"精神"即"天命"。具体而言:第一步,变化气质,培养精英人格。先是由强制甚至苛刻的"礼仪规范"去改变一个人惯有的细小的习性,锻造、唤醒人内在的德性,达到习惯成自然的习熟程度,德性由外在的强制性规定内化为主体的自觉,呈现为良好的品行素养和优秀的职业素养。第二步,在德性基础上培养的技术自然地与德性融为一体,并展现为德性——有品质和精神内涵的服务。秋山认为:心性水平高了,技术自然精进。我认为即使本人的创意和才能得到了实现,那种以心性为基础的实现方式和认为只要技术好就行的实现方式,传递给别人的感受也是不一样的。第三步,在前两个步骤中,德性始终是主导(良知为主宰),不断融摄并驱动技术品质的提升。如

---

① 　以下参见《杜维明先生应稻盛和夫之邀就秋山利丘的工匠精神发表的谈话》,《读书》2016 年第 2 期。

是,技术内化为自身的"天职"(借用 Calling),并促进德性不断向上提升。当德性与技术融为一体、内化为生命的自觉时,就是天命的呈现。接下来的人生就会从此变得非常幸福和喜悦。① 正如孔子曰:"志于道,据于德,依于仁,游于艺。"(《述而第七》7·6)孔子之时,礼、乐、射、御、书、数谓之六艺,艺乃人生之所需,孔门弟子三千,身通六艺者七十七人(或言七十二人),可见难能而可贵。孔门重艺之教是当代职业伦理和工匠精神的宝贵精神资源。沉潜涵泳,"学而时习之,不亦乐乎。"当然,按前揭"君子不器"之教,"未学谓学"之语,可知"志道、据德、依仁"三者为其重,"斯为大人之学",乃"游于艺"之本。

遗憾的是,工匠精神在中国的发展是隐而不显。一方面是"万般皆下品,惟有读书高"的宣传造成了不必要的误解,但是另一方面,技多不压身的古训也使得职业伦理没有彻底崩溃。杨联陞先生讲过一个有趣的故事:"三年出一状元,三年未必出一经纪,即以状元视之可也。"②

经纪如状元,这是对职业的莫大褒奖。

在现代社会中,士的精神,君子不器的成人之教,和职业专门化需要的精益求精的工匠精神值得更深一步的理解。

士的精神是一种文化传承的担当,是任何社会共同体都必需的共同价值的创造精神,君子不器是成人之教的博雅教育。在美国,本科阶段是没有商学院和法学院教育的,本科阶段是一种通识教育(liberal arts education)。这与孔门之教是殊途同归的。

---

① 本段由张卫红教授指导整理。
② 杨联陞:《中国文化中"报"、"保"、"包"之意义》,贵州出版集团 2009 年版,第148 页引《当业须知》。

　　　　子曰:"弟子入则孝,出则弟,谨而信,泛爱众,而亲仁。行有余力,则以学文。"(《学而第一》1·6)

只有学以成人之后才能够选择好自己的职业。而不管是什么职业,一个人只有有共同价值的认可和传承,学以成人才有根和源。轴心时代以来的文明仍旧是大多数现代人类的心灵归宿。儒家没有教堂、庙观和清真寺,没有僧侣和长老,也没有阿訇和传教士,儒家只有通过士之阶层才能够保留或者转化传统的精神,成为当下的教育资源,否则就是无根之木、无源之水。教育就会成为孟子所说的"缘木求鱼"。换言之,没有士的觉醒和自觉的担当,就没有了价值的传承和转化;没有了价值,那么成人之教将没有思想根源;没有了成人之教,就不能学以成人。既然做人出了大问题,那么何谈"工匠精神",甚至连最起码的工作责任和职业道德都不会存在了。此谓士魂匠心。

　　对于商业,有其特殊之艺,称为商才。以下即讨论士魂商才。

二、富与教(二)——"士魂商才"

　　据说江西吉水有位开中药铺的老中医写过一副对联:"但愿世上人无病,何愁架上药生尘。"这副对联体现了医药行业的商业伦理,当然也是从事这个行业的人的职业伦理的一种体现。每个人的职业伦理在彼此之间交往就形成了约定俗成的商业伦理。本节试图立论,没有以仁为本的企业家就形不成以仁为本的商业伦理,进言之,没有仁不仅没有商业伦理,而且商业本身都不可为。此谓"士魂商才"①。

---

① [日]涩泽荣一:《论语与算盘》,王中江译,中国青年出版社1996年版,第4页。

日本现代实业之父涩泽荣一先生（1840—1931）一生尊信孔子之教，并在政商之余暇撰有《论语与算盘》一书以明"士魂商才"。平安时期的菅原道真（845—903）讲"和魂汉才"，据此以发挥，涩泽荣一先生提出了"士魂商才"的卓见。涩泽先生说：

> 为人处世时，应该以武士精神为本。但是如果偏于士魂而没有商才，经济上也就会招致自灭。因此，有士魂，还必须有商才。

但是，涩泽荣一先生马上强调：

> 要培养士魂，可以从书本借鉴很多，但我认为只有《论语》才是培养士魂的根基。那么，商才怎么样呢？商才也要通过《论语》来充分培养。或许有人说道德方面的书同商才没有什么直接的关系。但是，所谓商才，本来也是以道德为根基的。离开道德的商才，即不道德、欺骗、浮华、轻佻的商才，所谓小聪明，绝不是真正的商才。因此说商才不能够离开道德，当然就要靠论述道德的《论语》来培养。同时，处世之道，虽然艰难，但如果能熟读而且仔细玩味《论语》，就会有很高的领悟。因此，我一生都尊信孔子之教，把《论语》作为处世的金科玉律，不离座右。①

涩泽先生认为《论语》不仅可以培养士魂，而且能够培养商才，乃至可以作为处世之道的金科玉律。涩泽荣一先生一生都尊信孔子之教，早年矢志于尊王攘夷以救国救民，维新成功后又出仕为大藏

---

① ［日］涩泽荣一：《论语与算盘》，王中江译，中国青年出版社1996年版，第5页。

大丞,后又退出政界,投身实业界,取得了巨大的成就。一生中与他有关的经济实业有 500 项之多,横跨银行、保险、建筑、铁路、航运、钢铁、机电、纺织、矿山、造船等各大行业。被誉为"日本近代实业界之父""日本近代化之父"。1916 年以 77 岁高龄退休后又从事教育、福利、文化事业和国际关系的发展。生前与他有关的社会事业多达 600 余项。① 涩泽先生本人集士魂与商才于一身,一生尊信并笃行孔子之教,可谓现代儒商之典范。

商才是为商的必要条件,工商业需要一些特殊的才能这是大家有目共睹的,不具商才者可以去从事科学技术、教育、学术研究、政治、演艺等各种行业,所谓行行出状元。孔子是因材施教的始祖和典范。对于弟子子贡之商才,子曰:"赐不受命,而货殖焉,亿则屡中。"②对于子贡的辩才,仲尼曰:赐不幸而言中,是使赐多言者也。③ 弟子漆雕开拒绝出仕,孔子很高兴。子使漆雕开仕。对曰:"吾斯之未能信。"子说。(《公冶长第五》5·6)对于弟子子羔出任费宰,孔子非常生气。子路使子羔为费宰。子曰:"贼夫人之子。"反观现在社会,很多人都有角色错位。没有商才的人在孜孜以求利,没有哲思的人在惶惶而思考,岂不哀哉。申言之,在企业经营的专业领域,也贵因才善用。孔子曰:

> 孟公绰,为赵、魏老则优,不可以为滕、薛大夫。(《宪问第十四》14·12)

① 参见涩泽荣一:《论语与算盘》,王中江译,中国青年出版社 1996 年版,"译者前言"第 2 页。

② (宋)朱熹:《四书章句集注》,中华书局 2012 年版。

③ 参见钱穆:《先秦诸子系年考辨》,上海书店出版社 1992 年版,第 65 页。

按夫子之教,揆之以当代商业,有的人如孟公绰,可以做战略规划的工作,但是不能做独当一面的工作,反之亦然。做企业领导的人,无论是对己还是对人,都要立足于扬长避短,才能真正体现商才之真谛。

孟子认为未闻君子之大道的人而小有才,则有杀身之祸。盆成括仕于齐,孟子就预言到盆成括的死亡结局。后来盆成括果然见杀,门人惑而问。孟子曰:

> 其为人也小有才,未闻君子之大道也,则足以杀其躯而已矣!(《尽心章句下》14·29)

商人白圭是极具商才的范例。《史记》记载:

> 白圭,周人也。当魏文侯时,李悝务尽地力,而白圭乐观时变,故人弃我取,人取我与。夫岁孰取谷,予之丝漆;茧出取帛絮,予之食。太阴在卯,穰;明岁衰恶。至午,旱;明岁美。至酉,穰;明岁衰恶。至子,大旱;明岁美,有水。至卯,积著率岁倍。欲长钱,取下谷;长石斗,取上种。能薄饮食,忍嗜欲,节衣服,与用事僮仆同苦乐,趋时若猛兽挚鸟之发。故曰:"吾治生产,犹伊尹、吕尚之谋,孙吴用兵,商鞅行法是也。是故其智不足与权变,勇不足以决断,仁不能以取予,强不能有所守,虽欲学吾术,终不告之矣。"盖天下言治生祖白圭。白圭其有所试矣,能试有所长,非苟而已也。①

"归市者不止,芸者不变。"变动不居是企业家的特点。熊彼特把

---

① （汉）司马迁:《史记》卷一百二十九,中华书局 1982 年版,第 3257—3259 页。

实现资源的重新组合并创造价值所形成的群称为企业,把以实现新组合为基本职能的人们称为企业家。人们原来认为的企业家,比如各大公司工厂的高管就不见得是熊彼特意义上的企业家,而原来不被当做企业家的,则属于熊彼特意义上的企业家。一个人只有当他实际上实现"新组合"时才是一个企业家。① 在移动互联网时代,在技术创新的时代,在跨界颠覆的时代,熊彼特的理论取得了更加巩固的地位。举例说明之,风光一时的诺基亚和柯达等企业没有实现资源的重新组合而灰飞烟灭,其管理层就不能称为熊彼特意义上的企业家,而只是一些企业官僚或者管理工头。无论如何,企业家必须具有士魂商才。前揭孟子以仁为本所打开的士的自觉可为士魂的源头活水。

至于商才,孟子对曹交曰:"夫道,若大路然,岂难知哉?人病不求耳。子归而求之,有余师。"在此仅提"时与中"以揭儒家之于商才的理解。不理解"时"就无法理解儒家伦理的实践性和儒家与时俱进从而"苟日新,日日新"的生命力。孟子曰:"彼一时,此一时也",禹、稷、颜同道而异行,盖时不同也。颜渊问为邦。子曰:"行夏之时,乘殷之辂,服周之冕,乐则韶舞。放郑声,远佞人。郑声淫,佞人殆。"为邦如此,经商也是如此。"治生之祖"白圭"乐观时变,故人弃我取,人取我与"。还有"陶朱事业,端木生涯"一联中所提的陶朱公也是"任时"的商界奇才。

　　　　朱公以为陶天下之中,诸侯四通,货物所交易也。乃治产

---

① 参见[美]约瑟夫·熊彼特:《经济发展理论——对于利润、资本、信贷、利息和经济周期的考察》,何畏、易家祥等译,张培刚、易梦红、杨敬年校,商务印书馆1991年版,第83页。

积居。与时逐而不责于人。故善治生者,能择人而任时。十九年之中三致千金,再分散与贫,交疏昆弟。此所谓富好行其德者也。后年衰老而听子孙,子孙修业而息之,遂至巨万。故言富者皆称陶朱公。[①]

在商业活动中,时决定了事之成败与利之多寡。孟子引齐人有言曰:"虽有智慧,不如乘势;虽有镃基,不如待时。"穆斯林商界有谚曰:一个人总是会变老的,但是生意永远会年轻的。以交通运输为例,当蒸汽机出现的时候,马车生意凋零了,后来内燃机又取蒸汽机而代之,现在电力机车又逐步代替了内燃机,但是铁路机车生意一直是"生生不已,所谓'日新'也。"(朱子语)在煤油出现之前,美国的照明燃料主要是鲸油,为此捕鲸业一度繁荣昌盛,纽约港千帆竞发出海捕鲸。当洛克菲勒的煤油出现以后,无人出海捕鲸,捕鲸业彻底消亡。之后,摩根的电力照明又取代了洛克菲勒富可敌国的煤油生意,美孚灯逐渐成为古董。在这日新月异的过程之中,人类的生活品质日益提高。真是"富有之谓大业,日新之谓盛德"。(《系辞传》)

关于"中"的讨论,还是以孟子为圭臬。孟子曰:"可以取,可以无取,取,伤廉;可以与,可以无与,与,伤惠;可以死,可以无死,死,伤勇。"这在"取与之道"一章已有发挥,兹不赘述。

如果说时与中是商才之工夫,那么良知则是士魂之本体。士魂商才最要紧的是企业家的自觉,是企业家良知的一体朗现。正如杜维明先生指出的:

①　(汉)司马迁:《史记》卷一百二十九,中华书局 1982 年版,第 3257—3259 页。

　　良知理性所代表的一种新的精神,这就是一种自觉。这是在中国传统文化,以"仁"为主的一种每个人都有的自觉,也是反思的能力。自觉不表示一个人的觉悟而已,它一定有人与人之间的关系,一定有社会性,一定有历史性,一定有超越性。也就是有四个不同的维度同时要体现:一个是个人主体性格的建立,我作为一个独立的人格,这个对于人权、对于人的尊严是绝对尊重,不仅尊重个人,尊重所有人。但这些个人,绝对不是孤立绝缘的个体,这和西方突出的宰制性的个人主义、掠夺性的个人主义是截然不同的,而是人与人之间互相沟通的一个中心点,是真正的个人就能够关爱其他人,而且通过关爱其他人关爱社群、关爱社会、关爱自然、关爱宇宙。另一方面,良知理性绝对是关爱地球的。王阳明的"以天地万物"为一体的观念,和程颢所讲的"大人者,以天地万物为一体",虽然天地万物为一体,有各种不同的关系:人和人的关系、人和动物的关系、人和植物的关系,这些关系错综复杂,但都是关怀的。同时,这个良知还有超越的一面。①

换言之,士魂所说的是如何做人的问题,商才所指的是如何经商的问题。这与上节讨论的成人之德的博雅教育和君子不器的工匠精神之间的关系是一脉相承的,都可纳入"富与教"的讨论范围。学做人才有可能实现士的自觉,具备良知理性,成为一个具有士魂的人。士魂是本,商才是末。不能做人是不能经商的,做人是经商的

---

① 杜维明先生在2015年11月11日北京大学第三届儒商论域的主旨演讲。

前提,士魂是商才的基础。没有士魂,再好的商才都没有用,甚至会起到反面的作用,其表现就是尔虞我诈、唯利是图甚至坑蒙拐骗直到违法犯罪。当然,仅有士魂而无商才也不能取得工商业之成就,或者说,是不适合从事这个职业的。李梦阳(1473—1530)与王阳明之生卒年都只差一岁,其在《明故王文显墓志铭》中就借王文显之口说出"商与士异术而同心",表达出士商平等的观念,或者为商争平等之权利:

> 文显尝训诸子曰:夫商与士异术而同心,故善商者处财货之场,而修高明之行。是故虽利而不污。善士者引先王之经而绝货利之径,是故必名而有成。故利以义制,名以清修,各守其业,天之鉴也。如,则子孙必昌,身安而家肥矣。[1]

商与士"同心",所同者"士魂"也;商与士"异术",所异之术即是指有无商才。有商才的人毕竟是少数,大部分人不必去经商,可以从事其他自己擅长的行业。不能因为倡导士魂而贬低商才的难能可贵,也不能因为商才之专业而忽视士魂的培养。既有士魂也具商才者,儒商也。以下即讨论儒商。

第四节　儒商——以子贡为中心

前揭以孟子为中心,以天地群己为框架,分析了儒家的分工理论、通有无的思想、反垄断的记载、行公益的精神和关爱万物的环保

---

[1]　余英时:《中国近世宗教伦理与商人的精神》,九州出版社 2014 年版,第197 页。

主义,此五点或可说明儒家与工商业不仅仅有亲和性(affinity),而且还从理论上或者其教义上论证了社会分工、市场自由流通、反垄断、行公益、关爱地球的必要性,当然也强调了五者的重要性。儒家是否仅仅有一些理论的探讨呢? 显然不是。儒家不仅有理论的探讨,还有商业的实践。"儒者以一事不知为耻"①,以格物致知的《大学》之教为圭臬,儒家是一门实践的哲学,举凡修齐治平,士农工商皆如是,所谓成己成物也。下文即讨论商业实践的典范——儒商。

一、子贡

在天地群己框架下,本节将接续上三节关于"富与'己'道"的讨论,以子贡为中心讨论儒商,以明儒商作为个体的修身成己之道,次明成己成物、己立立人的儒家群己关系,庶几豁显儒商所实践的商业伦理。那么什么是儒商呢? 具有儒家价值观并以这些价值观实践于商业行为的商人就是儒商。儒商的概念内涵很丰富,既狭窄又广阔。说其广阔,乃是因为儒家的价值资源非常丰富,是中国传统社会几千年延续下来的心灵积习和生活习惯,一般都到了百姓日用而不知的潜移默化的程度。说其狭窄,乃是因为儒家有极高明的一面,"大哉圣人之道",反而导致商人在日用之中而不知,其结果是很多企业家或商人没有意识或者没有能力认同自己是儒商。说其广阔,乃是因为儒家之道亲切平易,人伦日用之中道而已,"凡有血气者,莫不尊亲,故曰配天"。申言之,凡有人之为人的恻隐、辞让、羞耻、是非之心而以货殖为业者,皆可以被视作儒商。为了行文方便,在此把认同儒家基本价值观并在商业实践中践履这些价值观的商人以及企业家等作为儒商这一群体的标

---

① 汉代的扬雄在《法言》中说:"圣人之于天下,耻一物之不知。"

识。正如杜维明先生所期望的:

> 用今天的话说,儒商就是关切政治、参与社会、注重文化的企业家。他们是企业界的知识精英,是对世界大势特别自觉,而且有公共意识的一批知识分子。

儒商必然来自企业界,儒商同时也是知识精英。儒商必然关切政治、参与社会、注重文化。"当然,太开放的心灵会导致一种'认同扩散(identity diffusion)'的危机,需要内在的收敛工夫。"①这也是本书小心谨慎进行讨论的儒商只有子贡(端木赐,儒家发展第一期的代表)、陆象山(陆九渊,儒家发展第二期的代表)、张謇(现代)、俞吉濬(朝鲜)和涩泽荣一(日本)等为数不多的几个人。儒商可以说是商人知识分子(merchant-intellectual)的代表之一。当然,儒商首先是一个成功的商人。

子贡就是一位成功的商人。所谓"既在黎阳学子贡,何必南越法陶朱。"孔子曰:"赐不受命,而货殖焉,亿则屡中。"②《史记》记载:"子贡好废举,与时转货赀。常相鲁卫,家累千金。"③

根据仲尼之说和史迁所载,可知子贡是一位成功的商人,"家累千金。""七十子之徒,赐最为饶益。""束帛之币以聘享诸侯,所至,国君无不分庭与之抗礼。"杨联陞先生说司马迁"以陶朱(范蠡)、子贡(端木赐)、白圭三人为起首,可称为三大贤,值得讨论。"④司马迁

---

① ［美］杜维明:《龙鹰之旅》,北京大学出版社2013年版,第199页。
② (宋)朱熹:《四书章句集注》,中华书局2012年版,第2120页。
③ (汉)司马迁:《史记》卷六十七,中华书局1982年版,第2201页。
④ 杨联陞:《原商贾》,见余英时:《中国近世宗教伦理与商人精神》,九州出版社2014年版,第5页。

所载如下：

子赣既学于仲尼，退而仕于卫，废著鬻财于曹、鲁之间，七十子之徒，赐最为饶益。原宪不厌糟糠，匿于穷巷。子贡结驷连骑，束帛之币以聘享诸侯，所至，国君无不分庭与之抗礼。夫使孔子名布扬于天下者，子贡先后之也。此所谓得埶而益彰者乎？

何为儒商，颇多争论，不过大家公认的儒商是子贡，于此一点，似无争议。据史料记载，子贡，复姓端木，名赐，字子贡，又字子赣。卫国人。在《论语》中，孔子称其名“赐”，行文中称“子贡”。子贡比孔子小31岁，生于公元前520年，大约卒于公元前456年，享年64岁。属于春秋末期人，子贡卒后大约53年的公元前403，三家分晋，中国历史正式进入战国时代。为弘扬子贡之精神，笔者不揣浅陋，兹总结以下六点。其一，子贡先从游于陈蔡，与孔门先进回、由之徒砥砺论学，后筑庐于夫子之墓，守孝六年，与孔门后学商、参等人相交弘道。子贡也许是唯一一个参与了孔子讲学全部过程的弟子，在师门有承前启后的作用，既无颜子早逝之恨，也无商、参年齿之殊。钱穆先生引全谢山《经史问答》云：

孔子之卒，高弟盖多不在。而三年之任，入揖子贡，是子贡之年最长。其长于子贡而尚在者，惟高柴。孔子卒，子贡年四十二。①

其二，子贡善于做生意，结驷连骑，饶有财货，解决了很多孔门的生

① 钱穆：《先秦诸子系年考辨》，上海书店出版社1992年版，第65页。

活困难。其三,子贡善问。夫子如大钟,小叩则小鸣,大叩则大鸣,而子贡之问,屡发夫子之教,泽被后世。其四,子贡巧言善辩,出使列国,存鲁,乱齐,灭吴,霸越,强晋,事功存世。仲尼曰:

> 赐不幸而言中,是使赐多言者也。①

其五,子贡是孔子身后最能弘扬孔子人格气象的弟子。子贡的社会地位,言语才华和对老师的一往情深,使得子贡对夫子的推崇之说成为不刊之论,为当时所接受,为后世所遵循。其六,"子贡失之于达",其传经不如子夏,载道不如曾参,好学不如颜子,刚猛不如子路,只得圣人一偏,但是这不有损子贡在儒家历史上尊为"十哲"的先贤地位。钱穆先生判断:"子贡少颜子一岁,观孔子与回孰愈之问,见二人在孔门之相伯仲。"②

　　"经商不让陶朱富,货殖当推子贡贤"等历史流传下来的名联证明了子贡在商业领域的儒商师祖的崇高地位。子贡之贤胜于子贡之富。"夫使孔子名布扬于天下者,子贡先后之也。"子贡经商使道尊,也使道行,岂不两便。这对于后世儒者在儒与商之间的艰难选择或有启迪。

　　作为一个成功的儒商,子贡也关心政治。孟子倡王道,言必称尧舜,这并不意味着儒家没有能力处理霸道的矛盾,非不能也,乃不为也,孟子因为志不在此,所为更大更高。这与子贡所为相映成趣。孟子曰:

> 五亩之宅,树之以桑,五十者可以衣帛矣;鸡豚狗彘之畜,

---

①　钱穆:《先秦诸子系年考辨》,上海书店出版社1992年版,第65页。
②　钱穆:《先秦诸子系年考辨》,上海书店出版社1992年版,第64页。

无失其时,七十者可以食肉矣;百亩之田,勿夺其时,数口之家可以无饥矣;谨庠序之教,申之以孝悌之义,颁白者不负戴于道路矣。七十者衣帛食肉,黎民不饥不寒,然而不王者,未之有也。①

在孟子的理想国中,桑、畜、农、教是四个具体措施。这在农耕社会,无可厚非。我们当然可以用工业社会以后的产业分工来更好地理解孟子,但是不能以刻舟求剑的方法来批判孟子主张之不合时宜,在战国时期,这种主张是因地制宜的。桑、畜、农、教是富民、教民的根本。如此才能够生意盎然,天下安宁,在此有"王霸之辨"的问题。在历史上,王道也许从来没有出现过,后世把遥远的尧舜禹之世想象为王道之世,以此理想的时代来寄托自己的理想,这是一种文明传承念兹在兹的责任感和人文关怀。正是一代代人有此理想的坚持,才使得斯文不坠,文明不毁,成就了世界上唯一有古有今的人类共同体,形成了一个非常稳固强大历史悠久而又包容开放的文化认同体即文化中国。文化中国不是政治的也不是地理的概念,有历史传承的因素在其中,但又是与时俱进生生不息的,说到底是通过文化认同而形成的一个人类共同体。文化中国不断地在盛衰曲折中前进,不断地接纳吸收外来的文明,并将为新轴心时代的人类探索出一条王道。在孟子的时代,霸道横行,所谓大争之世,司马迁曰:

> 当是之时,秦用商君,富国强兵;楚魏用吴起,战胜弱敌;齐威王、宣王用孙子、田忌之徒,而诸侯东面朝齐。天下方务

---

① (宋)朱熹:《四书章句集注》,中华书局2012年版,第202—203页。

于合纵连衡,以攻伐为贤,而孟轲乃述唐、虞、三代之德,是以
所遇者不合。退而与万章之徒,序《诗》《书》,述仲尼之意,作
《孟子》七篇。①

太史迁对当时天下熙熙皆为利来的诸侯争霸做了很好的概括。在
务于合纵连衡,以攻伐为贤的时代,孟子述唐、虞、三代之德,显然
是不被战国诸侯所欣赏的,"是以所遇者不合"。但是孟子认识到
了霸道的危险性和破坏性,在滔滔乱世,孤明独发,气魄宏伟,如寒
冰之冷艳,如黄钟大吕之激昂,不谋一世谋万年,不争一国一君之
利,只争天下之利、苍生之利,在滚滚的历史长河中留下了不朽的
文字。孟子的思想必将为新轴心时代的人类文明提供丰富的
营养。

反观子贡,太史迁曰:

> 故子贡一出,存鲁,乱齐,破吴,强晋而霸越。子贡一使,
> 使势相破,十年之中,五国各有变。②

在礼崩乐坏,诸侯攻伐之时,儒家在此时没有空谈王道,而是挺身
而出,救国救民。当时,齐国田常想作乱于齐,为了转移国内矛盾
而侵略鲁国,《史记》记载:

> 孔子谓门弟子曰:夫鲁,坟墓所处,父母之国,国危如此,
> 二三子何为莫出?

---

① （汉)司马迁:《史记》卷七十四,中华书局1982年版,第2343页。
② （汉)司马迁:《史记》卷六十七,中华书局1982年版,第2201页。

在诸多弟子之中,大家都踊跃出使,太史迁做了生动的记载:

> 子路请出,孔子止之,子张、子石请行,孔子弗许。子贡请
> 行,孔子许之。①

知弟子莫若师,孔子了解各个弟子的特点,故不允许子路、子张和
子石他们出使,同意子贡出使列国,因为子贡"利口巧辞"。虽然
孔子"常黜其辩",但是对他的外交才能还是心中有数的。

子贡出使的成功,原因很多,或许有以下缘由:一、儒者虽胸怀
天下王道,但赤子之心不忘父母之邦;二、孔子知人善任;三、子贡
是一个天才的外交家和战略家,能够在纷繁芜杂的国际关系中,洞
察各国的利害长短,投其所好,完成存鲁的最终目标。在当今国际
关系非常复杂的形势下,时代需要子贡这样的人才。儒家既有弘
扬王道传承文明的孟子,也有不避强权而谋国于霸道的子贡,王霸
之间,无可无不可,只与自己的才干和形势的需要有关。但是王道
的理想,传承文明的使命感都是一样的。"有良知的儒家满怀孔
子那种执著的使命感,即使面对极端的困难,他们也拒绝放弃或者
让步。"②

二、陆象山

本书以孟子为中心讨论"富与道",陆象山必须在场,因为"孟
子之槃槃大才确定了内圣之学之弘规,然自孟子后,除陆象山与王
阳明外,很少有能接的上者。"③前文对阳明屡有提及,四民异业而
同道见于《生意考》,草木瓦石皆有良知见于《富与"地"》。本书

---

①　(汉)司马迁:《史记》卷六十七,中华书局 1982 年版,第 2197 页。

②　[美]狄百瑞:《儒家的困境》,黄水婴译,北京大学出版社 2010 年版,第 39 页。

③　牟宗三:《从陆象山到刘蕺山》,吉林出版集团 2010 年版,第 137 页。

从商业伦理的角度出发写象山，发现象山或许是继子贡之后又一个儒商。

象山读孟子而自得之，乃千年大儒，"窃不自揆，区区之学，自谓孟子之后至是而始一明也。"①不过，象山也夫子自道：

> 吾家合族而食，每轮差子弟掌库三年。某适当其责，所学大进。这方是"执事敬"。②

如果这只是一个孤证，则可检朱子所说以为旁证。

> 问："吾辈之贫者，令不学子弟经营，莫不妨否？"曰："止经营衣食，亦无甚害。陆家亦作铺买卖。"③

可见陆家是作铺买卖的。子弟每轮掌库三年，象山也"适当其责"，经商理财，"所学大进"。象山所掌比一般的商业店铺要复杂得多。朱子感慨：

> 陆子静始初理会家法，亦齐整：诸父自做一处喫（吃的江西方言）饭，诸母自做一处喫饭，诸子自做一处，诸妇自做一处，诸孙自做一处，孙妇自做一处，卑幼自做一处。④

牟先生说："是故象山先令人辨志，先明本心即理，盖起经典的宗主在《孟子》，而实理实事之宗主则在道德实践也。"⑤无论作铺买

---

① 《陆九渊集》卷十《书·与路彦彬》，中华书局 1980 年版，第 134 页。
② 《陆九渊集》卷三十四《语录上》，中华书局 1980 年版，第 428 页。
③ 《朱子语类》卷一百七十三，中华书局 1986 年版，第 2752 页。
④ 《朱子语类》卷九十，中华书局 1986 年版，第 2308 页。
⑤ 牟宗三：《从陆象山到刘蕺山》，吉林出版集团 2010 年版，第 5 页。

卖还是理会家法,都是象山的道德实践,所宗者孟子也。象山"其全副生命几全是一孟子生命。其读《孟子》之熟,可谓已到深造自得、左右逢源之境。孟子后真了解孟子者,象山是第一人。"①

象山自己经商掌库,对于财富的取与之道颇有洞见。在《刘晏知取予论》中,象山首先肯定了刘晏的功绩,"国不增役而民力纾,民不加赋而国用足。非夫知取予之说,妙取予之术,畴克济哉?"刘晏能够"索之于人所不见,图之于人之所不虑",从而做到了"取焉而不伤民,予焉而不伤国"。象山激赏之余不禁感慨道,"非唐之刘晏,吾谁与归?!"②但是,象山也清醒地认识到,"晏之治财未能过管、商氏",因为"晏之取予,出于才而不出于学,根于术而不根于道"。象山做此判断的依据是,"《易》之理财,《周官》之制国用,《孟子》之正经界,其取不伤民、予不伤国者,未始不与晏同。而纲条法度,使官有所守,民有所赖,致天下之大利,而人知有义而不知有利,此则与晏异"③。揆之以上节之《士魂商才》,或可说刘晏商才有余而士魂不足,故象山认为刘晏的这种成功是"出于才而根于术,则世主之忠诚而圣君之罪人也","故论之以圣人之道,照之以君子之智,盖未免于可诋,亦未必不与坚、铉、国忠等同科。"再回溯本书《生意考》一节,如果没有道体的生生之意,就没有商业的生意之遂。正如朱子曰:

> 元者生意;在亨则生意之长,在利则生意之遂,在贞则生

---

①　牟宗三:《从陆象山到刘蕺山》,吉林出版集团2010年版,第53页。

②　《陆九渊集》卷三十《程文·刘晏知取予论》,中华书局1980年版,第353页。

③　《陆九渊集》卷三十《程文·刘晏知取予论》,中华书局1980年版,第355页。

意之成。若言仁,便是这生意。①

朱子的话值得深玩。获利只是生意之遂,得到了利,但还不是生意之成。当代中国,在激荡三十年的经济发展过程中,生意之遂而获利者多矣,然而河里打鱼河里散,贞定而成者的比例非常之少,好像"遂而不成"是一种宿命。中间原因固然很多,生意之遂后的富而好礼,生意之成时的厚德载物或许可以帮助理解其中缘由。

对于刘晏的功过得失,象山最后总结道,"虽然,才之难也久矣",刘晏之才是不言而喻的,《三字经》中载有"唐刘晏,方七岁,举神童,做正字",但是"道不稽诸尧舜,学无窥于孔孟,毋徒为侈说以轻议焉可也。"

作为一位儒者,象山关心社会,心系苍生,对于农民穷苦农业利薄也是感同身受。象山有书云:

> 金溪陶户,大抵皆农民于农隙时为之。今时农民率多穷困,农业利薄,其来久矣。当其隙时,藉他业以相补助者,殆不止此。邦君不能补其不足,助其不给,而又征其自补助之业,是奚可哉?②

按象山,没有崇本抑末的虚谈,而是视民如伤的圣人之忧。对于"邦君不能补其不足,助其不给"的不作为,"而又征其自补助之业"的乱作为,期期以为不可。

象山不仅实践商业,而且懂经济。其在《问赈济解试》中提到

---

① 《朱子语类》卷六十八,中华书局1986年版,第1691页。
② 《陆九渊集》卷十《书·与张元鼎书》,中华书局1980年版,第132页。

了"平粜"（常平仓）制度。象山曰：

> 文潞公之在成都也，米价腾贵，因就诸城门相近院凡十八处，减价而粜，仍不限其数，张榜通衢，异日米价遂减。此盖刘晏之遗意。然公廪无储，私困且竭，则其策穷矣。
>
> 赵清献之守越，米价涌贵。傍州且榜衢路，禁增米价。清献独榜衢路，令有米者任增价粜之。于是诸路米商，辐辏诣越，米价更贱，民无饿殍。此盖卢坦之旧策。然商路不通，邻境无粟，则其策穷矣。
>
> 舍是二策，独可取之富民。而富民之囷廪盈虚、谷粟有无，不得而知。就令知之，而闭粜如初，又诚如明问所虑。以公家之势，发民之私藏，以济赈食，不为无义。顾其间尚多他利害。故愚请舍其末而论其本可也。①

文彦博和赵抃都是北宋名臣。文彦博知益州时通过政府储备粮的平价抛售抑制了米价腾贵。赵清献知虔遇到同样的问题，当临近的州张榜衢路，禁增米价的时候，他反其道而为之，"令有米者任增价粜之"，通过放开市场流通来抑制米价涌贵，"于是诸路米商，辐辏诣越，米价更贱，民无饿殍"。对于"平粜制度"，陈焕章先生认为："李悝提倡平粜政策、调剂粮价，而孟子的思想被'常平仓'制度采用。"②孟子曰："狗彘食人食而不知检，涂有饿殍而不知发；人死，则曰：'非我也，岁也。'是何异于刺人而杀之，曰：'非我也，兵也。'王无罪岁，斯天下之民至焉。"（《梁惠王章句上》1·3）平

---

① 《陆九渊集》卷三十一《外集·问赈济》，中华书局 1980 年版，第 366 页。
② 陈焕章：《孔门理财学》，韩华译，商务印书馆 2015 年版，第 447 页。

粜这一儒家经济思想为现实问题的解决提供了思路和办法。钱存训说：

> 我们这代人所亲身经历,完全经由学术途径传播的最有利而重要的实例,就是美国采用了中国古代的所谓"平粜"制度,那就是在丰收的年头由政府向农民收购米谷储藏,到歉收时期便以平价抛售给平民。这项中国古代的经济理论,最早是由哥伦比亚大学的陈焕章在其 1911 年的博士论文中加以讨论。1918 年,华勒斯(Henry Wallace)先生主编一份周报,这篇研究论文正巧落在他手里,自此他对这一项中国古代制度极为赞赏。当华勒斯于 1933 年出任农业部部长时,这个中国的理想终于为美国所采纳。他运用此经济理论以控制不断增加的小麦及其他剩余农产品,当 20 世纪 30 年代中,美国剩余农产品的堆积,形成了 1929 年不景气的重要原因。1933 年第一次颁布的农业调节法案(The Agricultural Adjustment Act),乃是罗斯福实施新政的主要措施,也就是"平粜法"这个中国制度在美国具体化的一个案例。[1]

有人甚至说"平粜"制度的采用不仅使得美国从经济大萧条中恢复过来,而且为赢得"第二次世界大战"做好了物质的准备。

象山所论,不仅仅限于平粜制度,而是以赵清献治虔一案说明,不是政府管控米价而是市场的自由流通才能解决饥荒问题,"民无饿殍"。更加深刻的是,象山甚至注意到了市场也有可能失

---

[1] 钱存训:《美国对亚洲研究的启蒙》,转引自陈焕章:《孔门理财学》,韩华译,商务印书馆 2015 年版,"译者韩华跋"第 604 页。

灵,所谓"然商路不通,邻境无粟,则其策穷矣"。这还不是最糟糕的情况,更严重的情况就如 1998 年诺贝尔经济学奖获得者阿马蒂亚·森(Amartya Sen)所说:

> 从权利角度来看,市场机制促使粮食从遭受饥荒的地区向其他地方流动并不是什么不可理解的事情。市场需求所反映的不是生物学上的需求或心理学的欲望,而是建立在权利关系之上的选择。①

因此,象山说"故愚请舍其末而论其本可也"。何谓其本?象山曰:

> 汉倪宽以租不办居殿,当去官。百姓思之,大家牛车,小家负担,乃更居最。夫宽于科敛之方略亦疏矣,而能旦暮之间以殿为最,则爱民之心孚于其下故也。诚使今之县令,有倪宽爱民之心,感动乎其下,则富民之粟出,而迩臣散给之策可得而施矣。
>
> 方略之未至,利害之未悉,皆可次第而讲求。若监司郡守不能以是心为明主谨择县令,或惮于有所按发,而务为因循舍贷,则吾未如之何也已矣。

如此爱民之心才是本,这样才可以"以公家之势,发民之私藏,以济赈食,不为无义","散给之策可得而施矣"。按象山,"方略之未至,利害之未悉,皆可次第而讲求",但是没有是心,"则吾未如之

---

① [印]阿玛蒂亚·森:《贫困与饥荒》,王宇、王文玉译,商务印书馆 2001 年版,第 197 页。

何也已矣"。森所说:"社会主义国家——中国——在人均食物数量没有明显增加的情况下消灭了饥饿。"可以佐证以民为本之心可以弥补市场经济之不足。

象山是与朱子比肩的大儒,"二先生同植纲常,同扶名教,同宗孔、孟"①。朱陆同心。象山有语,"与晦翁往复书,因得发明其平生学问之病,近得朋友之义,远则破后学之疑,为后世之益"②。朱子平生亦颇重象山,鹅湖之会,千古佳话。朱子由衷地赞叹道:

> 近世所见会说话,说得响,令人感动者,无如陆子静。可惜如伯恭都不会说话,更不可晓,只通寒暄也听不得。自是他声音难晓,子约尤甚。③

《朱子语类》记载,"象山死,先生率门人往寺中哭之。"④

但是象山"亦作铺买卖"(朱子语),"掌库三年"(象山夫子自道),亦儒亦商,可谓儒商。象山于门内"理会家法,亦齐整"(朱子语),于门外,为陶户正名,晓农业利薄,视民如伤。论政则通赈济之策,明平粜之用,知市场不足,重爱民之心,得孟子民本思想之血脉。象山认为:"有道之世,士传言,庶人谤于道,商旅议于市,皆朝廷之所乐闻而非所禁也。"⑤为政曾知荆门军,"政行令修,民俗为变",颇有事功。

象山以一代硕儒,博学明辨,参与政治,关心社会,治生齐家,

① (清)黄宗羲:《宋元学案》卷五十八,浙江古籍出版社 1985 年版,第 279 页。
② 《陆九渊集》卷九《书·与林叔虎》,中华书局 1980 年版,第 126 页。
③ 《朱子语类》卷九十五,中华书局 1986 年版,第 2458 页。
④ 《朱子语类》卷一百二十五,中华书局 1986 年版,第 2979 页。
⑤ 《陆九渊集》卷二十四《策问》,中华书局 1980 年版,第 288 页。

本书判象山为子贡之后的儒商代表似不为过。或以为以象山为儒商有悖儒家之道。子贡以一代大儒而废著鬻财于曹、鲁之间而最为饶益,"若子贡之明达,固居游、夏之右。见礼知政,闻乐知德之识,绝凡民远矣"。① 子贡可谓一代鸿儒而商、而仕,甚至"国君无不分庭与之抗礼",学、商、仕三者不在象山之下,尤其重要的是子贡生前亲炙孔圣,"受业身通",后世陪祀孔庙,作为十哲之一的子贡已经优入圣域。既然子贡是大家公认的儒商,那么判象山为儒商也可谓是一以贯之。当然,象山曰:"曾子得之以鲁,子贡失之以达。"②然而,"传道者,道岂可真传? 亦只是德慧生命之前后相辉映、相启悟,故能相续不断耳。"③象山夫子自道:

> 世儒耻及簿书,独不思伯禹作贡成赋,周公制国用,孔子会计当,《洪范》八政首食货,孟子言王政亦先制民产、正经界,果皆可耻乎?④

象山之言,掷地有声! 象山认为:"于此有志,于此有勇,于此有立,然后能克己复礼,逊志时敏,真地中有山谦也。"⑤在象山,天地群己打并为一体,仁体如如,天德流行,士农工商,异业同道,天子庶人,"壹是皆以修身为本","不为此等所惑,则自求多福,何远之

---

① 牟宗三:《从陆象山到刘蕺山》,吉林出版集团 2010 年版,第 122 页。
② 牟宗三:《从陆象山到刘蕺山》,吉林出版集团 2010 年版,第 122 页。
③ 牟宗三:《从陆象山到刘蕺山》,吉林出版集团 2010 年版,第 123 页。
④ 《陆九渊集》卷五《书·与赵子直》,中华书局 1980 年版,第 70 页。
⑤ 牟宗三:《从陆象山到刘蕺山》,吉林出版集团 2010 年版,第 131—132 页。牟先生按:谦卦为艮下坤上。艮为山,坤为地。象曰:"地中有山:谦。"象山于"地"上加"真"字,明"地"为真实地也,即本心实地也,即本心实理为"真地"。朱子注云:"以卑蕴高,谦之象也。"

有?"最终,"蔽解惑去,此心此理我固有之,所谓'万物皆备于我'。昔之圣贤先得我心之所同然耳。故曰:周公岂欺我哉?!"①

三、儒商精神——论语与算盘

学界基本达成共识,张謇可谓是中国近现代的儒商代表。他一生创办了20多个企业,370多所学校,为中国近代民族工业的兴起,教育事业的发展作出了宝贵贡献,被称为"状元实业家"。前人之述备矣。张謇办的第一个纱厂起名为"大生",其源来自《易》之"天地之大德曰生"。根据明旭博士的研究,《易》是张謇视为营养空气的中国哲学文本。天地间易道的展开,是生生、大生等持续创造、变化的过程。张謇早期的"经济"取义"经世济民",与内在道德涵养"气节"关联,从而构建了士的认同,形成儒家的"天职"观。张謇晚年使用的"经济"是"政治经济",仍然不可离开个体的道德与修身。与张謇同时代的郑观应不仅是一位儒商,而且是现代商业领域之中职业经理人的典范。

与张謇的含恨而终不同的是,"日本企业之父"涩泽荣一的商业成功泽被后世。涩泽先生将自己一生的经营之道归结为"《论语》加算盘"。他说:"算盘要靠《论语》来拨动;同时《论语》也要靠算盘才能从事真正的致富活动。"涩泽荣一作为现代儒商代表乃众望所归。其三世孙涩泽雅英先生率团参加了在北京大学举办的2014年第二届儒商论域,为儒商之返本开新作出了贡献。日本管理学家伊藤肇说:"只要稍有水准的日本企业家,无不熟读《论语》,孔子的教训激励他们、影响甚巨,此种实例不胜枚举。"

在韩国的很多现代企业长期以儒家的教义经营企业,成绩斐然,

---

① 《陆九渊集》卷一《书·与侄孙濬》,中华书局1980年版,第13页。

其前辈有朝鲜王朝（李朝）的俞吉濬（浚）（Yu Kil-chun）（1856—1914），也是儒商的代表。俞吉濬的学识、思想和遭遇可谓东海黄宗羲，去世时为了表达亡国之恨，遗言不要给自己竖立墓碑。在倭寇入侵、社稷倾覆的历史大巨变中，俞吉濬命运多舛，"裁制君权，谓之犯上；改革庶政，谓之悖德。众口铄金，积毁销骨，遂使有猷有为之才，不能一日安于朝，岂不痛哉?!"①云养先生哀之深、论之切。作为大东学会的讲师，俞矩堂先生应该是认可该会宗旨的，即"要立体达用，守孔孟之宗旨，明事物之时宜，使正德、利用、厚生三者并行不悖"。在治学救国的同时，俞吉濬力主产业救国并身体力行之。他在《西游见闻》第十四编中说："商贾亦国家之大本，其关系重大不后于农业，政府富饶，人民蕃盛实状，不以此道，其成不能。"②在这种思想主导下，他先后建立了国民经济会、湖南铁道会社、汉城织物株式会社等民族企业，为韩国民族资本主义的发展作出了贡献。

　　俞吉濬是批判传统的轻商思想而将商人称为英雄的东海第一人。当然"英雄商人（Hero-merchant）"必须是逐利的，但是获利是为了仁爱和民族而不是一己之私利，更不是为了个人生活之享乐。当然俞吉濬强调了商人独立自主、理性决策的重要性，靠人与人之间的信任和诚实而不是靠政府的扶持来谋取利润。他认为商人要有是非观，并具有从商的基本技巧和知识（商才）。鉴于当时李朝亡国灭种的深重的民族灾难，因此俞吉濬特别强调商人对于人民福祉与国家独立强大负有不可推卸的责任，否则，商人就是是非不

① 金允植：《云养集》卷四《矩堂俞公吉濬追悼文》，韩国景仁文化社1996年版。
② 刘群艺：《俞吉浚的〈西游见闻〉与韩国开化期的经济思想》，《史学集刊》2004年第1期。

分,商才不逮,公私不辨。俞吉濬的这些思想已经成为韩国资本主义的主流意识。(This view has come to dominate the mainstream discourse on capitalism in Korea)①

反观中国,1927 年北伐成功以后的政府管制使得几乎所有银行一夜之间全部国有化,万业之母金融为权力控制。即便如此,民族工商业还是取得了持续的发展。然而日本在 1937 年发动的全面侵华战争打乱了民族工业的发展进程,机器设备毁于战火,或者西迁大后方,许多像卢作孚这样的企业家毁家纾难,为民族工业保留了一点元气和火种。

杨联陞先生认为商人的地位一般说来是很低的,不过不同时代又有相对高低之不同,战国至秦汉初、宋朝、明朝中叶以降、清中叶以降,商人地位稍有增进。② 儒商在秦始皇统一中国以后就已经式微,原因有很多。根据韦伯的观察:

> 在中国,帝国统一之后,和罗马帝国的情形一样,为了谋求资本的政治性竞争便消失了。中国的统一帝国也没有海外的殖民地关系,这也阻碍了类似西方古代、中世纪与近代所共有的那些(海外殖民)资本主义类型的发展。③
>
> 当中国在政治上统一为一个世界帝国之后,就像帝制罗

① TU Weiming: *The Confucian World Oberved: A Contemporary Discussion of Confucian Humanism in East Asia*, Sponsored by the American Academy of Arts and Sciences in 1989, Honolulu: University of Hawaii Press, Copyright 1992 The East-West Center, pp.76-77.

② 参见杨联陞:《中国文化中"报"、"保"、"包"之意义》,贵州出版集团 2009 年版,第 148 页。

③ [德]马克斯·韦伯:《中国的宗教:儒教与道教》,康乐、简惠美译,广西师范大学出版社 2010 年版,第 156 页。

马所统一的全世界(orbis terrarium)。这种本质上由国与国之间的竞争所维系起来的资本主义就衰退了。①

　　在国家方面,权力的垄断则会窒息了行政运作、财政管理与经济政策的理性化。存在于各战国诸侯战争期间的理性化驱动力,在帝国统一后就不复存在。②

汉武帝的中央集权统治建立以后,国家为了掠夺人民的财富,不断地在资源生产、流通领域甚至分配领域伸出自己的手,资源生产体现在《盐铁论》中桑弘羊的主张,流通领域就是所谓的"均输"办法,分配领域最臭名昭著的就是"告缗法"的实施。因此,重农抑商政策的提出和倡导,乃至内化到价值观里面,都是专制政府的无耻贪婪造成的。孟子对此有大量的批判和建议,详细的论述参见本书《仁政》章。汉初的儒家还能自觉地意识到这个矛盾并与之进行了斗争,前有董仲舒"谋其道不计其功,正其谊不计其利"之呼吁,后有儒生与桑弘羊的辩论,其目的是维护市场的规律,倡导商业的自由,其出发点还是为了人民的福祉而不是政府乃至皇帝的一己之私。但是后来的儒家已经忘记了孔孟之教,渐行渐远。魏晋南北朝的门阀豪族已经是与民争利的儿皇帝了,在掌握知识的同时,也掠夺了大量的财富。庄园经济遍布华夏,从此门阀士族与皇权沆瀣一气,再也没有了孟董二子和汉宣儒生之批判精神。隋唐科举以后的儒生从此有了稳定的科举进身之阶,"书中

①　[德]马克斯·韦伯:《中国的宗教:儒教与道教》,康乐、简惠美译,广西师范大学出版社 2010 年版,第 132 页。

②　[德]马克斯·韦伯:《中国的宗教:儒教与道教》,康乐、简惠美译,广西师范大学出版社 2010 年版,第 105 页。

自有黄金屋"，更是看不起商人，唐初抑商的举措有过之而无不及，官商飞扬跋扈，以商业代替抢劫，打着抑商的旗号搞官商，商业不仅在价值观上被污名化，而且实际上已经被腐化。宋明之际，士大夫虽然遥契孔孟，重建价值，实现了儒家第二期发展，但是皇权对资源的控制、对市场流通的遏制和在财富的分配环节的专制，不让汉唐。虽然宋朝的情况比隋唐稍有好转，但是明朝初年又把商人的地位压制到最低，穿衣服有分别，住的房子有规定，参加科举也有限制。明末虽有儒贾群体之出现，但是大部分都是与垄断勾连的利益，例如供应明朝边防军粮产生的晋商，从政府获取盐业专卖的徽商，明清鼎革以后基本上还是如此。学界津津乐道的晋商票号，也是在太平军阻断了交通以后帮助政府打理税收而兴起的，居然在道咸以后的对外赔款过程达到顶峰。这种国难财产生的商业奇观，其兴也快，其衰也忽，呼啦啦大厦倾倒，食尽鸟投林。居然有人把这些商人当作儒商大书特书，悖孔孟之道远矣！

第五节　作为社团法人的"富与己"
——公司治理与企业伦理

本节从公司治理的角度来讨论企业伦理。企业作为一个社会组织的法人也有一个学以成"人"的过程。这个成人过程即是一个公司治理的过程和企业伦理建设的过程，这一过程既需要企业家的士魂商才，也要求职业经理人具备明确的伦理意识。根据经济学家的研究，现代公司的所有人和经营者可以大致分为三种情况：第一种是公司股东，不参加企业的经营和管理；第二种既是出资人也是管理者,这可以视为纯粹的企业家;第三种是作为被雇佣的代理人式(agent)的职业经理人,受雇于雇主即是委托人(principle)。当然实际情况也许更复杂,比如在第三种情况下,职业经理人也持有一部分股权而成为小股东,在第二种情况下,出资人自己也是管理者,有的全职参与管理,而有的只是偶尔参与管理。另外,职业经理人与其下属也形成了一个委托代理关系,形成一种代理链(agency chain)。① 这个代理链在市场中扮演的角色即是一个具有独立的法律责任和伦理责任的法人。其代表是自然人,称为法人代表,但是法人代表的个人品格不能完全代表或者体现法人的品格。本书只试图讨论第二和第三种情况,也就是企业家(entrepreneurs)和职业经理人(managers and officials)的伦理。②

弗里德曼在《资本主义与自由》中提出了企业的社会责任理论。他将企业的社会责任表述为:"企业仅具有一种而且只有一种社会责任,在法律和规章制度许可的范围之内,利用他的资源和从事旨在于增加它利润的活动。这就是说从事公开的和自由的竞争而没有欺骗或虚假之处。"③

伦理是一个实践过程。商业伦理是从事商业活动的各个个体本身以及相互之间的行为准则。商业伦理是一个群体行为,但是取决于每一个从业者或每一个企业的个体行为。从企业个体来讲,同仁堂以"仁"为核心理念,提出"同修仁德,济世养生"的企业

① 参见张维迎:《企业的企业家——契约理论》,上海三联书店 1995 年版,第2 页。

② 商人(businessmen)、资本家(capitalists)、企业家(entrepreneurs)和职业经理人(managers and officials)的伦理角色和伦理义务是不一样的。需要专文探讨。

③ 〔美〕弗里德曼:《资本主义与自由》,商务印书馆 1986 年版,第 128 页。

精神。从商业群体来说,新加坡是一个例子。《2006年世界竞争力年鉴》指出:新加坡的竞争力位居世界第三。该年鉴分析,新加坡企业的良好素质来自对传统文化及制度制约的重视。在现代市场领域,公司法人是实践商业伦理的一个主要行为主体。法人不是自然人,但是法人在市场经济活动中,体现了一个组织机构的意志和价值观。法人的行为就是企业的伦理行为,当然也是企业的法律行为。企业伦理既取决于企业家个人的价值观也取决于公司治理结构的建立。公司治理最终结果的好坏取决于企业家本人的价值观、管理层的行为方式、企业治理制度和外部法律环境。总而言之,商业伦理的主要内容是企业伦理,企业伦理得以可能的一个手段是公司治理。试论如下。

一、公司治理问题的由来

企业伦理(Enterprise Ethics)是20世纪70年代在美国提出来的,但是直到1997年的亚洲金融危机和2001年美国的安然(Enron)公司因做假账而破产的事件发生以后,企业伦理才再度受到欧美国家的重视。西方现代企业制度建立以来,企业作为一个赚钱的组织,是没有伦理可讲的,只有法律才是企业行为的准则。这样的"经济人"准则产生了很多社会问题,一方面是在一个国家内部的贫富不均问题;二是发达国家与发展中国家之间的发展不平衡问题;三是环境污染问题,包括水污染,森林破坏,地质破坏,当然还有气候变迁问题。

自蒸汽机诞生以来,欧美发达国家在生产出巨大的财富同时,又破坏了大自然本身的平衡,贫富不均和环境污染是其中最大的两个问题。为了解决这些问题,人类作出了许多努力。首先,联合国开发计划署(UNDP)在20世纪90年代提出了人类发展指数

（英文：HDI，Human Development Index）①，作为一个比 GDP 更加全面的评价标准来衡量各国社会经济发展程度。其次，联合国"可持续发展目标"就是取得的最近的一个成果。世界各国领导人在 2015 年 9 月的最后一个星期举行的联合国峰会上通过了《2030 年可持续发展议程》该议程涵盖了 17 个"可持续发展目标"，在 2016 年 1 月 1 日正式生效，并适用于所有国家。（见图 6.1）②

图 6.1　联合国可持续发展目标

　　这个可持续发展目标是在联合国以前制定的"千年发展目标"（Millennium Development Goals）所取得的成就的基础上建立起来的。"千年发展目标"（见图 6.2）是在 2000 年 9 月召开的第 55 届联合国大会上所签署的《联合国千年宣言》上所作的八项承诺。

①　粗略的计算为：HDI＝（I＋E＋L）/3，I 为收入（Income），E 为受教育年数（Education），L 为寿命（Life）。

②　http://www.un.org/sustainabledevelopment/zh/development-agenda/.（2017 年 1 月 16 日星期一检索）

图6.2　千年发展目标

无论是已经初步实现的"千年发展目标",还是正在努力实现的"可持续发展目标",企业都扮演了非常重要的角色。为此,联合国在1999年瑞士达沃斯举行的世界经济论坛上成立了一个新的组织,"联合国契约组织"（United Nation Global Compact 简称 UNGC）,由联合国秘书长安南宣布成立,安南在成立仪式上致辞说:

> 我建议你们,各位商界领袖,和我们联合国发起一个有共同价值与原则的全球协议,给全球市场人道的面貌。联合国契约组织这一机构的目的是"鉴于对可持续性之承诺,商业能够为了成就一个更好的世界而分享更多的责任。"①

UNGC 的亚太地区首席代表刘萌女士参加了 2013 年在北京大学

---

① https://www.unglobalcompact.org/原文:By committing to sustainability, business can take shared responsibility for achieving a better world。

举办的第一次儒商论域。2006 年 10 月,中国企业社会责任同盟在北京大学宣告成立。

二、公司治理的主要法规和准则

国际社会比较通行的公司治理的主要法规和规则,除了联合国(UN)的 17 项可持续发展目标和坊间比较流行的企业社会责任报告(CSR)之外,还有如下几种:

(一)联合国契约组织(UNGC)的十项原则

第一部分:人权

原则 1:对于国际公认的人权的保护,企业应当给予支持和尊重。

原则 2:确保企业之间不会沆瀣一气,伤害人权。

第二部分:劳工

原则 3:企业应当维护劳工结社的自由,以及对集体谈判权利的有效认可。

原则 4:根除一切形式的强制性劳动。

原则 5:有效废止童工。

原则 6:根除就业和职业歧视。

第三部分:环境

原则 7:针对环境的挑战,企业应当支持预防性方法。

原则 8:采取措施去承担更大的环境责任。

原则 9:鼓励环境友好型技术的开发和扩散。

第四部分:反腐败

原则 10:企业应当反对各种形式的腐败,包括敲诈勒索和行贿受贿。

这一治理原则通过 UNGC 的大力推广,已经发展了几万家会员企业。对于符合此十项原则的企业,在企业自愿申请的前提下,颁发 ISO26000 的国际标准化组织的证书。但这不是一个可认证的标准,主要目的是用社会责任(SR:Social Responsibility)代替企业社会责任(CSR:Corporate Social Responsibility),从而涵盖了包括企业在内的各类社会组织,部分政府组织除外。中国企业比如宝钢集团、中石油、中国上市公司协会、国家电网等企业或者组织都是 UNGC 的网络成员。①

(二)SA8000,ISO14000 等系列标准

与 ISO26000 不同,SA8000 与 ISO14000 都是在企业达到要求以后经第三方认证颁发合格证书的执行标准。SA8000(Social Accountability 8000 International Standard)是 2008 年国际社会责任组织(SAI)发布的核心标准,是世界上最早的可以据以审核的社会责任标准之一。是根据国际劳工组织公约,世界人权宣言和联合国儿童权益公约制定的全球首个道德规范国际标准,于 1997 年 10 月首次发布。ISO14000 标准以环境保护为目的以实现全球可持续发展。1992 年在巴西里约热内卢召开的"环境与发展"大会标志着全球治理时代的到来,为此国际标准化组织(ISO)于 1993 年 6 月成立了 ISO/TC3207 环境管理技术委员会,该组织颁布了 ISO14000 系列环境管理标准。成千上万家中国企业都已经通过认证并取得了证书。该系列标准为企业伦理在环境方面的实践起了很大的推动作用。当然还有在 20 世纪 90 年代就被大面积推广的 ISO9000 系列质量体系管理标准。

---

① http://www.gcchina.org.cn/more_wlcy.php? page = 16&tid = 8,2017 年 3 月 20 日检索。

(三)强制性法律法规

以上契约和标准都是基于企业自愿的原则。为了公司治理，各国政府还颁布实施了一些强制性的法律。最有名的当属美国的《萨班斯—奥克斯利法案》(Sarbanes-Oxley Act)，简称萨班斯法案，还有《海外反腐败法》(FCPA)。萨班斯法案是为了强迫上市公司的会计合规而制定的。该法案有力地维护了资本市场的秩序，保护了投资人的利益，同时也使得企业的发展走上长治久安之路。《海外反腐败法》是一把高悬之剑。最有名的大案是德国西门子公司由于在美国违反了该法律而遭受十亿美元的罚金，公司高层集体辞职。

在商业领域推行的这些标准或者法律对于全球商业环境的改善和发展是不无裨益的。在文化中国的传统和视域中，借用王中江老师的话，"通过把'天下性'(文化普遍性)的中国，提炼为天下(国际社会)之'一国'的'中国'，万国公法就不是异物了"①。

儒家自古就有春秋大法的传统，西方有国际公约的实践，前者以天道与王道为本，以实现天下大同为立法之目的，后者以契约精神为精神资源，以践行国际公理、维护世界和平为目的。前者成为历史的回响，后者或有实力之争，或有道义之比。以此二者来制定相关公司治理的法律和标准，公司治理的法律和标准有其独特之处。首先，笃行不在于实力，五个人的作坊也可以申请执行；实践不牵涉政治，以企业自身的长治久安为根本的利益诉求。比如违反了环保条款，或者雇佣童工，或者产品质次价高，也许政府无暇

---

① 　王中江:《近代中国思维方式演变的趋势》，四川人民出版社 2008 年版，第136 页。

顾及,但是客户会弃你而去。其次,这些标准和法律是以全世界普遍接受的人文精神为思想资源,举凡尊重人权、废止童工、保护环境、保证质量、禁止腐败、重罚欺诈、强调社会责任(Social Accotability)等规定都足以体现这些精神。最后,标准以自愿为原则,自我申请,自我约束;法律以强制为原则,有法必依,违法必究。二者结合,一张一弛,为公司治理提供了外部的制度保障,为企业伦理的建设起到了很好的促进作用。

三、公司治理与企业伦理建设

（一）公司治理的特点及缺点

公司治理的目的是以企业社会责任为出发点,要求公司作为一个独立的社会法人在市场上能够有一个自律的负责任的行为模式,其行为不能损害群的利益。换言之,公司治理问题在一个更大的框架内是一个群己关系问题。本书前面有专论。公司在进行公司治理以规范己的行为时,既有法律之准绳作为义务,也有全球治理的国际标准作为要求。前者是强制性的,违法必究;后者是自愿性的,自求执行。

公司治理的效果是非常明显的。政府对违法者严厉打击,让公司得到应有的惩罚。市场对自愿执行标准者予以赞赏,让公司得到利润的回报。公司治理通过一反一正来实现,法律是强制,标准是自愿,都为全球化时代商业的发展起到了巨大的促进作用。除了前提的西门子案例,最近两年还出现了德国大众汽车公司丑闻,2017年持续发酵的韩国三星公司的贿赂案,更有十年前的中国三鹿奶粉丑闻。三鹿奶粉丑闻之发生不是违反了环境保护(ISO14000)标准或者社会责任(SA8000)标准,而是恰恰违反了最基本的ISO9000系列质量管理体系标准,在采购、检验、生产、销售、市场、售后服务等各个环节违反标准规定,在整个三鹿公司内外,从高管到员工,从外部供货的奶农到各地的市场销售人员,上下串通,里外勾结,最终由一个企业的产品质量问题酿成一场人间惨剧,企业于一夜之间土崩瓦解,相关人员锒铛入狱。

可见,公司治理的缺点是在执行的过程中,容易流于形式,整个企业从上到下都有一套标准体系在运行,但是从上到下都不知伦理为何物。借用孟子的话讲,企业这个社会法人的良知被蒙蔽了。麻省理工学院(MIT)的梭罗(Lester Thurow)教授甚至说,企业丑闻是资本主义的常态而非异数。① 正如孔子说的:

> 子曰:"道之以政,齐之以刑,民免而无耻。道之以德,齐之以礼,有耻且格。"(《为政第二》2·3)

梭罗教授的话几乎是对孔子之教的一个美国版的注解。

在企业伦理建设中,除了作为企业所有者兼管理者的所谓企业老板即企业家有其不可替代的重要性以外,职业经理人的伦理也日显其重要性。对于企业家的伦理可以参照第七章"富与'己道'"所论。本节重点论述职业经理人的出处之道。

上节所提之公司治理的法规与准则还需要靠各级经理人来执行。人才是企业伦理建设的根本。许多职业经理人见利忘义,或者屈服于董事会贪婪的欲望而作出饮鸩止渴的决策。只有职业经理人自身建立起以良知为本的价值准则,才能够在企业管理的决策中遵循企业发展和个人职业发展的大道。

---

① 参见孙震:《儒家思想的现代使命——永远发展的智慧》,台湾台大出版中心2016年版,第81、117页。

季子然问:"仲由、冉求可谓大臣与?"子曰:"吾以子为异之问,曾由与求之问。所谓大臣者:以道事君,不可则止。今由与求也,可谓具臣矣。"曰:"然则从之者与?"子曰:"弑父与君,亦不从也。"(《先进第十一》11·23)

以道事君,不可则止,这是现代企业管理制度中的根本原则之一。而不能一味盲从,经理人如果盲从企业老板或者董事会,在孔子的时代就是"弑父与君",在现代企业管理中,就是欺骗市场,危害社会,损害员工利益,最终导致自己职业生涯带有污点甚至更大的失败。为社会提供价值的商业机构才叫企业,因此企业虽有所有权之不同,但是企业却是社会之公器。如果失去了承担公共利益或者社会责任的职能,企业等于就是一个犯罪团伙。企业犯错误是难免的,有则改之即可。孟子曰:

西子蒙不洁,则人皆掩鼻而过之。虽有恶人,齐戒沐浴,则可以祀上帝。(《离娄章句下》8·25)

即使是一个恶人,在"斋戒沐浴"之后,其圣洁也可以祭祀上帝。因此企业管理者应该具有知错就改勇于担当的勇气,而不是文过饰非,陷入治理危机而不能自拔。

在现代企业管理中,职业经理人经常处于伦理困境中,因为企业短期的盈利目标与企业为社会提供价值的长期目标经常发生矛盾。虽然处理这些矛盾是一个基本能力,但是在有的情况下,经理人只能从企业辞职。即便是辞职的过程,也要为了企业的长治久安考虑而不能够将企业矛盾更加激化,因为企业员工是无辜的,因此企业高管辞职的时候争取做到"不欲为苟去"。孟子曰:

　　孔子为鲁司寇,不用,从而祭,燔肉不至,不税冕而行。不知者以为肉也,其知者以为无礼也。乃孔子则欲以微罪行,不欲为苟去。君子之所为,众人固不识也。(《告子章句下》12·6)

要做到孔子这样非常难。因为"不知者以为肉也,其知者以为无礼也",知与不知,对孔子个人都是一个伤害,本来孔子就是故意的,"欲以微罪行"。其原因是"圣人于父母之国,不欲显其君相之失。"(朱子注)其目的是,孔子"不自以无罪解说于人,过则称己也。"(阎若璩语)①反观现在企业的高管辞职,动辄搞得满城风雨,在失去同人之情的同时,也损害了企业的声誉和利益。当然,以微罪行的风险也是很大的,如果处理不当,微罪成重罪,对于个人也是得不偿失。办企业之难,可见一斑,"君子之所为,众人固不识也"。

　　综上所述,从公司治理问题的由来到公司治理的主要法规和准则,从问题之原因到治理之得失,是否可以认为公司治理与企业伦理建设都要以良知为根本,没有良知企业发展就成了大问题,企业就不能成为一个社会法人,企业失去了人性,而成为谋财害命的怪兽。正如前揭杜维明先生所说的,良知理性所代表的一种新的精神,这就是一种自觉。这是在中国传统文化,以"仁"为本的一种每个人都有的自觉,也是反思的能力。"'仁'作为共享的情感意味着一种共通的人性。"②现在有的企业比如台湾信义企业集团就设置了伦理长的职务,其职责就是要使企业成为一个有良知自觉的社会法人,而不是一个僵硬的牟利机构。企业伦理自身是商业伦理的根本,因为企业是商业活动中的行动主体。只要每一个

---

① 转引自梁涛编:《孟子解读》,中国人民大学出版社 2010 年版,第 319 页。
② 〔美〕狄百瑞:《儒家的困境》,黄水婴译,北京大学出版社 2010 年版,第 38 页。

企业反躬自身,按照标准和法律的要求,不断改进,日新月异,则商业伦理的建设就如孟子曰:

> 饥者易为食,渴者易为饮。孔子曰:"德之流行,速于置邮而传命。"(《公孙丑章句下》3·1)

必收事半功倍之效。正如西方企业界常说的,好伦理就是好生意("Good ethics is good business")。或者好伦理就是好投资("Good ethics is good investment")。[1]

(二)企业伦理建设的意义

在现代商业社会,富可敌国的企业比比皆是。美国通用电气、德国西门子等所雇佣的员工动辄几十万甚至几百万人,其所掌控的财富大多数都强于一个中等规模的国家。[2] 这些企业的行为对于正人心齐风俗的作用非常明显。孟子曰:

> 为政不难,不得罪于巨室。巨室之所慕,一国慕之;一国之所慕,天下慕之;故沛然德教溢乎四海。(《离娄章句上》7·6)

沛然德教溢乎四海不是一句空话。企业伦理一方面有利于企业自身的发展;另一方面更是利国利民的大事。好的企业伦理文化可以在富企富民的同时起到正人心齐风俗的作用。

---

[1] 孙震:《儒家思想的现代使命——永远发展的智慧》,台湾台大出版中心 2016年版,第 14 页。

[2] 参见许倬云:《从历史看组织》,上海人民出版社集团 2000 年版,"绪论"第 2—3页。许先生说:一个国家的政治跟经营公司是完全一样的。反之亦然?

第七章 从精神人文主义看儒家 财富观的现代价值

行文至此,有必要再回顾一下精神人文主义的"天地群己"框架如下。

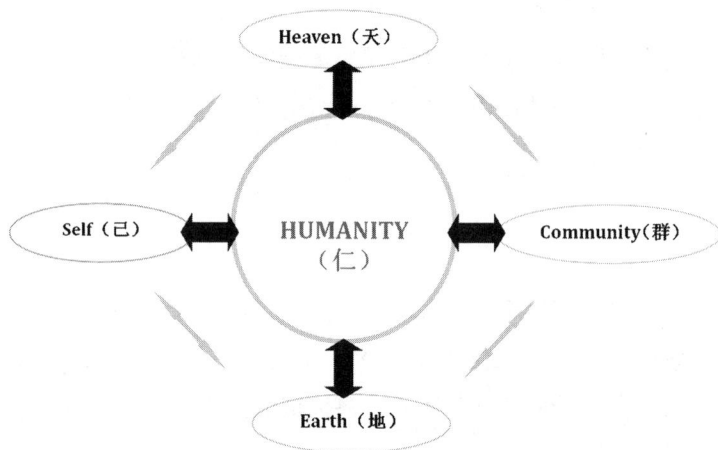

图 7. 1 精神人文主义的四个维度

Figure 7. 1 The Four Dimensions of Spiritual Humanism

天地群己的四个维度以仁为枢纽,周流六虚,变动不居,生生不息。本书从第一章到第六章试图从六个侧面进入"仁"的意义世界,以经解经,以史明道,层层叠叠,以己心求圣贤之意,迂回曲折。由于全书内容变幻多端,故有必要做本章总结全书:首先综述以仁为本的"富"与"道"的关系,其次是讨论基于学以成人的"富"与"道"的关系,最后一节从返本开新的角度展望"富"与"道"的关系。

第一节　富与道的关系(一)
——以仁为本

富与道的关系必须通过"仁"才能进行讨论。以上各章所论的基本观点总括如下以摄全文。

第一,在"富与仁"章,以仁为本做"生意考"以破"富与道"之论题,为此先以公私辨揭櫫儒家的忧患意识,以群己关系来说明群己天三者之间的复杂性,以"距杨墨"来说明其实践性和包容性,最后以阳明子的"四民异业而同道"总括全章所论。仁之纵贯挺立使仁之生意体现了天之道体的生生之意,也涵摄了生财有道的商业意义中的"生意"。只有仁体的明通公溥,才能使得道体生生不息,充满生意,故万物生生不息,充满生意。商业活动或政治生活动作为社会活动的一种,本来也当秉承道体流行之精神,生生不息,道体之生意即治生之生意。如此才能明析公私之辨,规范群己关系,找到儒家商业伦理的源头活水。

第二,在说仁章的基础上,进入"富与天地"的维度。首先以孟子的性善论为基础做"圆善论"以提撕富而显天道。从孟子之乐天与畏天的角度展现儒家商业伦理之一面。同时突出"地"在精神人文主义体系中的重要性。在"富与'地'——万物一体"节,从仁者亲亲仁民爱物出发展开讨论,得出的结论是,鬼神与我同体,天地与我同心,万物与我同流,如此身心性命之学,为儒家的生态伦理提供了丰富的精神资源,"沛然莫之能御",正如明道先生所言:"仁者浑然与物同体。"[①]最后以回顾儒家第三期发展在全球生态环保运动中的实践过程再一次以知行合一的态度体现儒家商业伦理中关爱地球的精神。

第三,在"富与群——义利之辨"章,得出以下结论:按孟子,利善之间,舜跖之分;利道之间,妾妇与大丈夫之异;利义之间,亡、王之几;故义利之辨,不可不辨。利与善,区别在动机;利与道,区别在手段;利与义,区别在目的。三者各有侧重,其根本则是仁。有仁,则"利者义之和"也,无仁则是一己、一姓、一国、一类(比如人类)之私利。最后与法家进行了对比。儒法二家都有求富之道,管韩求富是为了君王一人专制之利,孔孟求富是为了万民福祉之利,二者之别,邈若山河。

第四,在"富与群——取与之道"章,以陈荣捷先生所说的"儒家由亲亲而仁民而爱物,孟子亦明谓与之聚之"[②]。破题取与之道。取与有道则富而廉,取与无道则富而耻,乃至贫亦耻。廉者公溥,耻者私陋。公溥则富而好礼,贫而乐道;私陋则为富不仁,穷则斯滥。好礼则己立立人,不仁则伤天害理。故取与有大道。

第五,在"富与群——仁政"章,以《孟子》为视角,以仁政为主脑,考察儒家的经济学思想及其现代意义。回应了《管仲》似是而非的轻重之道。并对《盐铁论》进行了反思。反思的结果是,"文学"不知富民有多条途径,不仅限于崇本抑末,文学在此辩论中混

---

① 《二程集》卷二上,中华书局 1981 年版,第 16 页。
② 陈荣捷编:《中国哲学文献汇编》,杨儒宾等译,江苏教育出版社 2006 年版,"自序"。

淆了目的和手段,在批判政府垄断的时候,也抛弃了孟子通有无、明分工、富民乐民的王道,最终陷入了重农抑商的泥沼而不自知,为后世的发展带来了很大的负面影响。

第六,在"富与己——成己成物"章,在富与礼、富与德、富与教的讨论中,穿插论述了工匠精神、士魂商才、公司治理与企业伦理和作为实践典范的儒商,得出的结论是,以仁为本,我们就能够步步跃进,从一个经济人,变成一个文化人,最终成为一个生态人。

当然本书的讨论只是在天地群己框架之下的一个尝试,并不能毕其功于一役而明晰"富与道"的关系。虽然全书各章相互发明彼此,或可使总体面相逐渐清晰。以上讨论庶几逼近精神人文主义视域下以仁为本的"富与道"的关系。正如狄百瑞先生所指出的:

> "仁"从严格意义上讲是一个开放(open-ended)从而无法定义的概念。"仁"以其最大的悲悯可以通达所有的人,甚至通达上天。因此,孔子不肯把这个概念局限在某一点上。①

士农工商四民所同之道,即是仁道,上提即是天道,下达即是人道,生生不息的是群道,返本开新的是"地"道。以上努力或许可以帮助读者进入精神人文主义的"仁的意义世界",虽不能登堂入室,但求能略窥门径。富与道的关系正如孔子曰"欲而不贪",孔子又曰:"欲仁而得仁,又焉贪?"(《尧曰第二十》20·2)

儒家的道既代表了古典的黄金时代,儒家的道更是与时俱进的,儒家的道是要改变或者转化世界的而不是为世界所转。孔子精神、儒家思想和皇权孔教是三个不同的东西。皇权孔教是"传

---

① [美]狄百瑞:《儒家的困境》,黄水婴译,北京大学出版社 2010 年版,第 39 页。

统的"，维持秩序的，适应现世的，甚至是现世的既得利益者。在新的时代，皇权孔教已经没有了立足之地而成为故纸堆里的"游魂"。儒家思想也是各有说法，前有思孟荀董，后有程朱陆王，今则一阳来复，方兴未艾。惟有孔子精神，一直在文化中国的共同体中"苟日新，日日新"，塑造或者影响了每一个人的心灵积习。钱穆先生所说的孔子精神还活在华夏大地应该是其本人发自内心的体认。熊十力先生以道自任，用生命做学问，也是对孔子精神的践履。孟子曰：皆古圣人也，吾未能行焉；乃所愿，则学孔子也。① 孔子的道是与时俱进的，所谓"行夏之时，乘殷之辂，服周之冕，乐则韶、舞"，孟子对孔子的继承是慧思生命的血脉继承，故孟子能够说出"孔子，圣之时者也"②的真知灼见。陈焕章先生认为，

> 与理财动机直接对立的三条孔子教义，并对其进行分别讨论，分别是：一、命运之教；二、名声之教；三、灵魂之教。此三者，皆为孔子极其重要的教义。③

儒家对于财富的肯定，对于财富的追求，在追求财富的时候对于道义的重视，在追求财富的时候对于个人修身的要求，在当下的时代，更加具有时代的意义。儒家在获取财富的时候，笃行公益，尊重自然，热爱自然，这在世界各大文明中都具有独特的精神资源，与联合国 2030 年的可持续发展目标殊途同归。行文到此，儒家商业伦理是否就是在宋明以后才出现的呢？显然不是。儒家商业伦理自有其源头活水。

---

① 参见（宋）朱熹：《四书章句集注》，中华书局 2012 年版，第 235 页。
② （宋）朱熹：《四书章句集注》，中华书局 2012 年版，第 320 页。
③ 陈焕章：《孔门理财学》，韩华译，商务印书馆 2015 年版，第 69 页。

第二节　富与道的关系(二)
——学以成人

牟宗三先生说:"人既不只是'物',亦不只是'神',乃是神性与物性之综合。"①学以成人出自《论语》:

> 子路问成人。子曰:"若臧武仲之知,公绰之不欲,卞庄子之勇,冉求之艺,文之以礼乐,亦可以为成人矣。"曰:"今之成人者何必然? 见利思义,见危授命,久要不忘平生之言,亦可以为成人矣。"(《宪问第十四》14·13)

按孔子,知、廉、勇、艺、文五者皆备,"亦可以为成人矣",成人,犹完人,谓人格完备之人。② 然而揆之以实际则"何必然",如果退而求其次,降而与其进,如果具备"见利思义"之廉、"见危授命"之勇、"久要不忘之言"之信这三者,"亦可以为成人矣"。接续孔子之教,本节以经济人、文化人和生态人之划分来理解学以成人,从而与前文之富与己道,与仁之生意及福德相即之"圆善论"前后呼应,从而可以进入最后一节以总结全文。

首先对经济人的概念稍作溯源。熊彼特提到 B. 弗里赫里奥的《精明的管家》(1629),并指出:

> 该书中的管家这一概念,显然是"经济人"这一概念的先驱。

---

① 　牟宗三:《圆善论》,吉林出版集团 2010 年版,第 128 页。
② 　参见钱穆:《论语新解》,九州出版社 2011 年版,第 336 页。

　　　　后来所谓的"经济人"已出现在"审慎的经济理性"这一
概念当中。审慎的经济理性本来是托马斯创造的短语,但是
通过德·卢戈的解释,获得了完全不同的含义。根据德·卢
戈的解释,这种理性指的是用一切合法手段获利的意图。并
不意味着在道德上赞同追求利润的行为。①

按此,经济人或许至少具有以下三个要素:一、审慎的经济理性;
二、使用一切合法手段;三、以获利为目的。这三个要素与孔子成
人之教的内容知、廉、勇、艺可以互相参照。

　　经济人为人类的发展和进步产生了巨大的推动作用,这一点
毋庸讳言。中国市场经济的发展还需要继续朝做经济人的方向努
力,那就是理性、法律和获利。在中国企业界,理性不足感性有余、
法律意识淡薄甚至根本不懂法、获利能力不强甚至根本无能力获
利都是弥漫在商界的阴影,挥之不去。许多企业、企业家和职业经
理人都任重而道远。孟子曰:

　　　　周于利者,凶年不能杀;周于德者,邪世不能乱。(《尽心
　　章句下》14·10)

可见,孟子认为,财、德并重,才能不陷入被动。

　　但是,人毕竟是万物之灵,一切人类行为都是诸多复杂因素互
相叠加导致的,正如水中的涟漪,层层叠叠,乃至波光粼粼而无规
律可循。有鉴于此,试图对人类行为进行客观研究的现代学科,举
凡政治学、经济学、社会学都有可能将自己陷入客观与主观之间的

---

① 　[美]约瑟夫·熊彼特:《经济分析史》第一卷,朱泱等译,商务印书馆1991年
版,第155页。

模糊地带。

> 以人类科学为基础的社会学正像亚里斯多德的学说那样,过分注重人类行为中的理性因素。所以注意到一些最杰出之人物开始反其道而行之是饶有趣味的。举例来说,一非常奇妙的滞后现象是,当社会契约论在卢梭等作家的大力鼓吹下最为深入人心的时候,休谟则把它斥之为十足虚构的而不为人民所需要的理论,而且他还写下了以下精辟的语句,"指导生活的不是理性而是习俗"。以此攻击了与社会契约论相类似的目标。①

因此,至少从认识论的角度来说,经济人是无法完全充分地实践伦理责任的。本章标题为"富与'己'道",在讨论了富与礼、富与贵、富与德、富与教之间的关系之后,以下说法可能不会太错,经济人只是一个虚构的学科概念,只是部分地反映了几百年以来工业化或者现代化的历史情形。人之为人,人之为群,除了理性还有慈悲,除了法还有礼,除了获利的目的还需要精神的满足。如此,文化人的轮廓逐渐凸显并重新清晰起来。

文化人其来有自,来自人类的轴心时代甚至更早。从"舜明于庶物,察于人伦"始,文化中国就有了涓涓细流,所谓"文之以礼乐"也。国家已经恢复了祭拜黄帝陵的祭祀大典,尊黄帝为"人文始祖"。孔子"祖述尧舜,宪章文武",以斯文在兹自任。对于文化人来说,财富是一件"轻柔的外衣"(韦伯语)。在几百年资本主义

---

① 　[美]约瑟夫·熊彼特:《经济分析史》第一卷,朱泱等译,商务印书馆1991年版,第194—195页。

的发展过程中,"轻柔的外衣"逐渐淬炼成"坚硬如铁的罩子"
(stahlhartes Gehaeuse)(韦伯语)。经济人的秩序建立以后,毫无
"兄弟之情"的工具性(商业性)在抵抗、拒绝伦理调节的过程中实
现了商业关系的自我调节,有时候甚至表现得更加得心应手,商场
称便。法律手段在工具理性的骨架上编制出细密的罩子,在不断
获利的过程中不断地变得坚硬。"坚硬如铁"表达了一个对于韦
伯(包括马克思和齐美尔)来说非常重要的相关论题:只要代表公
共领域的关系仍未受到传统或价值观的触动,它就始终具有高度
非人格的、冷冰冰的形式的、严峻无情的机器般的性质。①

　　机器当然没有好坏之分,机器甚至具有人所不能具有的客观
性、精密性和重复性。但是人毕竟不是机器。在坚硬如铁的罩子
中,人没有了对大自然的敏感,只有动力横绝天下的意志;在坚硬
如铁的罩子中,人慢慢失去了亲亲的能力,疏远甚至忘记了同胞。
但是历史的脚步不会停止。人内心一直珍藏着的最柔软的那一点
"几希"(孟子语),一直在坚守而不被彻底硬化,虽然忽明忽暗,但
是永远没有被彻底熄灭,这就是仁。孟子曰:

> 　　孟子曰:"仁之胜不仁也,犹水胜火。今之为仁者,犹以
> 一杯水,救一车薪之火也;不熄,则谓之水不胜火,此又与于不
> 仁之甚者也。亦终必亡而已矣。"(《告子章句上》11·18)

几百年以来的历史所看到的是一车薪之火的经济人秩序,但是
"仁之胜不仁也,犹水胜火",今日之车薪杯水,必定是未来的溥博

---

① 　参见[德]马克斯·韦伯:《新教伦理与资本主义》,阎克文译,上海世纪出版
　　集团 2010 年版,第 274 页注 115、第 347 页。

源泉。孟子曰：

> 易其田畴，薄其税敛，民可使富也。食之以时，用之以礼，财不可胜用也。民非水火不生活，昏暮叩人之门户，求水火，无弗与者，至足矣。圣人治天下，使有菽粟如水火。菽粟如水火，而民焉有不仁者乎？(《尽心章句上》13·23)

当菽粟如水火一般富足之时，"昏暮叩人之门户，求水火，无弗与者，至足矣"。当物质发展到一定的程度以后，当穿着"轻柔的外衣"的文化人在变为经济人而披着逐渐"坚硬如铁的罩子"横冲直撞几百年以后，"坚硬如铁的罩子"正在逐渐软化，重新变为"轻柔的外衣"，不过已经是由"复合材料"制成的一件华彩外衣，这件外衣既有理性、法治、民主、自由、科学的致密牢固，更有感性、慈悲、权威、责任和宗教的温暖体贴。从此旧的经济人华丽转身，新的文化人得以脱罩而出。

到此为止看起来学以成人的过程还是没有圆满。借用马丁·布伯的话[1]，经济人类似于一种"我与它"的关系，"我"对眼前的一棵树只做植物学的分类，生活用途的判断，或"执柯伐柯"以为薪(子曰：犹以为远)，或斫木以为器；文化人是一种"我与你"的关系，"我"眼前的一棵树也许是"左公柳"，也许是"桓温木"，乃至"人约黄昏后，月上柳梢头"；这些都还不够，只有生态人才能够"万物皆备于我，反身而诚，乐莫大焉"(《尽心章句上》13·4)"我"与它、"我"与你、"我"与外物在这一备于"我"的时刻都被打

---

[1] 参见[德]马丁·布伯：《我与你》，陈维刚译，生活·读书·新知三联书店1986年版；彭国翔：《儒家传统——宗教与人文主义之间》，北京大学出版社2007年版，第18页。

并到一起,臻至明道先生所见到的"仁者浑然与万物一体"的境界,在此境界,天德流行,物我两乐,融为一体。孟子曰:

> 可欲之谓善,有诸己之谓信。充实之谓美,充实而有光辉之谓大,大而化之之谓圣,圣而不可知之之谓神。乐正子,二之中,四之下也。(《尽心章句下》14·25)

"二之中,善而信,善者可欲而不可恶"(朱子语);信者"有之于己,乃谓人有之"(赵岐注)①,处于善与信二者之中的人差可算作经济人也。四之下,美而大,"美者,美德之人";"大者,德业至盛而不可加矣"。美而大者或许是文化人应该到达的层次。"大而能化,使其大者泯然无复可见之迹",圣者与万物浑然一体;"圣之至妙,人所不能测"②,神者即是天德流行,如此"乐莫大焉",庶几是生态人的理想境界。前节《圆善论》已揭,明天人之分,君子居易以俟命,履性命对扬,君子修身以立命。在此,或可补充一句,知言养气,君子践形以知天。孟子曰:"形色,天性也;惟圣人,然后可以践形。"(《尽心章句上》13·38)兹引杜维明先生的话以结束本章。杜先生说:

> 我希望真正引领中国的企业家们能够从追求权力与利润的视野中走出来,转而关注自身整体人文价值与素养的塑造。我相信,在一段时间内,我们能够步步跃进,从一个理性人、经济人,变成一个文化人,甚至是一个生态人。长江学子是能够引领中国企业发展方向的中流砥柱,一旦可以在这方面突破

---

① (清)焦循:《孟子正义》,中华书局1987年版,第994页。
② (宋)朱熹:《四书章句集注》,中华书局2012年版,第378页。

自我,不仅是企业的福,是中国的福,更是世界的福。①

第三节 富与道的关系(三)
——返本开新

在全球化时代,人类生活的主要精神资源依然可以追溯到轴心文明的价值突破。与在亚伯拉罕传统(Abrahamic Tradition)一脉相承之下的犹太教、基督教等一神教信仰不同,儒家相信人自己的力量;简单地讲,前者是外在的超越,后者是内在的超越。如果按照物质性的看法,一物 A 确实不能超出 A 的规则,无法超越和突破。但是,我们仔细了解心灵与意识,就会发现确实时时在突破、时时在创造,所以儒家依靠着内在的自我、心性、仁义来建立价值突破。② 只要是相信人自己内在的力量,就不可能是一神论意义下的宗教(religion),这也是儒家与其他大的文明传统最根本的不同。Religion 被日本学者翻译为宗教,其实际内涵差不多是洪秀全所使用的"拜上帝教"。从这个意义上讲,儒家当然不是拜上帝教,不是 Religion。但是彼此双向格义一百余年以后,Religion 和宗教二者的概念内涵和外延都发生了变化。如果从人类对于超越的回应方式(Human Response to the Transcendence)而言,或从终

---

① 根据杜先生 2014 年 12 月 12 日接受长江商学院 DBA 项目访谈整理而成。
② 此段得益于与鲁鹏一博士之论学。"在原则 A 和原则 B 的关系中,如果 A 在某种意义上决定 B 而 B 不决定 A,那么,原则 A 就是超越的。就是说,如果不诉诸 A,B 的意义和重要性就不能得到充分的分析和解释,而反过来,情况就非如此,那么,A 就超越 B。"([美]郝大维、[美]安乐哲:《孔子哲学思微》,江苏人民出版社 1996 年版,第 5 页)

极关怀(Ultimate Concern)而言,儒家显然是宗教,儒家是 Religion。
彭国翔教授感慨,杜维明先生造出"Religiophilosophy"一词来描述
儒学,其良苦用心正是力图在西方学科分类的体制和语境中兼顾
儒家的宗教性和哲学性。①

　　人具有深层而动态的主体性②,这就是精神人文主义的核
心——仁。仁之主体挺立于天地群己之中而变动不居。即使同
属于中国文化的佛教道教,虽然都重视心性、依靠自立,但还是
没有完全地贞定于自我心灵、贞定于生活世界。用牟宗三先生
的说法,佛老是纵贯横讲,在认知上充分地理解内外,这是纵贯;
但是不愿意充分的完整的担待,所谓的横讲。③ 按牟先生,佛教
的大乘菩萨讲不离九界而成佛,普度众生,但三世果报、出家戒
律等还是设置了一些限定,也就是保护与规避,就没有纵贯地直
面人世间。儒家洒扫应对,朴实无华,无高妙玄远,但是贞定自
身,认同人伦,积极入世,这些基础的工作让儒家成为中国人的
文化积习,成为持久的精神脊梁。基于此,儒商以及儒家商业伦
理这种群体的行为规范具有最广泛的民众基础,也与日常的经
济活动相关。

　　儒家具有这种入世性质,而且没有教条或教宗的限制——当
然有教典、教义,还有圣贤——只要是人,只要是父母生养,所有在
生活世界的人都会有一些儒家式的行为方式,虽然没有规范性或

---

① 参见彭国翔:《儒家传统——在宗教与人文主义之间》,北京大学出版社 2007
　　年版,第 240 页注 2。
② "深层而动态的主体性的吾儒家法"一语,见于杜维明 1990 年 12 月 26 日与林
　　同奇教授论学书,收入《杜维明文集》第四卷,武汉出版社 2002 年版,第
　　440 页。
③ 参见牟宗三:《中国哲学十九讲》,上海古籍出版社 2005 年版,第 69、86 页。

制度性(Institutional)①的教仪,所以可以有儒家式的基督徒、儒家
式的佛教徒,当然还有形成了几百年的回儒。他们在人伦日用的
生活方式上,与儒家价值观并无不同,但是在自己精神的最终归属
上,选择了与儒家相信内在的超越所不同的上帝、涅槃等方式。与
此相映成趣的是,儒家追求的是此世的价值实现而不是来世或者
彼岸,表现在日常生活中就是儒家在此世勤勉工作。韦伯说,"中
国人的勤勉与工作能力一向被认为是无与伦比的"②。

　　当然,认同儒家精神的儒商并不是唯一的正确主体,因为人性
有不同的表现,地缘政治的不同、历史发展的不同、文化积累的不
同,商人的认同也是五彩缤纷,比如新教伦理的企业家有自己的精
神追求和职业伦理,还有佛商、道商、回商都有非常大的贡献和成
就。本书只局限于考察儒商的形态,豁显儒商的精神主体性。在
此基础上,才能进行各种商业伦理之间的对话,互补互利,共同发
展。这也是大势所趋,以讨论市场经济为主的达沃斯论坛,"进入
二十一世纪以来,该论坛作为理解人类未来的重要观点,开始认真
对待宗教了"③。杜维明先生说,文化和传统必须回到精神的源
泉,使其增强活力,获得重新评价。因此,重要的是,不是把文化和
传统变成由"他律"带来的外在的规范,而要努力把它锻炼成由
"自律"产生的内在的规范。我把这种基于各个个人"内发的力

---

①　参见杨庆堃:《中国社会的宗教》,范丽珠等译,上海人民出版社 2007 年版,第
　　9 页。
②　[德]马克斯·韦伯:《中国的宗教:儒教与道教》,康乐、简惠美译,广西师范大
　　学出版社 2010 年版,第 106 页。
③　[日]池田大作、[美]杜维明:《对话的文明——谈和平的希望哲学》,卞立强、
　　张彩虹译,四川人民出版社 2007 年版,第 91 页。

量"的社会变革称为"创造性的转化"①。

"目前的很多理论难以对儒家文化圈的经济社会运行作出有效的解释。因此,客观上也非常需要有一个能够较多地顾及我们传统文化特色的理路。其实,整个东方社会都缺失对企业家发生问题能够进行合理解释的理论。"②为此问题之回答,我们也许需要以两种态度分别从两个方面进行研究。一方面是以全球化的精神而不是以西方中心主义去反思启蒙,批判工具理性和绝对科学主义,从而超越凡俗的人文主义(secular humanism);另一方面是在全球化的视野下以寻根的情怀去追溯孔孟之源、唐宋变革和明清之际,传道统,继学统,而不是削足适履地或者简单比附地把春秋战国看做"封建社会",或者把宋代定义为中国近代化的开始③,把明清之际的一些社会现象简单地归结为"资本主义萌芽说"④、"前现代化说"⑤,或者悲愤不已地认为"崴山以后无道统"⑥。任何进步与落后的肤浅比较都是不合时宜的,正如狄百瑞先生在三十余年前所指出的:

> (西方)如果在迎接挑战的过程中需要的是更加积极的学习和参与,而极为紧迫的问题(诸如环境、毒品、贫穷、教育——列出这些显而易见的问题简直是多余)一年又一年仍

---

① [日]池田大作、[美]杜维明:《对话的文明——谈和平的希望哲学》,卞立强、张彩虹译,四川人民出版社 2007 年版,第 138 页。
② 罗卫东:《儒商与东亚文明》,《浙江大学学报》(人文社会科学版)2007 年第 1 期。
③ 见内藤湖南之说。
④ 以侯外庐、萧萐父为代表。
⑤ 该说与现代多样性或者多元现代性相抵牾。
⑥ 以熊十力、牟宗三为代表。

然悬而未决,那么我们(欧美)就不能大言不惭地说自己要比19 世纪的中国人做得好得多。那时的中国人一门心思只考虑自己的事情,似乎并没有察觉到兵临城下的危险。然而,忙于他们自己的儒家事物至少不会极大地伤害到其他的民族、物种和天地。①

狄百瑞先生所提的困惑属于欧美流行的"盎格鲁圈"(Anglosphere)②,以此为鉴,是否可以提出一个儒家圈(Confuciansphere)。儒家圈应该涵摄但不仅限于儒家文化圈、儒家经济圈和儒家政治圈。儒家圈与文化中国有一个很大面积的交集。儒家圈至少应该包括大中华地区(大陆、港澳台)、日本、韩国、新加坡和越南。截止到 2016 年的 GDP(现价美元,万亿)统计:美国 18.57,欧盟 28 国 16.40,中国内地 11.20,中国香港、台湾、澳门地区分别为 0.32、0.53、0.045,日本 4.94,韩国 1.41,新加坡 0.30,越南 0.20。儒家圈的 GDP 已经是 18.9 万亿美元,超过了美国的 18.57 万亿美元和欧盟的 16.40 万亿美元,稳居世界第一位。③ 从五十年前的日本经济腾飞到四十年前的亚洲四小龙的崛起,从三十多年前的中国改革开放到现在儒家圈的 GDP 重回世界第一的位置,在短短不到两代人的时间,古老的东方成为世界经济版图上最大的一极,这是几百年工业化以来的重大历史事件。鉴往知来,对儒家圈未来的经济

---

① ［美］狄百瑞:《儒家的困境》,黄水婴译,北京大学出版社 2010 年版,第 109—110 页。

② 参见［英］丹尼尔·汉南:《自由的基因》,徐爽译,广西师范大学出版社 2016 年版,第 14—15 页。

③ 数据来源于各国/地区官方统计机构。世界银行的统计尚未公布,其数据或与各国初步统计结果有出入。

发展做任何预估都不太会被批评为过于乐观。从曾经的四小龙到现在的九龙戏水,儒家圈未来的发展前景会更加美好。

盎格鲁圈和儒家圈可以也必然会形成相辅相成之势,互通互鉴,互相补充,为全球提供新的精神资源,这两个圈也许可以形成一个圆融的新的精神人文主义的圆(Spiritual Humanism Circle)。在这个"圆"中,财富之于文化人的"柔软的外衣"和财富之于经济人的"坚硬如铁的罩子"(韦伯语)融会为一,重铸儒商的"华丽新衣",涵摄各大文明的普遍性价值:民主与权威,自由与正义,法制之治与德礼之治,理性与慈悲,权利与责任,科学主义与超越精神;等等,彼此互为补充,相得益彰。

在这个研究背景下,本书所要达到的研究目的非常有限,只是试图以寻根的情怀去追溯孔孟之源中的一滴活水。本书的研究或许能为一套更加完善地体现"新商业文明"①的价值体系添砖加瓦,从而构成"精神人文主义"(Spiritual Humanism)的有机组成的一部分。其最终目的是在提撕"文化中国"之认同(Identity)的同时,通过文明对话(Dialogues among Civilizations)的努力,为全球"新轴心时代"(New Axial Age)②的建立,为人类共同精神家园的开辟作出思想方面的绵薄之力。"如果十年以后中国企业在自己崛起的同时能把自身崛起之道说得清楚,做得实在的话,我认为这可能就是新一轮文艺复兴和启蒙的开始。"③

儒家不仅仅是重视富与商,而且重视己的个人修身和伦理责任,士魂商才的品格对每一个儒商的获利能力和道德能力都提出

① 见长江商学院创办院长项兵的相关论述。当然对此提法尚有商榷之处。
② 参见雅斯贝尔斯的"轴心时代"说。
③ 项兵:《企业崛起绝不止于追求财富》,《联合时报》2016 年 5 月 13 日。

了最高的要求。儒家不仅仅重视商业的目的即开财源、通有无、生万利，而且重视获取财富的手段和使用财富的目的及效果，故有取与之道的教导。"对于'真正'的儒家来说，根本的问题不仅是物质方面的，而且是道德和精神方面的。站在他们的立场上看，实际的疏忽不在于未能实现工业化或者充分地利用地球资源，而在于教育系统的失败。"①从这个意义来说，儒家商业伦理为当今社会急需的人文关怀、公益事业、环保事业和全球可持续发展提供了宝贵的思想资源。儒家不仅仅是重视商业本身，更加关心影响商业环境的政府制度和法律法规，因此儒商天然地倡自由、反垄断、求独立、敢担当。儒家商业伦理也重视技术创新精神，同时更具有特别的"继绝世，举废国"的悠久传统，为保护文化多样性和传统工艺找到了精神根源。儒家商业伦理中既有君子不器的成人之教，也有瑚琏美誉下精益求精的工匠精神。儒商在竞争的过程中，从仁出发，以人为本，乐天以服务社会成就企业，畏天以怵惕内省遵纪守法。但是，"在任何社会和任何传统内，接受传统的准确性总是从中心向边缘递减。一种传统的大多数拥护者对他们所赞同的传统都只有一种模糊的认识。"②当代儒商的认同是一个艰难的化民成俗的过程。"在局部适应的时代，认同不发生问题；在大体适应的时代，认同变成了装饰品；到了完全适应的时代，认同又已经是过去的陈迹了。"③

---

① ［美］狄百瑞：《儒家的困境》，黄水婴译，北京大学出版社 2010 年版，第 127 页。
② ［美］爱德华·希尔斯：《论传统》，傅铿、吕乐译，上海人民出版社 1991 年版，第 354 页。
③ 杜维明：《龙鹰之旅》，北京大学出版社 2013 年版，第 162 页。

　　精神人文主义以仁（Humanity）为枢纽，以天地群己四个维度建构作为人类新轴心时代的思想体系。其在己的维度可以涵摄自由主义的价值①，但是避免了浅薄的自由主义，因为有每个个体内心的仁德，既能够做到"己所不欲，勿施于人"的恕道从而避免了传道者之间的文明冲突，又能够做到"己立立人，成己成物"的忠道从而避免了原子化的个人主义思想。其在天的维度可以提升宗教的神圣性和包容性，天德流行的大化之境可以与各个轴心文明进行对话，在包容性中有具体的学以成人的价值导向而避免了抽象的包容。其在群的维度，由于层层推进层层否定的特点，从而可以消解裙带关系、黑手党伦理、地域差异、种族歧视、民族主义和人类中心主义，实现天下一家的大同理想。其在地的维度更是立足于所有轴心文明的丰富成果之上而别开生面以回应现代化、工业化、全球化时代的环境保护问题，使得关爱地球有了坚实的思想基础。精神人文主义的提出和实践是为了成就一个福德一致的理想世界，也是天理流行的世界。在这个实践的过程中，政学商三界都能发挥巨大的作用。每一个人也应该具有这种自觉，也就是十字打开的士的自觉。"孔子的远见是一种哲学的理想，甚至是一种宗教的远见。它揭示了人性的神圣和神奇的一面，这一面存在于人类的社群之中，而社群又植根于人类所继承的生活方式之中。"②孟子曰：

---

① 　狄百瑞先生说，按照人们对"自由主义"的一般认识，宋明理学可以被认为具有"自由"的传统。（参见［美］狄百瑞：《儒家的困境》，黄水婴译，北京大学出版社 2010 年版，第 57 页）

② 　［美］芬格莱特：《孔子——即凡而圣》，彭国翔、张华译，江苏人民出版社 2010年版，第 61 页。

由尧舜至于汤,五百有余岁;若禹、皋陶,则见而知之;若汤,则闻而知之。由汤至于文王,五百有余岁,若伊尹、莱朱,则见而知之;若文王,则闻而知之。由文王至于孔子,五百有余岁,若太公望、散宜生,则见而知之;若孔子,则闻而知之。由孔子而来至于今,百有余岁,去圣人之世若此其未远也,近圣人之居若此其甚也,然而无有乎尔,则亦无有乎尔。[1]

天德流行之道不坠,福德一致之富可期,孟子诚不我欺哉!

---

[1] 杨伯峻:《孟子译注》,中华书局 2010 年版,第 320 页。

参 考 文 献

一、传世文献

[1](汉)司马迁:《史记》全十册,中华书局 1982 年版。

[2](汉)班固:《汉书》,中华书局 1962 年版。

[3](汉)《淮南子集释》,中华书局 1998 年版。

[4](汉)刘向撰,向宗鲁校正:《说苑校正》,中华书局 1987 年版。

[5](汉)恒宽撰,王利器校注:《盐铁论》,中华书局 1992 年版。

[6](汉)班固:《汉书》:中华书局 2009 年版。

[7](汉)许慎:《说文解字》,中华书局 1963 年版。

[8](汉)赵岐注:《孟子注疏》,上海古籍出版社 2015 年版。

[9](宋)《周敦颐集》,中华书局 1990 年版。

[10](宋)程颢、程颐著,王孝鱼点校:《二程集》,中华书局 1981 年版。

[11](宋)朱熹:《四书章句集注》,中华书局 2012 年版。

[12](宋)朱熹:《诗集传》,中华书局 2011 年版。

[13](宋)蔡沈:《书经集传》卷一,世界书局民国二十五年(1936)版。

[14](宋)黎靖德编,王星贤点校:《朱子语类》共八册。中华书局 1986 年版。

[15](宋)《陆九渊集》,中华书局 1980 年版。

[16](清)黄宗羲:《明夷待访录》,《铁香室丛刊》,光绪二十三年版。

[17](清)黄宗羲:《明儒学案》,中华书局 1986 年版。

[18](清)黄宗羲、全祖望:《宋元学案》,浙江古籍出版社 1986 年版。

[19](清)顾炎武:《顾炎武全集》,上海古籍出版社 2012 年版。

[20](清)顾炎武:《顾亭林诗文集》,中华书局 1983 年版。

［21］（清）戴震:《孟子字义疏证》,中华书局 1982 年版。

［22］（清）刘宝楠:《论语正义》,中华书局 1990 年版。

［23］（清）焦循父子等:《孟子正义》,中华书局 1987 年版。

［24］（清）王先谦:《荀子集解》,中华书局 1988 年版。

［25］（清）阮元校刻:《十三经注疏》,中华书局 1982 年版。

［26］（清）朱彬:《礼记训纂》,中华书局 1995 年版。

［27］（清）王先慎:《韩非子集解》,中华书局 1998 年版。

［28］（清）沈垚:《落帆楼文集》卷九《外集三》,《续修四库全书·集类·别集类》,据上海辞书出版社图书馆藏民国七年嘉业堂刻本吴兴从书本影印。

［29］（清）汪缙撰,黄曙辉点校:《汪子二录三录》,华东师范大学出版社 2009 年版。

［30］（清）段玉裁注:《说文解字注》,上海古籍出版社 1981 年版。

［31］高亨:《商君书注译》,中华书局 1974 年版。

［32］李学勤主编:《十三经注疏》,北京大学出版社 1999 年版。

［33］黎翔凤撰,梁运华整理:《管子校注》,中华书局 2004 年版。

［34］《吕氏春秋校释》,陈奇猷校释,学林出版社 1984 年版。

［35］吴光编:《王阳明全集》,上海古籍出版社 1992 年版。

［36］王利器校注:《盐铁论校注（定本）》,中华书局 1992 年版。

［37］徐震堮:《世说新语校笺》,中华书局 1984 年版。

二、专著

［1］[印]阿玛蒂亚·森:《贫困与饥荒》,王宇、王文玉译,商务印书馆 2001 年版。

［2］[以]艾森斯塔得:《帝国的政治体系》,阎步克译,贵州人民出版社 1992 年版。

［3］[美]安乐哲、罗思文:《〈论语〉的哲学诠释》,余瑾译,中国社会科学出版社 2003 年版。

［4］北京大学历史系编:《商周考古》,新华书店发行 1979 年版。

［5］陈来:《古代宗教与伦理——儒家思想的渊源》,生活·读书·新知三联书店 1996 年版。

［6］陈来:《宋元明哲学史教程》,生活·读书·新知三联书店 2010 年版。

［7］陈来:《古代思想文化的世界:春秋时代的宗教、伦理与社会思想》,生活·读书·新知三联书店 2008 年版。

［8］陈来:《从思想世界到历史世界》,北京大学出版社 2015 年版。

［9］陈来:《仁学本体论》,生活·读书·新知三联书店 2014 年版。

［10］陈乔见:《公私辨——历史衍化与现代诠释》,生活·读书·新知三联书店 2013 年版。

［11］陈荣捷:*A Source Book in Chinese Philosophy*,Princeton,New Jersey,Princeton University Press,1963。

［12］陈荣捷:《中国哲学文献选编》,杨儒宾、吴有能、朱荣贵、万先法译,黄俊杰校阅,江苏教育出版社 2006 年版。

［13］陈荣捷:《王阳明传习录详解集注》,台湾学生书局 1984 年版。

［14］程俊英:《〈诗经〉译注》,上海古籍出版社 2012 年版。

［15］［日］池田大作、［美］杜维明:《对话的文明——谈和平的希望哲学》,卞立强、张彩虹译,四川人民出版社 2007 年版。

［16］［英］丹尼尔·汉南:《自由的基因》,徐爽译,广西师范大学出版社 2016 年版。

［17］邓艾民:《传习录注疏》,上海古籍出版社 2012 年版。

［18］［美］狄百瑞:《儒家的困境》,黄水婴译,北京大学出版社 2010 年版。

［19］丁四新:《郭店楚墓竹简思想研究》,东方出版社 2000 年版。

［20］杜维明:《杜维明文集》共五卷,武汉出版社 2002 年版。

［21］杜维明:《杜维明访谈集》(21 世纪卷),北京大学出版社 2015 年版。

［22］杜维明:《〈龙鹰之旅〉——从哈佛回东海的认同感悟(1966—1970)》,北京大学出版社 2012 年版。

［23］杜维明:《中庸洞见》,段德智译,林同奇校,人民出版社 2010 年版。

［24］杜维明主编:《思想文献历史——思孟学派新探》,北京大学出版社 2008 年版。

［25］哈佛燕京学社、三联书店主编:《儒家与自由主义》之《儒家与自由主义——和杜维明的对话》,生活·读书·新知三联书店 2001 年版。

［26］杜维明:《现代精神与儒家传统》,生活·读书·新知三联书店 1997

年版。

[27]杜维明、卢风:《现代性与物欲的释放——杜维明先生访谈录》,中国人民大学出版社 2009 年版。

[28]杜维明:《东亚价值与多元现代性》,中国社会科学出版社 2001年版。

[29]杜维明主编:《在现存的家谱中:中国人特性改变的内容》,斯坦福大学出版社 1994 年版。

[30]杜维明(Tu Weiming):*Confucian Traditions in East Asian Modernity: Moral Education and Economic Culture in Japan and the Four Mini·Dragons*, Harvard University Press,1996.

[31]杜维明(Tu Weiming), Milan Hejtmanek, Alan Wachman:*The Confucian World Observed:Contemporary Discussion of Confucian Humanism in East Asia*,Honolulu, Hawaii, Fast·West Center,1992.

[32]杜念中、杨君实编:《儒家伦理与经济发展》,台湾允晨文化公司1987 年版。

[33]费孝通:《江村经济》,商务印书馆 2001 年版。

[34][美]弗里德曼:《资本主义与自由》,商务印书馆 1986 年版。

[35]傅斯年:《性命古训辩证》,《傅斯年全集》第二册,台湾联经出版公司 1980 年版。

[36]傅衣凌:《明清时代商人及商业资本》,人民出版社 1956 年版。

[37][奥]哈耶克:《到奴役之路》,殷海光译,滕维藻、朱宗风译:《通向奴役的道路》,商务印书馆 1962 年版。

[38]何炳棣:《中国会馆史论》,台湾学术书局 1966 年版。

[39]何炳棣:*The Ladder of Success in Imperial China*, New York:John Wiley & Sons, Inc., Authorized by Columbia University Press.

[40]胡治洪:《全球语境中的儒家论说:杜维明新儒学思想研究》,生活·读书·新知三联书店 2004 年版。

[41]黄寿祺、张善文:《周易译注》,上海古籍出版社 2012 年版。

[42]金耀基:《儒家伦理与经济发展:韦伯学说的重探》,收入《金耀基社会文选》,台湾幼师文化事业公司 1985 年版。

［43］李明辉:《儒家传统与东亚的现代化——从李光耀与彭定康关于"亚洲价值"的争论谈》。

［44］李明辉编:《儒家思想在现代东亚:总论篇》,台湾"中央研究院"中国文哲研究所1998年版。

［45］李明辉:《当代儒学的自我转化》,中国社会科学出版社2001年版。

［46］李明辉:《儒家视野下的政治思想》,北京大学出版社2005年版。

［47］李守奎:《扬子法言译注》,黑龙江人民出版社2003年版。

［48］梁涛编:《孟子解读》,中国人民大学出版社2010年版。

［49］James Legge:"The Works of Mencius",*The Chinese Classics*, Volume 2. 台湾南天书局有限公司1991年版。

［50］林端:《儒家伦理与法律文化》,中国政法大学出版社2002年版。

［51］林忠军:《象数易学发展史》,齐鲁书社1994年版。

［52］刘大钧:《周易概论》,齐鲁书社1986年版。

［53］刘述先:《儒家思想开拓的尝试》,中国社会科学出版社2001年版。

［54］刘述先:《儒家思想与现代东亚——韩国与东南亚篇》,台湾"中央研究院"中国文哲研究所2001年版。

［55］刘述先:《儒家思想与现代化》,中国广播电视出版社1991年版。

［56］刘述先:《现代新儒学之省察论集》,台湾"中央研究院"2015年版。

［57］刘述先:*Essentials of Contemporary Neo・Confucian Philosophy*, First published in 2003, Praeger Publishers, Westport, CT.

［58］刘述先:《理一分殊》,上海文艺出版社2000年版。

［59］黄光国:《儒家思想与东亚现代化》,台湾巨流图书公司1988年版。

［60］《马克思恩格斯选集》,人民出版社1972年版。

［61］牟宗三:《道德的理想主义》,吉林出版集团2010年版。

［62］牟宗三:《从陆象山到刘蕺山》,台湾学生书局1984年版。

［63］牟宗三:《圆善论》,吉林出版集团公司2010年版。

［64］［美］纳什:《大自然的权利》,杨通进译,青岛出版社1999年版。

［65］南京大学历史系明清史教研室:《中国资本主义萌芽问题论文集》,江苏人民出版社1983年版。

［66］彭国翔:《儒家传统——宗教与人文主义之间》,北京大学出版社

2007 年版。

　　[67]钱穆:《先秦诸子系年》,《钱宾四先生全集》,台湾联经出版事业股份有限公司 1998 年版。

　　[68]钱穆:《论语新解》,九州出版社 2011 年版。

　　[69]钱穆:《先秦诸子系年考辨》,上海书店 1992 年版。

　　[70][英]瑞斯特:《真正的伦理学——重申道德之基础》,向玉乔等译,中国人民大学出版社 2012 年版。

　　[71]唐君毅:《中国哲学原论·原性篇》,中国社会科学出版社 2005 年版。

　　[72]唐君毅:《中国哲学原论·原道篇卷一》,香港新亚研究所、台湾学生书局 1978 年版。

　　[73]唐力行:《明清徽商资料选编》,黄山书社 1985 年版。

　　[74]唐力行主编:《江南儒商与江南社会》,人民出版社 2002 年版。

　　[75]唐力行:《商人与中国近世社会》(新版),商务印书馆 2006 年版。

　　[76]《汤一介集》第五卷,中国人民大学出版社 2014 年版。

　　[77][法]埃米尔·涂尔干:《社会分工论》,渠东译,生活·读书·新知三联书店 2000 年版。

　　[78]王葆玹:《正始玄学》,齐鲁书社 1987 年版。

　　[79]王一江:《民富论》,中信出版社 2010 年版。

　　[80]王中江:《儒家的精神之道和社会角色》,中华书局 2015 年版。

　　[81]王中江:《近代中国思维方式演变的方式》,四川人民出版社 2008 年版。

　　[82]萧公权:《中国政治思想史》,辽宁教育出版社 1998 年版。

　　[83]谢国桢:《明末清初的学风》,上海世纪出版社 2006 年版。

　　[84][法]谢和耐:《中国社会史》,黄建华、黄迅余译,江苏人民出版社 2010 年版。

　　[85]徐复观:《两汉思想史》第三卷,华东师范大学出版社 2001 年版。

　　[86]徐复观:《中国人性论史·先秦篇》,《徐复观文集》第三卷,湖北人民出版社 2002 年版。

　　[87]许涤新、吴承明:《中国资本主义发展史》第一、二、三卷,人民出版社

1985、1990、1991 年版。

　　[88]许倬云:《历史分光镜》,上海文艺出版社 1998 年版。

　　[89]杨国荣:《善的历程——儒家价值体系研究》,上海人民出版社 2005年版。

　　[90]杨国荣:《伦理与存在——道德哲学研究》,上海人民出版社 2002年版。

　　[91]杨联陞:《中国制度史研究》,彭刚、陈钢译,江苏人民出版社 2001年版。

　　[92]杨联陞:《杨联陞论文集》,中国社会科学出版社 1992 年版。

　　[93]杨联陞:《中国文化中"报"、"保"、"包"之意义》,贵州出版集团 2009 年版。

　　[94]杨联陞:《汉学书评》,商务印书馆 2016 年版。

　　[95]Lien-sheng Yang(杨联陞):*Studies in Chinese Institutional History*,Harvard·Yenching Institute,1961.

　　[96]杨庆堃:《中国社会的宗教》,范丽珠等译,上海人民出版社 2007年版。

　　[97]杨荫楼、傅永聚等编:《儒家经济思想研究》,中华书局 2003 年版。

　　[98]余英时:《中国近世宗教伦理与商人精神》,九州出版社 2014 年版。

　　[99]余英时:《士与中国文化》,上海人民出版社 2013 年版。

　　[100]于宗先:《中国文化对台湾经济成长的影响》,台湾"中央研究院"经济研究所 1985 年版。

　　[101]张德胜:《儒商与现代社会:义利关系的社会学之辨》,南京大学出版社 2002 年版。

　　[102]张德胜:《儒家伦理与秩序情结——社会学的诠释》,上海人民出版社 2008 年版。

　　[103]张海鹏、王廷元主编:《明清徽商资料选编》,黄山书社 1985 年版。

　　[104]张海鹏:《中国十大商帮》,黄山出版社 1993 年版。

　　[105]张鸿翼:《儒家经济伦理及其现代命运》,北京大学出版社 2010年版。

　　[106]张维迎:《企业的企业家——契约理论》,上海三联书店 1995 年版。

[107][韩]文国现、赵东成、IDS & Associates Consulting 咨询公司:《柳韩金伯利的经营之道》,李征龙译,机械工业出版社 2014 年版。

[108]郑开:《德礼之间——前诸子时期的思想史》,生活·读书·新知三联书店 2009 年版。

[109]朱伯崑:《易学哲学史》,华夏出版社 1995 年版。

[110]清华国学院编:《全球史中的文化中国》,北京大学出版社 2014 年版。

[111][日]岛田虔次:《中国近代思维的挫折》,甘万萍译,江苏人民出版社 2005 年版。

[112][日]岛田虔次:《中国思想史研究》,邓红译,上海古籍出版社 2009 年版。

[113][日]宫崎市定:《中国史》,邱添生译,台湾华世出版社 1971 年版。

[114][日]沟口雄三:《中国的公与私·公私》,郑静译,孙歌校,生活·读书·新知三联书店 2011 年版。

[115][日]寺田隆信:《山西商人研究》,张正明等译,山西人民出版社 1988 年版。

[116][日]涩泽荣一:《论语与算盘》,王中江译,中国青年出版社 1996 年版。

[117][日]藤井宏:《新安商人的研究》第一、二、三章,傅衣凌等译,载《安徽历史学报》第二期,第四、五章载《安徽史学通讯》总第 9 号,第六、七章载《安徽史学》1959 年第 2 号。

[118][美]Robert Bellah:《德川宗教——现代日本的文化渊源》,王晓山、戴茸译,生活·读书·新知三联书店 2003 年版。

[119][美] Judith Berling: *The Syncretic Religion of Lin Chao · en*, Columbia University Press, 1980.

[120][美]赫伯特·芬格莱特:《孔子:即凡而圣》,彭国翔、张华译,江苏人民出版社 2002 年版。

[121][德]卡尔·雅斯贝斯:《历史的起源与目标》,魏楚雄、俞新天译,华夏出版社 1989 年版。

[122][美]列文森:《儒教中国及其现代命运》,郑大华、任菁译,中国社

会科学出版社 2000 年版。

　　[123][美]墨子刻:《摆脱困境——新儒学与中国政治文化的演进》,颜世安等译,江苏人民出版社 1990 年版。

　　[124][美]牟复礼:《中国思想之渊源》,王立刚译, 北京大学出版社 2009 年版。

　　[125][美]Talcott Parsons:*The Social System*, new edition first published 1991 by Routledge, London.

　　[126][美]Talcott Parsons 帕森斯:《社会行动的结构》,张明德、夏遇南、彭刚等译,译林出版社 2003 年版。

　　[127][美]Heiner Roet:*Confucian Ethics of the Axial Age*, Albany: SUNY Press, 1993.

　　[128][美]希尔兹:《论传统》,吕乐、傅铿译,上海人民出版社 1991 年版。

　　[129][美]Hoyt c. Tillman:*Utilitarian Confucianism: Ch'en Liang's Challenge to Chu His*, Council on East Asian Studies, Harvard University, 1982.

　　[130][德]马克斯·韦伯:《韦伯作品集》,康乐、简惠美、钱永祥等译,广西师范大学出版社 2010 年版。包括以下著作:《新教伦理与资本主义精神》《中国的宗教:儒教与道教》《宗教社会学:宗教与世界》《古犹太教》《支配社会学》《社会学的基本概念:经济行动与社会团体》《印度的宗教:印度教与佛教》《经济与历史:支配的类型》《学术与政治》《法律社会学:非正当性的支配》等。

　　[131][德]马克斯·韦伯:《新教伦理与资本主义》,阎克文译,世纪出版集团 2010 年版。

　　[132][德]马克斯·韦伯, translated by Talcott Parsons:*The Protestant Ethics and the Spirit of Capitalism*, Routledge,1985.

　　[133][德]马克斯·韦伯, translated by Peter R Baehr and Gordon C Wells:*The Protestant Ethic and the Spirit of Capitalism*, Penguin Classics,2002.

　　[134][德]迪尔克·克斯勒:《马克斯·韦伯的生平、著述及影响》,郭锋译,法律出版社 2000 年版。

　　[135][德]卜松山:《与中国做跨文化对话》,刘慧儒、张国刚等译,中华

书局 2000 年版。

[136] Bryan Turner：*Max Webber*：*from History to Modernity*，First published in 1993 by Routledge.

[137][美]约瑟夫·熊彼特：《经济发展理论——对于利润、资本、信贷、利息和经济周期的考察》，何畏、易家祥等译，张培刚、易梦红、杨敬年校，商务印书馆 1991 年版。

[138]唐君毅、牟宗三、徐复观、张君劢等：《为中国文化敬告世界人生宣言》，唐君毅：《中华人文与当今世界》，台湾学生书局 1975 年版。

[139]余英时：《韦伯观点与"儒家伦理序说"》，《中国近世宗教伦理与商人精神》附录，九州出版社 2014 年版。

三、论文

[1]曹杰：《〈盐铁论〉中贤良与文学思想主张之差异》，《阴山学刊》2006 年第 2 期。

[2]戴光中：《明清浙东学术与宁波商帮发展》，《宁波大学学报》（人文科学版）2003 年第 4 期。

[3]丁为祥：《话语背景与思考坐标：孟子"天下之言性"章辨正》，《国学学刊》2014 年第三期。

[4]丁为祥：《从〈性自命出〉看儒家性善论的形成理路》，《孔子研究》2001 年第 3 期。

[5]杜维明、罗卫东：《儒商与东亚文明》，《浙江大学学报》（人文社会科学版）2007 年第 1 期。

[6]杜维明：《新儒家人文主义的生态转向——对中国和世界的启发》，《中国哲学史》2002 年第 1 期。

[7]杜维明：《诠释〈论语〉"克己复礼为仁"章方法的反思》，台湾"中央研究院"中国文哲研究所 2015 年版。

[8]杜维明等：《儒家人文精神与生态》，为《中国哲学史》编辑部 2002 年 8 月 5 日会议内容，以《儒家与生态》做篇名载《中国哲学史》2003 年第 1 期。

[9]樊琪：《由性善到行善——孟子慈善思想探析》，《民族论坛》2013 年第 6 期。

[10]方旭东：《儒学史上的治生论》，《学术月刊》2006 年 6 月。

［11］郭沂:《孟子车非孟子说——思孟关系考实》,《中国哲学史》2002 年第 3 期。

［12］胡发贵:《试论儒家的慈善思想》,《南京工业大学学报》2009 年第 3 期。

［13］黄进兴:《韦伯论中国的宗教:一个"比较研究"的典范》,《食货月刊》1985 年第 15 卷。

［14］李猛:《从帕森斯时代到后帕森斯时代的西方社会学》,《清华大学学报》1996 年第 2 期。

［15］梁涛:《廓清荀子人性论的千年迷雾》,《中华读书报》2017 年 4 月 5 日。

［16］梁涛:《竹简〈性自命出〉与孟子"天下之言性"章》,《中哲学史》2004 年第 4 期。

［17］蒙培元:《性自命出的思想特征及其与思孟学派的关系》,《甘肃社会科学》2008 年第 2 期。

［18］明旭:《张謇"生生"哲学体系中的经济理念》,复旦大学 2014 年 5 月会议论文。

［19］宋长琨:《明清时期地域商帮的商业神信仰及其统一趋势》,2015 年北京大学第三届儒商论域会议论文。

［20］孙国栋:《唐宋之际社会门第之消融》,收在《唐宋史论丛》,香港龙门书店 1980 年版。

［21］李艳:《浅议"垄断"的词义演变》,《扬州教育学院院报》2012 年第 2 期。

［22］孙善根:《宁波商帮崛起的传统文化因素》,《上海交通大学学报》(社会科学版)2002 年第 1 期。

［23］吴根友:《"工商皆本"与晚明儒家经济哲学的新突破·黄宗羲经济思想现代意义的再诠释》,《杭州师范学院学报》(社会科学版)2006 年版。

［24］许匡一:《关于垄断的研究》,载《古汉语研究》1989 年第 3 期。

［25］杨国荣:《理学的伦理维度——从张载到王阳明》,《伦理学研究》2009 年第 1 期。

［26］杨海文:《"距杨墨"与孟子的异端批判意识》,《北京师范大学学报》

（社会科学版）2014 年第 2 期。

[27]杨海文:《略论孟子的义利之辨与德福一致》,《中国哲学史》1996 年第 1·2 期。

[28]杨海文:《孟子心性论的逻辑架构》,《南昌大学学报》2002 年第 3 期。

[29]杨儒宾:《论孟子的践形观》,《清华学报》(台湾)1990 年第 1 期。

[30]杨泽波:《从德福关系看儒家的人文特质》,《中国社会科学》2010 年第 4 期。

[31]汪庆元:《明清徽商与杭州崇文书院考述》,《徽学》2004 年第 3 期。

[32]闻一多:《清华学报》12 卷 1937 年第 3 期,陈梦家:《高禖郊社祖庙通考》之闻一多 1937 年 5 月 24 日"跋"。

[33]张海鹏、唐力行:《论徽商"贾而好儒"的特色》,《中国史研究》1984 年第 4 期。

[34]《中国慈善家》2013 年 7 月号。

四、相关学位论文

[1]丁巧玲:《从〈论语〉中"仁"的英译章节看儒家文化模因在英语世界的翻译及跨文化传播——基于模因论的视角》,硕士学位论文,西北师范大学,2014 年。

[2]高正伟:《先秦两汉孟子学研究》,博士学位论文,华东师范大学。

[3]孙希国:《简帛文献〈五行〉篇与思孟学派》,博士学位论文,吉林大学。

[4]张永祥:《理性的足迹:从孔子到孟子的学术思想演变研究》,博士学位论文,华东师范大学。

[5]戚小村:《公益伦理略论》,博士学位论文,湖南师范大学,2006 年。

[6]屈会涛:《春秋时代的卿族政治》,博士学位论文,华东师范大学,2014 年。

[7]邢丽芳:《儒家教化及其有效性研究:先秦至西汉时期》,博士学位论文,南开大学,2014 年。

[8]崔丽萍:《思孟学派与亚里士多德伦理思想比较研究》,博士学位论文,西北大学,2014 年。

[9]王正:《先秦儒家工夫论研究》,博士学位论文,中国社会科学院研究生院。

[10]赵法生:《性情一本:原始儒家人性论的再阐释》,博士学位论文,中国社会科学院研究生院。

[11]方钦:《经济制度的信仰基础:制度演化分析视角下的宗教之维》,博士学位论文,复旦大学,2008年。

[12]雷震:《传统儒家伦理的研究》,博士学位论文,黑龙江大学,2011年。

[13]李兴:《〈盐铁论〉经济伦理思想研究》,博士学位论文,湖南师范大学,2008年。

[14]金东:《王道与霸道:涩泽荣一——对华态度与交往研究》,博士学位论文,华中师范大学,2011年。

[15]黄新根:《〈周易〉管理哲学研究》,博士学位论文,山东大学,2010年。

[16]沈尚武:《叶适儒学思想研究——德与利统一的哲学试探》,华东师范大学,博士学位论文,2008年。

[17]涂伟峰:《黄宗羲经济伦理学说及其历史影响》,博士学位论文,浙江大学,2008年。

[18]叶兴建:《独立以来马来西亚华商研究》,博士学位论文,厦门大学,2007年。

[19]王彬:《战国时期"私商"初探》,厦门大学,中国古代史,2008年。

[20]邹涛:《美国华人商文学——跨文化研究》,博士学位论文,四川大学,2007年。

[21]叶莼:《重商思潮与崇官心理的变奏》,硕士学位论文,华中师范大学,2007年。

[22]周淑萍:《两宋孟学研究》,博士学位论文,西北大学,2004年。

五、电子文献

[1]中国哲学电子书计划,http://ctext.org/zhs。

[2]杜维明、卢风:《现代性与物欲的释放》,中国人民大学出版社授权豆瓣阅读全球范围内电子版制作与发行,https://read.douban.com/reader/

ebook/319228/.［2017·03·20］。

　　［3］汉典,http://www.zdic.net/.

　　［4］中国知网,http://www.cnki.net/.

索　引

——主要人名和概念中外文对照表(以首字拼音为序)

A

阿马蒂亚·森:AmartyaSen　346
阿瑟·威利:Arthur Waley　41
安乐哲:Roger T.Ames　377

B

霸道:the Way of the Hegemons　4,
　134,255,264—266,337—340
柏拉图:Plato（Πλάτεων）　182,
　321,322
贝拉:Robert Bellah　27,28
彼岸:Jenseits(德文)　28,122,379

C

财神:Mammon　7
陈焕章:Huan-Chang Ch'en　9—11,
　18,185,209,210,231,301—303,
　306,312,313,344,345,370
陈荣捷:Wing-tsit Chan　13,24—

26,109,114,148,184,206,207,
　223,243,368
池田大作:Ikeda Daisaku/池田大作
　いけだ だいさく　143,379,380
慈善:Philanthropy（Charity）　86,
　222,223,235,237

D

代达罗斯:Deadalus　143
代理链:agency chain　354
丹尼尔·汉南:Daniel Hannan　381
德沃夏克:Dvorak　321
狄百瑞:William Theodore de Bary
　49,52,179,182,203,261,263,
　282,293,304,340,364,369,380,
　381,383,384
杜维明:Tu Wei Ming　2,3,5,6,10,
　20—22,24—27,29,31,32,34,38,
　40,41,49,51,52,54,96,108,109,
　113,120,124,142—145,147,153,

155,156,158,182,194,195,202,
208,227,292,307,308,311,313,
314,324,331,332,335,364,376,
378—380,383

多元现代性：Multiplicity of Modernity　31,380

F

法家：Legalism　5,112,201,211—
213,218,261,277,303,368

凡俗的人文主义：secular humanism
380

反垄断：reject monopolies　4,30,
97,189,213,242,303,333,334,
383

芬格莱特：Fingarette　41,317,384

弗里德曼：Milton Friedman　354

富与道：Wealth and a Way　1,3,
15—18,20,24,30,68,70,94,107,
157,184,340,367,369,371,377

G

个人主义：Individualism　70,332,
384

个人主义的私我：individual ego　317

工匠精神：craftsmanship spirit　200,
318,321,323—326,332,369,383

公共记忆缺失症：Civil Amnesia　54

公司治理：corporate governance　30,
353,355,358,360—362,364,369

公私：Public and Private　3,19,29,
34,35,39,47,48,57,58,67,69,
157,161,225,310,351,367

贵人：fuerstlicher Mann（德文）
176,269,321

国际社会责任组织：Social Accounta-
bility 8000 International Standard
（SAI）　359

H

哈贝马斯：Jürgen Habermas　142,143

哈耶克：Friedrich August von Hayek
10,143

海外反腐败法：Foreign Corrupt Prac-
tice Act(FCPA)　360

皇权：the imperial order　31,218,
219,221,282,303,352,353,369,
370

J

即凡而圣：the Secular as Sacred
299,317,384

家庭的：familial　7,8,51,225

坚硬如铁的罩子：adamantine cover
（stahlhartes Gehäuse）　316,374,
375,382

教宗无误论：Infallability　299

经济人：the economic man（homo eco-
nomicus）　32,355,369,371—
376,382

精神人文主义：Spiritual Humanism
4,16,24—30,34,35,49,52,69,
102—104, 141, 142, 156—158,
239,284,366,367,369,378,382,
384
具有全球意义的具体人性：global
significance of concrete humanity
27

K

卡里斯玛：Charisma　174—176
开放：open-ended　27,104,139,247,
335,338,369,381
凯恩斯：Keynes　10

L

理财学：Economy（Economical Princi-
ples）　9—11, 18, 185, 210, 231,
302,312,313,344,345,370
理雅各：James Legge　215,216
利玛窦：Matteo Ricci　32
联合国契约组织：United Nation Glob-
al Compact 简称 UNGC　357,
358
列文森：Joseph R. Levenson　219

M

没有偏倚性：impartiality　35
孟子的：Mencian　3,11,30,44,53,
57,60,62,67,77,84,87,106,111,
127,130—132,135,150,157,165,
168,179,180,189,192—195,197,
202,209,210,218,222,225,226,
229,243,247—250,258,259,261,
262,264,267,275,279,281,282,
290,293,299,310,338,339,344,
362,367
民族国家：Nation-State　16,50,52,
126,220
明分工：have a clear division of
labor　4, 30, 97, 189, 190, 202,
208,242,282,369

N

内化：internalized　32,41,324,325,
352

P

帕森斯：Talcott Parsons　316

Q

企业伦理：Enterprise/Corporate ethics
30, 353, 355, 359, 361, 362, 364,
365,369
企业社会责任：Coporate Social Re-
sponsibility（CSR）　358,359,361
启蒙工程：Enlightenment Projetcs
142,143,157
启蒙心态：Enlightenment Mindset
142

启蒙运动：Enlightenment Movement 32,142,147

千年发展目标：Millennium Development Goals 356,357

亲和性：affinity 323,334

R

人类对于超越的回应方式：Human Response to the Transcendence 377

人类中心的：anthropocentric 51

仁政：Humane government 4, 6, 18,30,97,107,133,136,159,190, 222,232,233,242—246,253,257, 258,261—263,265,282,289,292, 352,368

认同：Identity 3,18,22,24,25,99, 125,174,197,253,273,314,334, 335,338,349,378,379,382,383

融合：Amalgamation 2,14,122

儒家商业伦理：Confucian Buisness Ethics 2,4,18,29—31,58,70, 71, 99, 101, 103, 108, 323, 367, 368,370,378,383

儒商：Confucian Entrepreneurs 3, 20—24,29—31,33,88,99,101, 106, 314, 328, 332—337, 341, 347—351, 353, 358, 369, 378— 380,382,383

儒商精神：Confucian Entrepreneur-

ship spirit 3,29—32,349

瑞斯特：John M. Rist 182

S

萨班斯法案：（Sarbanes-Oxley Act） 《萨班斯—奥克斯利法案》 360

涩泽荣一：英文名：Shibusawa Eiichi; 日文名：渋沢栄一 22, 23, 32, 326—328,335,349

商业伦理：Business Ethics 18,22, 30,31,89,101,105,218,222,242, 326,334,341,354,355,364,365, 379

生态人：An ecological man 32,369, 371,375,376

生态中心主义：Ecocentrism 143

始祖：ancestor 328,373

世界哲学大会：World Congress of Philosophy（WCP） 300

T

天人合一：The humane form one body with Heaven and Earth 25, 73, 88, 104, 124, 144, 147, 285, 291, 295

通识教育：liberal arts education 325

通有无：Marry supply and demand 4,30,97,161,189,204,207,208, 210,211,218,242,268,275,282,

333,369,383

涂尔干: Émile Durkheim　7,195—197,199,202,203,227

W

王道:The Way of Kings for the entire world　5,138,145,210,211,255,264,282,290,318,337—340,360,369

韦伯:Max Weber　5,7,10,18,20,106,122,174—176,226,301,303,305,306,316,318,319,321,322,351,352,373,374,379,382

韦伯式:Weberian or Weber-like　18

位高则任重:noblesse oblige　182

文化人:A cultural man　32,369,371,373,375,376,382

文化中国:Culture China　6,9,25,30,31,50,51,56,91,106,125,138,140,142,180,190,197,204,228,303,304,338,360,370,373,381,382

文明对话:Dialogues among civilizations　25,33,60,69,382

X

希尔斯:Edward Shils　383

习理德:Karl Schlecht　23

协同创造者:co-creator　75

谢和耐:Jacques Gernet　248,253,

255

新儒家:Neo-Confucianism　18,99,144

新轴心时代:New Axial Age　338,339,382,384

信赖社群:Fiduciary community　204,234

行公益:Enact the Way of public welfare　30,189,222,223,225,226,228—240,242,250,333,334,370

熊彼特:Joseph Alois Schumpeter　7—10,189,217,220,242,243,329,330,371—373

Y

雅斯贝尔斯:Karl Theodor Jaspers　382

亚伯拉罕传统:Abrahamic Tradition　377

亚当·斯密:Adam Smith　6,302,314

亚里斯多德:Aristotle　244,373

杨联陞:Lien-sheng Yang　18,86,101,102,126,219,237,263,285,325,335,351

抑商:the practice of discrimination against merchants　5,31,212,213,218—220,277,282,303,304,352,353,369

Z

制度性:Institutional　25,144,147,
249,379

终极关怀:Ultimate　Concern　22,
86,378

轴心时代:the Axial Age　27,223,
320,326,373,382

自由流动资源:free floating resources
230

宗教的绿化:The Greening of Religion
143,144

后　记

　　杜维明先生一方面在对儒家根源性的体悟之中以明晰文化中国之内涵，在六十多年与师友之间的问学思辨中，深造自得；另一方面以全球性的视野来学习各大文明之精华，在奔走天下、践履文明对话的过程中，以学心听，以仁心说，以公心辨，成己成仁，度人无数。先生学无常师，心境神妙如唐君毅，学养气魄如牟宗三，刚猛担当如徐复观，博雅精深如杨联陞，通达悲悯如史华慈，笔力雄健如熊十力，言语圆融如陆象山。笔者不揣浅陋，以己之意逆先生之志，以己之心悟先生之教，"仰之弥高，钻之弥坚；瞻之在前，忽焉在后"，此为全文之魂魄。

　　笔者不敢自弃，认真学习现当代孟子研究大家的文章，紧扣孟子原文不敢旁骛，以经解经，以史解经，求经、注之本意，有时也适当借用韦伯、熊彼特、马丁·布伯、涂尔干、狄百瑞、芬格莱特等西方贤圣的语言以说明问题，此为全书之血肉。

　　笔者对经典文本的解读肯定有许多豕亥之误，举烛之谬，于此颡有泚而睊不敢视，只能知耻后勇，以阳明子"立志、勤学、责善、改过"之教以自勉。

　　总之，夫子以仁发明斯道，浑无罅缝，孟子十字打开，别开生面；宋明儒在魏晋隋唐几百年瑰丽挥洒的心路歧出之后，重开生面,再建道统;百余年以来,几代中外学人接续慧思生命,面对启蒙运动以来西方的伟大思想带来的"三千年未有之变局",穷探力索文化灵根,掘井及泉;践履笃行文明对话,海纳百川。儒学可谓梅开三度。

陈焕章、陈荣捷、牟复礼、熊十力、牟宗三、徐复观、唐君毅等前贤往哲用慧命继绝学,以忧患意识承道统,以掘井及泉的精神返本以成儒学之创造性转化,以海纳百川的胸怀开新以求儒学之创新性发展,真可谓一心开大道,不仅再植儒学灵根,而且将儒学汇入世界文明的浩瀚洪流之中,达于四海。如是,儒学第三期发展之波澜正方兴而未艾,孔子天下大同的理想虽未济却可期。

孟子曰:"孔子登东山而小鲁,登太山而小天下。故观于海者难为水,游于圣人之门者难为言。观水有术,必观其澜。日月有明,容光必照焉。流水之为物也,不盈科不行;君子之志于道也,不成章不达。"

是为记。

2017 年 4 月 1 日星期六,丁酉年三月初五于沪寓。
2017 年 5 月 23 日星期二,丁酉年四月二十八日改于沪寓。

责任编辑:崔秀军
封面设计:石笑梦

图书在版编目(CIP)数据

儒家的财富观与儒商精神:以孟子为中心/王建宝 著.—北京:
  人民出版社,2024.6
(精神人文主义青年丛书/杜维明主编)
ISBN 978-7-01-026428-8

Ⅰ.①儒… Ⅱ.①王… Ⅲ.①孟轲(约前372—前289)-哲学思想-
研究②价值论(哲学)-研究-中国 Ⅳ.①B222.55②B018

中国国家版本馆 CIP 数据核字(2024)第 059197 号

儒家的财富观与儒商精神
RUJIA DE CAIFUGUAN YU RUSHANG JINGSHEN
——以孟子为中心

长江商学院中国发展方式研究中心　王建宝　著

人民出版社 出版发行
(100706　北京市东城区隆福寺街 99 号)

北京汇林印务有限公司印刷　新华书店经销

2024 年 6 月第 1 版　2024 年 6 月北京第 1 次印刷
开本:880 毫米×1230 毫米 1/32　印张:13
字数:320 千字

ISBN 978-7-01-026428-8　定价:69.00 元

邮购地址 100706　北京市东城区隆福寺街 99 号
人民东方图书销售中心　电话 (010)65250042　65289539